Das Glücksspiel im Ertragsteuerrecht

Forum Unternehmens-, Steuer- und Bilanzrecht

Deutsche, europäische und internationale Rechtsfragen

Herausgegeben von Oliver Fehrenbacher / Michael Stöber

Band 15

PETER LANG

Felix Meisheit

Das Glücksspiel im Ertragsteuerrecht

PETER LANG

Bibliografische Information der Deutschen Nationalbibliothek
Die Deutsche Nationalbibliothek verzeichnet diese Publikation in der Deutschen Nationalbibliografie; detaillierte bibliografische Daten sind im Internet über http://dnb.d-nb.de abrufbar.

Zugl.: Kiel, Univ., Diss., 2020.

Gedruckt auf alterungsbeständigem, säurefreiem Papier.
Druck und Bindung: CPI books GmbH, Leck

D 8
ISSN 2366-293X
ISBN 978-3-631-83126-7 (Print)
E-ISBN 978-3-631-83525-8 (E-PDF)
E-ISBN 978-3-631-83526-5 (EPUB)
E-ISBN 978-3-631-83527-2 (MOBI)
DOI 10.3726/b17579

Peter Lang – Berlin · Bern · Bruxelles · New York ·
Oxford · Warszawa · Wien

Diese Publikation wurde begutachtet.

www.peterlang.com

meinen Eltern

Inhaltsübersicht

Inhaltsverzeichnis

Abkürzungsverzeichnis

a. A.	andere Ansicht
ABl.	Amtsblatt
Abs.	Absatz
Abschn.	Abschnitt(e)
AG	Amtsgericht
AG	Ausführungsgesetz
Alt.	Alternative
Anm.	Anmerkung
AO	Abgabenordnung
Art.	Artikel
Aufl.	Auflage
BayObLG	Bayerisches Oberstes Landesgericht
BB	Betriebs-Berater (Zeitschrift)
Bd.	Band
BeckRS	Beck-Rechtsprechung
bspw.	beispielsweise
bzw.	beziehungsweise
BFH	Bundesfinanzhof
BFHE	Amtliche Sammlung der Entscheidungen des Bundesfinanzhofs
BFH/NV	Sammlung amtlich nicht veröffentlichter Entscheidungen des Bundesfinanzhofs
BGB	Bürgerliches Gesetzbuch
BGBl.	Bundesgesetzblatt
BGH	Bundesgerichtshof
BGHZ	Amtliche Sammlung der Entscheidungen des Bundesgerichtshofs in Zivilsachen
BMF	Bundesministerium der Finanzen
BStBl.	Bundessteuerblatt
BT	Bundestag
BVerfG	Bundesverfassungsgericht
BVerfGE	Amtliche Sammlung der Entscheidungen des Bundesverfassungsgerichts
BVerwG	Bundesverwaltungsgericht
BVerwGE	Amtliche Sammlung der Entscheidungen des Bundesverwaltungsgerichts
DB	Der Betrieb (Zeitschrift)
DBA	Doppelbesteuerungsabkommen
d. h.	das heißt
ders.	derselbe
dies.	dieselben

DStR	Deutsches Steuerrecht (Zeitschrift)
DStRE	Deutsches Steuerrecht – Entscheidungsdienst (Zeitschrift)
DStZ	Deutsche Steuer-Zeitung (Zeitschrift)
Drucks.	Drucksache
ECLI	European Case Law Identifier
EFG	Entscheidungen der Finanzgerichte (Zeitschrift)
Einl.	Einleitung
ErbStG	Erbschaftsteuer- und Schenkungsteuergesetz
ErbStR	Erbschaftsteuer-Richtlinie(n)
EStB	Ertrag-Steuerberater (Zeitschrift)
EStG	Einkommensteuergesetz
EStR	Einkommensteuer-Richtlinie(n)
EU	Europäische Union
EuGH	Europäischer Gerichtshof
EuZW	Europäische Zeitschrift für Wirtschaftsrecht
EWG	Europäische Wirtschaftsgemeinschaft
f., ff.	folgende
FG	Finanzgericht
FinArch	Finanzarchiv (Zeitschrift)
FinMin NRW	Ministerium der Finanzen des Landes Nordrhein-Westfalen
FR	FinanzRundschau
FS	Festschrift
GA	Goltdammer's Archiv für Strafrecht (Zeitschrift)
GbR	Gesellschaft bürgerlichen Rechts
gem.	gemäß
Ges.	Gesetz
GewArch	Gewerbearchiv (Zeitschrift)
GewO	Gewerbeordnung
GewStDV	Gewerbesteuerdurchführungsverordnung
GewStG	Gewerbesteuergesetz
GewStR	Gewerbesteuer-Richtlinie(n)
GG	Grundgesetz
GlüÄndStV	Glücksspieländerungsstaatsvertrag
GlücksspielG	Glücksspielgesetz
GlüStV	Glücksspielstaatsvertrag
GmbH	Gesellschaft mit beschränkter Haftung
GVOBl.	Gesetz- und Verordnungsblatt
GwG	Gesetz über das Aufspüren von Gewinnen aus schweren Straftaten (Geldwäschegesetz)
Halbbd.	Halbband
h.M.	herrschende Meinung
HmbSpVStG	Hamburger Spielvergnügungssteuergesetz
i.S.v.	im Sinne von

ITRB	IT-Rechtsberater (Zeitschrift)
jM	Juris – Die Monatszeitschrift
JR	Juristische Rundschau (Zeitschrift)
JuS	Juristische Schulung
JW	Juristische Wochenschrift
JZ	JuristenZeitung
Kap.	Kapitel
KG	Kommanditgesellschaft
krit.	kritisch
KStG	Körperschaftsteuergesetz
KWG	Kreditwesengesetz
LK	Leipziger Kommentar
Ls.	Leitsatz/Leitsätze
LTO	Legal Tribute Online
MA	Musterabkommen
MDR	Monatsschrift für Deutsches Recht (Zeitschrift)
MMR	Multimedia und Recht (Zeitschrift)
MOR	Mathematical Methods of Operations Research (Zeitschrift)
MR-Int.	Medien und Recht International (Zeitschrift)
MüKo	Münchener Kommentar
m.w.N.	mit weiteren Nachweisen
MwStR	MehrwertSteuerrecht (Zeitschrift)
MwStSystRL	Mehrwertsteuer-Systemrichtlinie
NJW	Neue Juristische Wochenschrift (Zeitschrift)
NK	NomosKommentar
Nr.	Nummer
NStZ	Neue Zeitschrift für Strafrecht
nv	nicht veröffentlicht
NVwZ	Neue Zeitschrift für Verwaltungsrecht
NVwZ-RR	Neue Zeitschrift für Verwaltungsrecht – Rechtssprechungs-Report (Zeitschrift)
OECD	Organisation for Economic Co-operation and Development (Organisation für wirtschaftliche Zusammenarbeit und Entwicklung)
OHG	Offene Handelsgesellschaft
OLG	Oberlandesgericht
Öster. UFS	Unabhängiger Finanzsenat in Österreich
OVG	Oberverwaltungsgericht
PartG	Partnerschaftsgesellschaft
PrEStG	Preußisches Einkommensteuergesetz
PrOVG	Preußisches Oberverwaltungsgericht
PrGS	Preußische Gesetzessammlung

PrOVGE	Entscheidungssammlung des Preußischen Oberverwaltungsgerichts
R.	Richtlinie(n)
REStG	Reichseinkommensteuergesetz
RFHE	Amtliche Sammlung der Entscheidungen und Gutachten des Reichsfinanzhofs
RG	Reichsgericht
RGBl.	Reichsgesetzblatt
RGZ	Amtliche Sammlung der Entscheidungen und des Reichsgerichts
RL	Richtlinie
Rn.	Randnummer
Rs.	Rechtssache
RStBl.	Reichssteuerblatt (Zeitschrift)
RT	Reichstag
SH	Schleswig-Holstein
S.	Satz (in Rechtsnorm)
S.	Seite
Sächs. EStG	Sächsisches Einkommensteuergesetz
Sdbl.	Sonderbeilage
Slg.	Sammlung
sog.	sogenannte/sogenannter/sogenannten
SpielbkV	Spielbankverordnung
SpielV	Spielverordnung
StEntlG	Steuerentlastungsgesetz
StGB	Strafgesetzbuch
StR	Strafrecht
st. Rspr.	ständige Rechtsprechung
StuW	Steuer und Wirtschaft (Zeitschrift)
u. a.	unter anderem
UR	Umsatzsteuer-Rundschau (Zeitschrift)
UStAE	Umsatzsteueranwendungserlass
UStG	Umsatzsteuergesetz
v.	von
VDStjG	Veröffentlichungen der Deutschen Steuerjuristischen Gesellschaft (Zeitschrift)
Verf.	Verfasser
vgl.	vergleiche
VG	Verwaltungsgericht
WM	Zeitschrift für Wirtschafts- und Bankrecht
ZAG	Zahlungsdiensteaufsichtsgesetz
ZfWG	Zeitschrift für Wett- und Glücksspielrecht
z. B.	zum Beispiel
zit.	Zitiert

Erstes Kapitel: Einführung

A. Einleitung

Glücksspiele erfreuen sich einer langen Tradition und sind seit jeher im Volk sehr beliebt. Auch wegen des digitalen Wandels unserer Gesellschaft ist der deutsche Glücksspielmarkt bereits heute ein Milliardenmarkt, der weiter unaufhaltsam zu wachsen scheint.[1] Infolge der hohen Popularität ist auch die politische Verantwortung gestiegen, Glücksspielsucht zu bekämpfen oder ihrem Entstehen vorzubeugen. So gilt seit 2012 der Glücksspielstaatsvertrag der Länder (GlüStV 2012), der zur Erreichung seiner Ziele Glücksspiele teilweise verboten hat.[2] Diese Verbote haben jedoch einen teilweise nicht-regulierten Markt geschaffen, der sogar stärker wächst als der legale, regulierte Markt. Gerade der im Rahmen des § 4 Abs. 4 GlüStV 2012 stark eingeschränkte Online-Sektor soll seit 2014 um 80 Prozent gewachsen sein.[3] So wird aktuell zwischen den Ländern wieder darüber diskutiert, den nicht-regulierten Glücksspielmarkt besser unter Kontrolle zu bekommen, indem man ihn liberalisiert.[4]

Dass sich bei Glücksspielen mit Einsatz mitunter sehr hohe Gewinne erzielen lassen, ist auch vom Fiskus nicht unbemerkt geblieben. So wurden die Gewinne eines Turnierpokerspielers der Einkommensteuer unterworfen, was vom BFH im Jahre 2015 bestätigt wurde.[5] Das Besondere an der Entscheidung: Pokergewinne blieben bis dahin von der Einkommensteuer als reine Glücksspielgewinne unberücksichtigt.[6] Spiele zwischen Glück und Geschick wurden damit von der höchstrichterlichen Finanzrechtsprechung in ein neues steuerliches Licht gerückt. In Konsequenz stellt sich nicht nur für das Pokerspiel die Frage, unter welchen

---

1 Siehe zu den Wirtschaftszahlen Zweites Kap. A. II. 2. a) bb) und Drittes Kap. D. I. 1.; siehe auch zur wirtschaftlichen Bedeutung des Glücksspielmarktes *Handelsblatt Research Institute*, Der Glücksspielmarkt in Deutschland, www.research.handelsblatt.com/assets/uploads/Glücksspiel_Studie1_010417.pdf, 2017, S. 72 (zuletzt abgerufen am 17.06.2020); Schleswig-Holsteinischer Landtag, 2019, Plenarprotokoll 19/50, S. 3763, www.landtag.ltsh.de/export/sites/ltsh/infothek/wahl19/plenum/plenprot/2019/19-050_02-19.pdf m.w.N. (zuletzt abgerufen am 17.06.2020).

2 Siehe näher dazu Zweites Kap. A. II. 2.

3 Siehe Jahresreport 2017 der Glücksspielaufsichtsbehörden der Länder, S. 12 ff., www.innen.hessen.de/sites/default/files/media/hmdis/jahresreport_2017.pdf (zuletzt abgerufen am 17.06.2020).

4 www.landtag.ltsh.de/export/sites/ltsh/infothek/wahl19/plenum/plenprot/2019/19-050_02-19.pdf (zuletzt abgerufen am 17.06.2020).

5 BFH, Urteil vom 16.09.2015 – X R 43/12, FR 2016, 134 ff.; siehe auch BFH, Urteil vom 07.11.2018 – X R 34/16, ECLI:DE:BFH2018:U.071118.XR34.16.0.

6 Vgl. zu den reinen Glücksspielen RFH, Urteil vom 30.06.1927 – VI A 261/27, RStBl. 1927, 197 f.; Urteil vom 14.03.1928 – VI A 783/27, RStBl. 1928, 181 f.

Voraussetzungen Gewinne der Einkommensteuer unterliegen können. Für Teilnehmer, Veranstalter sowie die Finanzpraxis wirft dies umfassend die Frage auf, wie sich die richtungsweisende Entscheidung des BFH auf die Zukunft des Glücksspiels im Ertragsteuerrecht auswirkt.

Vor diesem Hintergrund und mangels einschlägiger Literatur zur Thematik wurde der Impuls für eine über die vom BFH entschiedene Konstellation hinausgehende, umfassende und vor allem zeitgemäße Untersuchung gegeben, die die Tragweite des Glücksspiels im Ertragsteuerrecht erfassen soll.

B. Gang der Untersuchung

Im Rahmen dieser Arbeit wird untersucht, inwieweit das Glücksspiel im Ertragsteuerrecht, insbesondere im Einkommensteuerrecht Einzug hält. Aufgrund der Vielzahl von Glücksspielen wird sich im Kern auf solche Spiele beschränkt, die sich zwischen Glück und Geschick bewegen und deshalb bei der steuerrechtlichen Einordnung von Einkünften der Teilnehmer, aber auch der Veranstalter für Probleme sorgen können. Angesichts der fortschreitenden Digitalisierung erscheint es zeitgemäß, ebenfalls solche Glücksspiele zu berücksichtigen, die über das Internet veranstaltet werden.

Deshalb gliedert sich die Arbeit in vier weitere Kapitel: Das zweite Kapitel liefert zunächst allgemeine Ausführungen zum Thema Glücksspiel, ehe sich die zu seiner Einordnung notwendigen Grundlagen des Einkommensteuerrechts anschließen. In diesem Zusammenhang werden die zentralen Vorschriften des Einkommensteuergesetzes (EStG) in Bezug auf die zu untersuchende Thematik vorgestellt. Das dritte Kapitel bildet den Schwerpunkt der Arbeit und widmet sich der einkommensteuerrechtlichen Würdigung von Gewinnen aus der Teilnahme am Glücksspiel. Insbesondere das Pokerspiel erfährt hier vor dem Hintergrund aktueller Finanzrechtsprechung eine ausführliche Darstellung. Darüber hinaus werden zum Teil zufallsabhängige Gewinne aus Fernsehshows einkommensteuerrechtlich eingeordnet. Sodann wird das Kapitel mit einer Darstellung zu den praktischen Auswirkungen der aktuellen Rechtslage abgeschlossen. Es schließt sich ein Abschnitt über das digitale Glücksspiel an. Das vierte Kapitel behandelt demgegenüber die Veranstalter im Ertragsteuerrecht. Hier wird in steuerrechtlicher Hinsicht zwischen Veranstaltungen mit und ohne Einsatz differenziert. Im abschließenden fünften Kapitel werden die wesentlichen Ergebnisse der Untersuchung zusammengefasst und ein Ausblick in die Zukunft des Glücksspiels im Ertragsteuerrecht vorgenommen.

Zweites Kapitel: Grundlagen

A. Begriffsbestimmungen

Der Begriff des Glücksspiels ist facettenreich und von anderen Spielarten abzugrenzen. Auf der Suche nach einer Ausgestaltung des Glücksspielbegriffs wird man zunächst auf straf- und zivilrechtlicher Ebene fündig. Dabei ist auf den Straftatbestand der unerlaubten Veranstaltung eines Glücksspiels gem. § 284 StGB und die Vorschrift über Spiel und Wette nach § 762 BGB zu verweisen. Nach § 284 Abs. 1 StGB wird bestraft, wer ohne behördliche Erlaubnis öffentlich ein Glücksspiel veranstaltet. Damit wird der Begriff des „Glücksspiels" tatbestandlich vorausgesetzt. § 762 Abs. 1 BGB unterscheidet dagegen zwischen Spiel und Wette. Bei der Betrachtung der beiden Normen ist auffällig, dass das Glücksspiel nicht legaldefiniert wird. Vielmehr wurde der Begriff zunächst durch Literatur und höchstrichterliche Rechtsprechung konkretisiert, ehe er seinen Weg in Bundes- und Landesrecht gefunden hat. In diesem Kontext wird zwischen Spiel und Wette unterschieden, ehe innerhalb der Spiele Glücks-, Geschicklichkeits- und Unterhaltungsspiele voneinander abzugrenzen sind.[7]

I. Abgrenzung zwischen Spiel und Wette

Spiele im Allgemeinen sind dadurch gekennzeichnet, dass der Geschäftserfolg von einer Ungewissheit, wenn nicht sogar vom Zufall abhängt.[8] Bei ihnen liegt der Schwerpunkt auf der Verfolgung eines Unterhaltungs- bzw. Gewinninteresses.[9] Die Wette hingegen soll allein der Bekräftigung und Erledigung eines Meinungsstreits dienen.[10] Auch wenn § 762 Abs. 1 BGB zwischen Spiel und Wette namentlich unterscheidet, so werden sie von der Vorschrift gleichbehandelt. Ohnehin kam der Differenzierung von Spiel und Wette in Zeiten des Deutschen Kaiserreichs eine weitaus höhere Bedeutung zu.[11] Heute ist die Unterscheidung von Spiel und Wette nur insofern von Belang, als Glücksspiele als Unterform der Spiele im Sinne des § 284 StGB – im Gegensatz zur Wette – verboten sind.[12]

---

7 *Tröndle*, in: Fischer, StGB, § 284 Rn. 3 ff.

8 *Sprau*, in: Palandt, BGB, § 762 Rn. 1.

9 So bereits RG, Urteil vom 18.04.1905 – VII 444/04, RGZ 60, 379 (383); Urteil vom 07.12.1906 – V 473/06, RGSt 40, 21 (32 f.).

10 *Fackler*, Fernsehen und Glücksspiel, S. 22.

11 Die damalige Rechtsprechung hat als Unterscheidungsmerkmal in Bezug auf Spiel und Wette auf den Vertragswillen der Kontrahenten abgestellt, vgl. RG, Urteil vom 29.04.1882 – 722/82, RGSt 6, 172 (174 f.); Urteil vom 07.07.1882 – 1482/82, RGSt 7, 21 ff.

12 *Sprau*, in: Palandt, BGB, § 762 Rn. 1.

Bei der Abgrenzung zwischen Spiel und Wette ist nicht die Bezeichnung des jeweiligen Sachverhalts ausschlaggebend, sondern sein Inhalt. So gelten etwa Sport- und Rennwetten als Spiele, obwohl sie das Wortteil „Wette“ in ihrem Namen tragen. Bei ihnen handelt es sich nicht vorrangig um die Bekräftigung und Erledigung eines Meinungsstreits etwa in Form eines Meinungsstreits über das Ergebnis des Wettkampfes, sondern der typische Charakter wird durch das Unterhaltungs- bzw. Gewinninteresse der beteiligten Spieler verliehen.[13] Es soll dahingehend entscheidend sein, wie sich das Spiel nach außen darstellt.[14]

II. Glücksspielbegriff

Rechtsprechung und Literatur, die Länder sowie der Bundesgesetzgeber haben keine deckungsgleichen Vorstellungen über die Ausgestaltung des Glücksspielbegriffs.

1. Rechtsprechung und Literatur

Ausgehend von der Konkretisierung des Glücksspielbegriffs durch Rechtsprechung und Literatur kann dann von einem Glücksspiel ausgegangen werden, wenn die Entscheidung über Gewinn oder Verlust des Spiels nach den Spielbedingungen nicht wesentlich von den geistigen und körperlichen Fähigkeiten, den Kenntnissen, der Übung und der Aufmerksamkeit des Spielers abhängt, sondern allein oder überwiegend vom Zufall, d. h. vom Wirken unberechenbarer, dem Einfluss der Beteiligten entzogener Ursachen.[15]

Des Weiteren wird, um ein Glücksspiel im Sinne des § 284 StGB annehmen zu können, ein nicht unerheblicher Einsatz eines Vermögenswertes des beteiligten Spielers benötigt, durch welchen er die Möglichkeit auf einen etwaigen Gewinn erwirbt.[16] Einsatz ist dabei jede Vermögensleistung, die in der Hoffnung auf Gewinn und mit dem Risiko des Verlustes an den Gegenspieler oder Veranstalter erbracht wird, wobei es sich wegen der notwendigen Abgrenzung zum bloßen Unterhaltungsspiel um einen Einsatz handeln muss, der nicht ganz unbeträchtlich ist.[17] Entsprechend soll für die Annahme eines Glücksspiels auch der in Aussicht

---

13 *Habersack*, in: MüKo-BGB, § 762 Rn. 7; *Engel*, in: Staudinger, BGB, § 762 Rn. 6; BGH, Urteil vom 28.11.2002 – 4 StR 260/02, JZ 2003, 858 f.

14 *Heine*, in: Schönke/Schröder, StGB, § 284 Rn. 5.

15 Vgl. RG, Urteil vom 19.11.1926 – I 682/26, RGSt 61, 12 (15); BGH, Urteil vom 28.11.2002 – 4 StR 260/02, NStZ 2002, 372; BVerwG, Urteil vom 23.08.1994 – BVerwG 1 C 18/91, BVerwGE 96, 293 (295); *Krehl*, in: LK-StGB, § 284 Rn. 7 f.; *Eser/Heine*, in: Schönke/Schröder, StGB, § 284 Rn. 5; *Marcks*, in: Landmann/Rohmer, GewO, § 33d Rn. 4; *Sprau*, in: Palandt, BGB, § 762 Rn. 2.

16 Vgl. BGH, Beschluss vom 29.09.1986 – 4 StR 148/86, BGHSt 34, 171 (176 f.); BayObLG, Urteil vom 12.12.2002 – 5 St RR 296/2002 mit Anm. *Wohlers*, JR 2003, 386 (388).

17 Vgl. BGH, Beschluss vom 29.09.1986 – 4 StR 148/86, BGHSt 34, 171 (176 f.); *Tröndle*, in: Fischer, StGB, § 282 Rn. 3.

gestellte Gewinn bedeutend sein. Bedeutend ist der Gewinn, wenn er einen Vermögenswert hat, der nach der Verkehrsauffassung ins Gewicht fällt und deshalb gerade nicht unbedeutend ist. Dabei sollen für die Beurteilung die Vermögensverhältnisse des Durchschnitts der Spieler maßgebende Bedeutung haben. Bei einem unbedeutenden Gewinn liegt demnach lediglich ein Unterhaltungsspiel vor.[18] Die Rechtsprechung hat sich schwergetan, konkret zu spezifizieren, ab wann ein Gewinn als unbedeutend einzustufen ist. Zwar ist man sich dahingehend einig, dass bei der Bemessung auf die gesellschaftliche Anschauung abzustellen ist.[19] So wurden etwa 5 D-Mark[20], der Stundenlohn eines Arbeiters[21] oder die zulässigen Verlustgrenzen der Gewerbeordnung (GewO)[22] als unerheblich angesehen. Der BGH wollte sich auch im Rahmen einer aktuelleren Entscheidung nicht endgültig positionieren, hielt es aber vor dem Hintergrund „der Ultima Ratio des Strafrechts sowie der nicht unumstrittenen strafrechtlichen Legitimation von § 284 StGB" für angebracht, nicht unter einer Wertgrenze von 10 Euro von einem erheblichen Einsatz auszugehen.[23]

Zwar ist regelmäßig anzunehmen, dass sowohl Glücks- als auch Geschicklichkeitsspiele über einen gewissen Unterhaltungscharakter verfügen. Allerdings bieten, wie dargestellt, bloße Unterhaltungsspiele, in welchen lediglich geringfügige Vermögenswerte eingesetzt werden, nicht jenen Nährboden in Form eines Einsatzes, den ein Spiel für eine praxisrelevante steuerrechtliche Würdigung benötigt.

Beim Geschicklichkeitsspiel[24] hingegen soll es der Durchschnitt der Mitspieler nach den Spielregeln und dem Ablauf des Spiels selbst in der Hand haben, durch Geschicklichkeit den Ausgang des Spiels zu beeinflussen.[25] Anhaltspunkte dafür, spielerisches Geschick zu konkretisieren, sollen geistige Fähigkeiten wie eine gute Merkfähigkeit, eine schnelle Kombinationsgabe oder Aufmerksamkeit liefern.[26] Dem Zufall kommt hier weniger Bedeutung zu.[27]

---

18 *Fackler*, Fernsehen und Glücksspiel, S. 23.

19 So zumindest in Bezug auf öffentliche Glücksspiele bereits RG, Urteil vom 28.05.1889 – 1039/89, RGSt 19, 253 f.; OLG Köln, Urteil vom 19.02.1957 – Ss 417/56, NJW 1957, 721 f.; *Krehl*, in: LK-StGB, § 284 Rn. 12; *Gaede*, in: NK-StGB, § 284 Rn 13.

20 BayObLG, Urteil vom 21.09.1956 – 3 St 291/55, GA 1956, 385 (386).

21 OLG Köln, Urteil vom 19.02.1957 – Ss 417/56, NJW 1957, 721.

22 AG Wiesbaden, Beschluss vom 09.08.2005 – 2220 Js 13226/04-73 Ds, GewArch 2005, 485.

23 BGH, Urteil vom 08.08.2017 – 1 StR 519/15, NStZ 2018, 335.

24 Als Geschicklichkeitsspiele gelten etwa Billiard, Tennis, vgl. *Tröndle*, in: Fischer, StGB, § 284 Rn. 8, aber auch Skat, vgl. BFH, Urteil vom 04.05.1951 – II 2/51 U, BStBl. III 1951, 128.

25 Vgl. *Tröndle*, in: Fischer, StGB, § 284 Rn. 4; siehe zum Hütchenspiel RG, Urteil vom 18.05.1928 – I 977/27, RGSt 62, 163 (166); BGH, Beschluss vom 11.01.1989 – 2 StR 461/88, BGHSt 36, 74 (80).

26 BVerwG, Urteil vom 09.12.1975 – I C 14/74, GewArch 1976, 87 f.

27 Vgl. BFH, Urteil vom 11.11.1993 – XI R 48/91, BFH/NV 1994, 622 (623); siehe zu den Spielen zwischen Glück und Geschick Drittes Kap. B I. 1. b).

2. *Glücksspielbegriff des Glücksspielstaatsvertrags der Länder*

a) *Einführung*

aa) *Entwicklung und Zweck im Überblick*

Die Länder der Bundesrepublik Deutschland hatten bis 2004 eigene, sich voneinander unterscheidende Glücksspielgesetze, ehe diese faktisch übergangsweise vom Lotteriestaatsvertrag abgelöst wurden.[28] Damit sollte eine bundesweit einheitliche und verfassungskonforme Regelung geschaffen werden. Der Lotteriestaatsvertrag wurde allerdings vom BVerfG für verfassungswidrig erklärt,[29] woraufhin im Jahr 2007 der Glücksspielstaatsvertrag 2008 (GlüStV 2008) abgeschlossen wurde. Auch dieser Staatsvertrag erhielt Gegenwind von der Judikative. So stellte der EuGH im Jahr 2010 fest, dass zumindest das staatliche Sportwettenmonopol nicht mit den europarechtlichen Vorgaben vereinbar und somit eine Neuregelung durch die Länder erforderlich ist.[30] Im Jahr 2012 trat daher der GlüStV 2012[31] in Kraft und gilt seitdem. Schleswig-Holstein lehnte den GlüStV 2012 zunächst ab, trat diesem dann aber nach der Landtagswahl 2012 und dem verbundenen Regierungswechsel bei. Vereinzelt wird dieser Beitritt für unwirksam gehalten.[32] Die in dem Staatsvertrag enthaltene erste Nachbesserung in Form einer „Experimentierklausel", wonach 20 private Anbieter während eines Zeitraums von sieben Jahren eine Genehmigung für die Veranstaltung von Sportwetten erhalten sollten, wurde erneut von einer Entscheidung des EuGH gekippt. Nach diesem „Ince"-Urteil[33] wurde es im Rahmen der Dienstleistungsfreiheit deutschen Behörden verboten, private Anbieter bzw. Vermittler von Sportwetten wegen unerlaubten Glücksspiels aufgrund des Anbietens von Sportwetten ohne deutsche Erlaubnis zu bestrafen. Infolgedessen sollte der GlüStV 2012 durch den nachgebesserten GlüStV 2018[34] abgelöst werden. Dieser scheiterte im Ratifizierungsprozess allerdings an der verweigerten Unterschrift Schleswig-Holsteins, dessen Regierung infolge der Landtagswahl 2017 abermals wechselte. Schleswig-Holstein setzt auf eine Liberalisierung des Glücksspielrechts, weshalb hier das letzte Wort in Bezug auf eine bundesweite und nachhaltige

---

28 *Fuchs*, Das neue Glücksspielrecht unter besonderer Berücksichtigung von Online-Glücksspielen, S. 25 ff.

29 BVerfG, Urteil vom 28.03.2006 – 1 BvR 1054/01, NJW 2006, 1261 ff.

30 Vgl. EuGH, Urteil vom 08.09.2010, Rs. C-316/07, C-358/07 bis C-360/07, C-409/07, C-410/07 (*Stoß u.a.*), ECLI:EU:C:2010:504, Slg. 2010, I-08069, Rn. 117; siehe auch *Fuchs*, Das neue Glücksspielrecht unter besonderer Berücksichtigung von Online-Glücksspielen, S. 25 ff. m.w.N.

31 Erster Glücksspieländerungsstaatsvertrag (Erster GlüÄndStV).

32 Vgl. *Fuchs*, Das neue Glücksspielrecht unter besonderer Berücksichtigung von Online-Glücksspielen, S. 165 ff.

33 EuGH, Urteil vom 04.02.2016, Rs. C-336/14 (*Ince*), ECLI:EU:C:2016:72, Rn. 96

34 Zweiter Glücksspieländerungsstaatsvertrag (Zweiter GlüÄndStV); siehe dazu *Becker*, ZfWG 2017, 446 ff.

Regelung des Glücksspielrechts noch nicht gesprochen ist. Der GlüStV 2012 läuft im Rahmen des § 35 Abs. 2 GlüStV 2012 voraussichtlich am 30.06.2021 aus.

Ziel des GlüStV 2012 im Sinne des § 1 S. 1 Nr. 1 GlüStV 2012 ist es, Glücksspiel in Deutschland staatlich zu regulieren, insbesondere das Entstehen von Glücksspielsucht und Wettsucht zu verhindern und die Voraussetzungen für eine wirksame Suchtbekämpfung zu schaffen. Zur Umsetzung des Staatsvertrages verabschiedeten alle Länder entsprechende Ausführungsgesetze.[35]

bb) Kritik am GlüStV 2012

Der GlüStV 2012 sieht sich seit Inkrafttreten teilweise heftiger Kritik ausgesetzt. Dem Ziel des § 1 S. 1 GlüStV 2012, durch die staatliche Regulierung der Glücksspiel- und Wettsucht entgegenzutreten, werden vom „Handelsblatt Research Institute“ im Rahmen einer im Jahr 2017 veröffentlichten Studie alarmierende Zahlen vorgehalten: Der deutsche Glücksspielmarkt erwirtschaftet pro Jahr Bruttospielerträge[36] in Höhe von knapp 13 Milliarden Euro. Dabei unterteilt sich der Markt in einen regulierten und nicht-regulierten Markt sowie einen sanktionierten Schwarzmarkt. Zwar ließ sich feststellen, dass der regulierte Markt mit Bruttospielerträgen von 10,4 Milliarden Euro den größten Anteil verbucht. Allerdings soll der nicht-regulierte Markt im Verhältnis zum regulierten Markt bereits seit Jahren deutlich schneller wachsen.[37] So soll der Online-Markt im Jahr 2017 um 37 Prozent gewachsen sein und seit 2014 sogar um 80 Prozent.[38] Das Wachstum des nicht-regulierten Markts wird auf die mangelbehaftete staatliche Regulierung in Gestalt des GlüStV 2012 und die diesen umsetzenden Glücksspielgesetze der Länder zurückgeführt. Nicht nur der Ausschluss ganzer Produktgruppen wie etwa Online-Kasinos durch den GlüStV 2012, sondern auch die Einführung neuartiger Produkte[39] werden als Anhaltspunkte für eine „Negativ-Kanalisierung“ betrachtet, die den eigentlichen Zielen des GlüStV 2012 zuwiderlaufen sollen.[40]

---

35 Vgl. etwa das Gesetz zur Ausführung des Ersten Staatsvertrages zum Glücksspielwesen in Deutschland des Landes Schleswig-Holstein (Erster GlüÄndStV AG SH).

36 Bruttospielerträge ergeben sich aus den Spieleinsätzen abzüglich der Gewinnauszahlungen, was zum einen die Umsätze der Anbieter und zum anderen die Verluste der Spieler abdeckt, vgl. Jahresreport 2017 der Glücksspielaufsichtsbehörden der Länder, S. 4, www.innen.hessen.de/sites/default/files/media/hmdis/jahresreport_2017.pdf (zuletzt abgerufen am 17.06.2020).

37 *Handelsblatt Research Institute*, Der Glücksspielmarkt in Deutschland, www.research.handelsblatt.com/assets/uploads/Glücksspiel_Studie1_010417.pdf, 2017, S. 72 (zuletzt abgerufen am 17.06.2020).

38 Siehe Jahresreport 2017 der Glücksspielaufsichtsbehörden der Länder, S. 12 ff., www.innen.hessen.de/sites/default/files/media/hmdis/jahresreport_2017.pdf (zuletzt abgerufen am 17.06.2020).

39 Etwa Online-Sofortlotterien und Geolotterien.

40 *Schippel*, ZfWG 2018, 120, 123 f.

Die Versuche der Regierung, den GlüStV 2012 nachzubessern, scheiterten wiederholt am EuGH. *Dünchheim/Bringmann* nehmen dahingehend die 16 Länder in die Pflicht, dafür Sorge zu tragen, dass der unzureichend regulierte Glücksspielmarkt in Gestalt eines grundlegend und systematisch überarbeiteten Glücksspielstaatsvertrages einen rechtssicheren Rahmen erhält, sodass den „bananenrepublikanischen Zuständen“ im deutschen Glücksspielsektor Einhalt geboten werden kann.[41]

Vor diesem Hintergrund wurde Schleswig-Holsteins Verhalten und Rolle als eine Art Gegenspieler positiv bewertet. Dabei wurde das im Land von 2012 bis 2013 gültige Gesetz zur Neuordnung des Glücksspiels (GlSpielG SH) ausdrücklich gelobt und als „zukunftsweisend“ bezeichnet. Dieses sah eine grundsätzliche Legalisierung von Online-Kasinos sowie im Konkreten Online-Pokerspielen vor, der parallel jedoch eine strenge Regulierung sowie Konzessionierung gegenüberstehen sollte.[42] Diese Lockerungen im deutschen Glücksspielmarkt sind als Katalysator vorgesehen, der als effektives Mittel gegen den nicht-regulierten Markt und in der Suchtbekämpfung eingesetzt werden soll.[43] In anderen europäischen Staaten sollen sich in Bezug auf die Suchtprävention liberal geführte Glücksspielmärkte bereits bewährt haben.[44] So wird Dänemark als positives Beispiel hervorgehoben, das bereits 90 % des Glücksspielmarktes legalisiert haben und von den damit einhergehenden Vorteilen profitieren soll.[45]

Zuletzt hat sich die schleswig-holsteinische Regierung erneut klar für eine liberale Glücksspielpolitik ausgesprochen und dabei folgende „Leitplanken“ formuliert:

> *„Erstens: Das Lotteriemonopol der Länder soll erhalten bleiben.*
> *Zweitens: Das Totalverbot des Online-Kasinospiels im jetzigen Glücksspielstaatsvertrag wird aufgehoben.*
> *Drittens: Konzessionen werden nicht nach starren Obergrenzen vergeben.“*

---

41 *Dünchheim/Bringmann*, Der Schrecken geht weiter, 02.01.2018, www.lto.de/recht/hintergruende/h/gluecksspiel-staatsvertrag-reform-bundeslaender-eu-kommission-2018/ (zuletzt abgerufen am 17.06.2020).

42 Siehe näher zum GlSpielG SH Drittes Kap. D. I. 1.

43 *Berberich/Hambach*, Die Lösung aus dem deutschen Norden, LTO, 15.11.2017, www.lto.de/recht/hintergruende/h/illegales-online-gluecksspiel-paradise-papers-financial-blocking-lizenzen-loesung-schleswig-holstein/ (zuletzt abgerufen am 17.06.2020).

44 *Rebeggiani*, Deutschland im Jahr Drei des GlüStV, 2010, S. 35, https://gluecksspiel.uni-hohenheim.de/fileadmin/einrichtungen/gluecksspiel/Regulierung/Rebeggiani_GutachtenLottoverband_01.pdf (zuletzt abgerufen am 17.06.2020).

45 Siehe Schleswig-Holsteinischer Landtag 2019, Plenarprotokoll 19/50, S. 3762, www.landtag.ltsh.de/export/sites/ltsh/infothek/wahl19/plenum/plenprot/2019/19-050_02-19.pdf (zuletzt abgerufen am 17.06.2020).

Und: „*Maßgeblich sind die Ziele des Kinder- und Jugendschutzes, die Bekämpfung des Schwarzmarktes sowie die Bekämpfung der Spielsucht.*"[46]

Dabei möchte das Land neben Nordrhein-Westfalen und Hessen noch die restlichen Länder von den Vorzügen eines offenen Glücksspielmarktes überzeugen, um auf Bundesebene einen Konsens zu finden. Notfalls wolle man jedoch erneut einen Sonderweg bestreiten.[47]

b) Glücksspielbegriff des GlüStV 2012

Der ordnungsrechtliche Glücksspielbegriff wurde in § 3 Abs. 1 S. 1 GlüStV 2012 legaldefiniert. Dort heißt es:

Ein Glücksspiel liegt vor, wenn im Rahmen eines Spiels für den Erwerb einer Gewinnchance ein Entgelt verlangt wird und die Entscheidung über den Gewinn ganz oder überwiegend vom Zufall abhängt.

Nach § 3 Abs. 1 S. 2 und S. 3 GlüStV 2012 heißt es weiter:

Die Entscheidung über den Gewinn hängt in jedem Fall vom Zufall ab, wenn dafür der ungewisse Eintritt oder Ausgang zukünftiger Ereignisse maßgeblich ist. Auch Wetten gegen Entgelt auf den Eintritt oder Ausgang eines zukünftigen Ereignisses sind Glücksspiele.

In Bezug auf § 3 Abs. 1 S. 1 GlüStV 2012 ist erwähnenswert, dass das Tatbestandsmerkmal „Entgelt für den Erwerb einer Gewinnchance" von der höchstrichterlichen Verwaltungsrechtsprechung[48] mit dem des „Einsatzes" für ein Glücksspiel im Sinne des § 284 StGB als zumindest teilweise deckungsgleich angesehen wird. Es wird verlangt, dass die Gewinnchance gerade aus dem Entgelt erwächst.[49] Dies sei dann der Fall, wenn ein unmittelbarer Zusammenhang zwischen Entgelt und Gewinnchance bestehe.

Über die Interpretation des § 3 Abs. 1 S. 2 GlüStV 2012 herrscht in der Rechtsprechung Uneinigkeit. Das VG Karlsruhe etwa ist der Ansicht, diese Bestimmung könne schon von ihrem Wortlaut her nicht dahin verstanden werden, dass damit bei ungewissem Eintritt oder Ausgang zukünftiger Ereignisse automatisch eine

---

46 Siehe Schleswig-Holsteinischer Landtag 2019, Plenarprotokoll 19/50, S. 3757, www.landtag.ltsh.de/export/sites/ltsh/infothek/wahl19/plenum/plenprot/2019/19-050_02-19.pdf (zuletzt abgerufen am 17.06.2020).

47 Siehe Schleswig-Holsteinischer Landtag 2019, Plenarprotokoll 19/50, S. 3757 ff., www.landtag.ltsh.de/export/sites/ltsh/infothek/wahl19/plenum/plenprot/2019/19-050_02-19.pdf (zuletzt abgerufen am 17.06.2020). Siehe zu den abgabenrechtlichen Spielräumen eines offenen Glücksspielmarktes auch *Becker*, in: Höfling/Horst/Nolte, Sportwetten in Deutschland, S. 87 ff.

48 BVerwG, Urteil vom 09.07.2014 – 8 C 7/13, NJW 2014, 3175.

49 Vgl. auch BGH, Beschluss vom 29.09.1986 – 4 StR 148/86, BGHSt 34, 171 ff.

„ganze oder überwiegende" Zufallsabhängigkeit im Sinne von § 3 Abs. 1 S. 1 GlüStV 2012 fingiert werden soll.[50] Die Vorschrift stehe zum anderen in systematischem Zusammenhang zu § 3 Abs. 1 S. 3 und S. 4 GlüStV 2012, wonach Wetten gegen Entgelt auf den Eintritt oder Ausgang eines zukünftigen Ereignisses als Glücksspiele und Wetten zu festen Quoten auf den Ausgang von Sportereignissen oder Abschnitten von Sportereignissen als Sportwetten zu qualifizieren seien. Das OLG Köln hingegen nimmt eine solche Fiktion an: Ist der ungewisse Eintritt oder Ausgang zukünftiger Ereignisse maßgeblich, so hängt die Entscheidung über den Gewinn demnach in jedem Fall vom Zufall ab.[51]

Schon in der Gesetzesbegründung zum GlüStV 2008 wurde ausdrücklich erwähnt, dass Geschicklichkeitsspiele, bei denen das Wissen und Können für den Spielausgang entscheidend sei, nicht erfasst werden sollen. Bei Spielen, die zwischen Glück und Geschick liegen und daher eine Einordnung als Glücks- oder Geschicklichkeitsspiel notwendig werden lassen, soll eine wertende Gesamtbetrachtung vorgenommen werden.[52]

3. *Geldwäscherechtlicher Glücksspielbegriff*

Mit Inkrafttreten des Gesetzes „zur Umsetzung der Vierten EU-Geldwäscherichtlinie, zur Ausführung der EU-Geldtransferverordnung und zur Neuorganisation der Zentralstelle für Finanztransaktionsuntersuchungen"[53] am 26. Juni 2017 wurde u. a. das „Gesetz über das Aufspüren von Gewinnen aus schweren Straftaten"[54] (Geldwäschegesetz – GwG) in Kraft gesetzt.[55] Darin wurde auch auf bundesrechtlicher Ebene der Glücksspielbegriff legaldefiniert. Nach § 1 Abs. 8 GwG gilt jedes Spiel, bei dem ein Spieler für den Erwerb einer Gewinnchance ein Entgelt entrichtet und der Eintritt von Gewinn oder Verlust ganz oder überwiegend vom Zufall abhängt, als Glücksspiel. Während des Gesetzgebungsverfahrens wandte sich der Bundesrat mit Kritik an die Bundesregierung und bemängelte, dass die Definition von § 1 Abs. 8 GwG nicht identisch mit der Definition des § 3 Abs. 1 S. 1 GlüStV 2012 ist. Dabei forderte der Bundesrat eine entsprechende Anpassung.[56] Die Regierung lehnte dies mit der Begründung ab, es handle sich beim GlüStV 2012 nicht um Bundesrecht und Auslegungsschwierigkeiten aufgrund der abweichenden Definition seien nicht erkennbar.[57]

---

50 Vgl. VG Karlsruhe, Urteil vom 12.02.2015 – 3 K 3872/13, MMR 2015, 624 (Ls.) = BeckRS 2015, 48284.
51 OLG Köln, Urteil vom 12.05.2010 – 6 U 142/09, MMR 2010, 856 (857 f.); siehe näher dazu Drittes Kap. B. I. 1. B) aa).
52 Vgl. etwa Bayerischer Landtag, Drucks. 15/8486, S. 13.
53 BGBl. I 2017, 1822.
54 Gesetz vom 23.06.2017, BGBl. I 2017, 1693.
55 Siehe zum Einfluss des GwG im Einkommensteuerrecht Drittes Kap. E. I. 2.
56 BT-Drucks. 18/11928, S. 2.
57 BT-Drucks. 18/11928, S. 32.

4. *Grammatische Inkongruenz der Glücksspielbegriffe*

Es liegt nach § 3 Abs. 1 S. 1 GlüStV 2012 ein Glücksspiel vor, wenn im Rahmen eines Spiels für den Erwerb einer Gewinnchance ein Entgelt verlangt wird und die Entscheidung über den Gewinn ganz oder überwiegend vom Zufall abhängt. Gem. § 1 Abs. 8 GwG ist jedes Spiel, bei dem ein Spieler für den Erwerb einer Gewinnchance ein Entgelt entrichtet und der Eintritt von Gewinn oder Verlust ganz oder überwiegend vom Zufall abhängt, als Glücksspiel zu qualifizieren.

Dabei wird die abweichende bundesrechtliche Formulierung des Glücksspielbegriffs auch in der Literatur kritisch gesehen. Ob sich keine Auslegungsschwierigkeiten ergeben, werde erst die Zukunft zeigen können. Zweifel seien vor dem Hintergrund der Erfahrungen zum glückspielrechtlichen Begriff angebracht, insbesondere im Hinblick auf die Abgrenzung zum bloßen Gewinnspiel.[58] Der Bundesgesetzgeber wolle darüber hinaus mit seiner weiten geldwäscherechtlichen Definition sämtliche Ausführungsformen erfassen.[59]

Nach Gegenüberstellung der Legaldefinitionen lässt sich unschwer erkennen, dass die Vorschriften im Wortlaut nicht deckungsgleich sind. Gleichwohl ähneln sich die Normen in inhaltlicher Sicht stark: Während § 1 Abs. 8 GwG für den Erwerb einer Gewinnchance ein Entgelt „verlangt", ist nach § 3 Abs. 1 S. 1 GlüStV 2012 ein solches Entgelt zu „entrichten". Darüber hinaus muss nach beiden Normen der Eintritt bzw. die Entscheidung über den Gewinn (oder Verlust) ganz oder überwiegend vom Zufall abhängen, damit ein Glücksspiel angenommen werden kann. Die zuvor dargestellten Bedenken hinsichtlich des § 1 Abs. 8 GwG erfahren damit eine überschaubare Relevanz.

Nichtsdestotrotz wäre es vor dem Hintergrund der Einheitlichkeit der Rechtsordnung – und dabei ist es als unerheblich anzusehen, ob Gesetze auf landes- oder bundesgesetzlicher Ebene verabschiedet werden – konsequenter gewesen, wenn der geldwäscherechtliche Glücksspielbegriff, der dieselben Voraussetzungen verlangt wie § 3 Abs. 1 S. 1 GlüStV 2012, gleichlautend ausformuliert worden wäre.

III. Abgrenzung zwischen Glücks- und Geschicklichkeitsspiel

Bei der Suche nach einem Abgrenzungskriterium von Glücks- und Geschicklichkeitsspiel wird einhellig auf den Durchschnittsspieler abgestellt.[60] Insoweit liefert *Bewersdorff* einen systematischen Ansatz zur Erfassung des Durchschnittsspielers. Er wirft dabei im Ausgangspunkt die Frage auf, gegen wen der Durchschnittsspieler wie gut spielen müsse, um den Charakter eines Geschicklichkeitsspiels zu belegen.[61] Denn sollten etwa zwei oder mehrere Durchschnittsspieler aufeinandertreffen, so liege es nicht fern anzunehmen, dass sie sich mit ihren spielerischen

58 Siehe zur Abgrenzung zum Gewinnspiel Viertes Kap. B. I. 2.
59 BT-Drucks. 18/11555, S. 102 f.; *Stulz-Herrnstadt/Engelmann*, ZfWG 2017, 475 (476).
60 Vgl. 2. Kap. A. II. 1.
61 *Bewersdorff*, ZfWG 2017, 228 (233).

Fähigkeiten neutralisieren und die Geschicklichkeitskomponente zwar da, aber nicht mehr ausschlaggebend sei.[62]

Dabei betrachtet *Bewersdorff* mit seinem Versuch, der Abgrenzung zwischen Glücks- und Geschicklichkeitsspiel eine Systematik zu verschaffen, das jeweilige Spiel nicht losgelöst, sondern im Rahmen der mit diesem Spiel einhergehenden Veranstaltung.[63]

Ausgehend davon wird auf einen von *Hambach* vorgelegten Prüfansatz zurückgegriffen: Demnach tritt ein Durchschnittsspieler gegen lauter zufällig auftretende Spieler an und muss mindestens 50 Prozent der Partien gewinnen, damit von einem überwiegenden Geschicklichkeitsspiel gesprochen werden kann. Dabei ist zu berücksichtigen, dass sich bei Zwei-Personen- und Mehrpersonenspielen – insbesondere bei Mehrpersonenspielen, die als Turnier veranstaltet werden – Unterschiede ergeben können. So sinkt bei einem als Turnier veranstalteten Spiel etwa die Erfolgswahrscheinlichkeit, auch wenn alle Kontrahenten zufällig agieren.[64] Unter einem Turnier versteht man eine Veranstaltung, bei der in vielen einzelnen Wettkämpfen aus einer größeren Anzahl von Teilnehmern ein Sieger ermittelt wird.[65]

IV. Veranstalter und Teilnehmer

Es erscheint zunächst recht überschaubar, wer an einem Glücksspiel beteiligt sein kann: Veranstalter und Teilnehmer. Dabei kann die Unterscheidung der Begrifflichkeiten allerdings im Einzelfall Probleme bereiten, etwa wenn ein Organisator gleichermaßen als Spieler mitwirkt oder die Spieler zu ähnlichen Anteilen zu einem Glücksspiel aufrufen.[66] Insofern ist im Wege einer Definition zunächst klarzustellen, wer als Veranstalter und wer als Teilnehmer zu qualifizieren ist.

Zwar lässt sich für den Veranstalter keine Legaldefinition finden, gleichwohl hat sich aus dem Bereich des Strafrechts bereits eine Konkretisierung des Begriffs durchgesetzt. Als Veranstalter eines Glücksspiels gilt demzufolge, wer als Verantwortlicher organisatorisch den äußeren Rahmen für die Abhaltung des Glücksspiels herstellt und im Zuge dessen der Allgemeinheit die Möglichkeit verschafft, Spielverträge[67] abzuschließen.[68] Hauptmerkmal für die Veranstaltereigenschaft

62 Vgl. *Schmidt/Wittig*, JR 2009, 45 (48).

63 Krit. *Dickersbach*, WiVerw 1985, 23 (34); *Dickersbach*, GewArch, 1998, 265 (267); *Laustetter*, JR, 2012, 507 (509 f.).

64 *Hambach/Hettich/Kruis*, MR-Int 2009, 41 (46).

65 Siehe *Duden*, https://www.duden.de/rechtschreibung/Turnier (zuletzt abgerufen am 17.06.2020).

66 Siehe dazu Viertes Kap. A. II. 1. b).

67 Da der Spielvertrag gesetzlich nicht ausdrücklich geregelt ist, handelt es sich bei diesem um einen Vertrag sui generis.

68 Vgl. BGH, Urteil vom 28.05.1957 – 1 StR 339/56, ZfWG 2007, 16 f.; BayObLG, Urteil vom 11.02.1993 – 5 St RR 170/92, NJW 1993, 2820 f.; BGH, Beschluss vom 28.11.2002 – 4 StR 260/02, NStZ 2003, 372 (373); *Lampe*, JuS 1994, 737 (741).

ist also, dass der Veranstalter auf sein (finanzielles) Risiko als treibende Kraft ein Glücksspiel initiiert.

Für die Partizipation am Glücksspiel bedeutet diese Einordnung, dass ein Teilnehmer das vom Veranstalter zur Verfügung gestellte Spielangebot wahrzunehmen hat, um begrifflich entsprechend eingeordnet zu werden. Sollte vom Initiator ein Einsatz gefordert werden, so hat der Spieler nicht nur das Spielangebot wahrzunehmen, sondern auch ein gewisses Verlustrisiko zu tragen, damit er die Teilnehmerfunktion erfüllen kann.[69]

B. Illegales Glücksspiel im Lichte der §§ 40, 41 AO

Gem. § 4 Abs. 1 GlüStV 2012 dürfen öffentliche Glücksspiele nur mit Erlaubnis der zuständigen Behörde des jeweiligen Landes veranstaltet oder vermittelt werden. Das Veranstalten und das Vermitteln ohne diese Erlaubnis (unerlaubtes Glücksspiel) ist verboten. Gem. § 285 StGB wird flankierend zu § 284 StGB auch die Beteiligung am unerlaubten Glücksspiel unter Strafe gestellt.

„Spiele" sind Verträge mit einem aleatorischen Bestandteil.[70] Das Gesetz erklärt sie in § 762 BGB einerseits für unverbindlich und lässt sie andererseits als Rechtsgrund gelten.[71] Erfolgen diese Spiele nun im Rahmen von unerlaubtem Glücksspiel, so kommt eine Nichtigkeit wegen eines Verstoßes gegen ein gesetzliches Verbot, § 134 BGB, oder gegen die guten Sitten, § 138 BGB, in Betracht. An dieser Stelle sei allerdings auf § 40 der Abgabenordnung (AO) verwiesen. Für die Besteuerung ist es demnach unerheblich, ob ein Verhalten, das den Tatbestand eines Steuergesetzes ganz oder zum Teil erfüllt, gegen ein gesetzliches Gebot oder gegen die guten Sitten verstößt. Die zivilrechtliche Wirksamkeit gem. § 41 AO ist für die Besteuerung ebenfalls nicht von Belang. Somit kann auch das Entgelt für eine Leistung, die gegen § 134 BGB oder § 138 BGB verstößt und daher zivilrechtlich nicht zum Gegenstand eines wirksamen Vertrages gemacht werden kann, der Besteuerung unterliegen.[72] Im Lichte der §§ 40, 41 AO ist daher auch die in § 762 Abs. 1 BGB normierte Unverbindlichkeit von Spiel und Wette für die Besteuerung irrelevant.

C. Grundlagen im Einkommensteuerrecht

Wie im Laufe dieser Arbeit zu zeigen ist, kommen im Rahmen der Besteuerung von Glücksspielgewinnen auf Teilnehmer- sowie Veranstalterseite den Einkünften aus Gewerbebetrieb, § 2 Abs. 1 S. 1 Nr. 2, §§ 15 ff. EStG, und den sonstigen Einkünften in konkreter Gestalt der sonstigen Leistungen nach § 22 Nr. 3 im Sinne des § 2

---

69 Vgl. auch *Koch*, Gewinnspiele im Steuerrecht, S. 15.

70 *Sprau*, in: Palandt, BGB, § 762 Rn. 1.

71 Vgl. Kammergericht, Urteil vom 08.01.1988 – 17 U 6019/86, WM 1989, 669 (671 f.).

72 BFH, Urteil vom 23.06.1964 – GrS 1/64 S, BStBl. III 1964, 500 (501); *Lüsch*, in: L/B/P, Einkommensteuerrecht, § 22 Rn. 317.

Abs. 1 S. 1 Nr. 7 EStG eine zentrale Bedeutung zu. In diesem Kontext sollen die Grundlagen der Normen, begleitet von einer historischen Aufbereitung, dargestellt werden.

I. Historische Entwicklung der Einkommensbesteuerung

1. Allgemein

Die Erhebung von Steuern ist, wie im Folgenden ersichtlich sein wird, schon seit längerer Zeit ein wichtiges Instrument industriell geprägter Staaten zur Erzielung von Einnahmen. Die Einkommensbesteuerung hingegen ist verhältnismäßig jung. Ihre Entstehung hängt eng mit der fortschreitenden Industrialisierung im 19. und 20. Jahrhundert zusammen. Der Ursprung dieser Art der Besteuerung findet sich in der von *William Pitt* eingeführten „income tax" in England aus dem Jahre 1799.[73] Diese Steuer war vor dem Hintergrund des napoleonischen Krieges eine Kriegssteuer und sorgte gerade bei den Grund- und Hauseigentümern, die über ein Drittel des Steueraufkommens trugen, für Unmut. Dieser nach außen getragene Unmut veranlasste das britische Parlament im Jahre 1816 dazu, die Einkommensteuer „für immer" abzuschaffen.[74] In der Folge kam der Staat finanziell in Bedrängnis, weshalb bereits 1842 ein neues Einkommensteuergesetz beschlossen wurde, das von da an fester Bestandteil des britischen Steuersystems war.[75] Das erste deutsche EStG aus dem Jahre 1808 geht zurück auf den Einfluss von Karl Freiherr vom Stein,[76] welches als Vorgänger des geltenden EStG bezeichnet werden kann.[77] Hier galt zwar das Einkommen bereits als Besteuerungsgrundlage, allerdings war die in diesem EStG erfasste Steuer noch als Klassensteuer konzipiert. Diese Konzeption bezog sich nicht auf die Höhe des individuellen Einkommens, sondern richtete sich nach äußeren Wohlstandsmerkmalen.[78] Das Gesetz wurde allerdings bereits im Jahre 1811 wieder aufgehoben.[79] Im Jahre 1851 folgte die preußische Klassen- und klassifizierte Einkommensteuer.[80] Die bis dahin bestehende Klassenbesteuerung wurde erst mit der preußischen Steuerreform in Form des PrEStG aus dem Jahre

---

73 Vgl. *Neumark*, Einkommensteuer und Umsatzsteuer, S. 68.

74 *Seligmann*, The Income Tax, S. 57 ff.; *Großfeld*, Die Einkommensteuer, S. 7 ff.; *Lotz*, Finanzwissenschaft III, Bd. 1, S. 220 f.

75 *Neumark*, Einkommensteuer und Umsatzsteuer, S. 68.

76 Vgl. *Lotz*, Finanzwissenschaft III, Bd. 1, S. 485; *Grabower*, Preußens Steuern, S. 196; *Kramer*, Die Entwicklung der preußischen Steuerverfassung im 19. Jahrhundert, S. 32 f.

77 *Bayer*, FR 1983, 77 f.

78 Vgl. *Neumark*, Handbuch der Finanzwissenschaft II, S. 449.

79 Vgl. *Teschemacher*, Einkommensteuer, S. 16; *Kramer*, Die Entwicklung der preußischen Steuerverfassung im 19. Jahrhundert, S. 37 ff., 72 ff.

80 Gesetzessammlung für die Königlich-Preußischen Staaten 1851, 193; vgl. zur Entwicklungsgeschichte dieses Gesetzes *v. Beckerath*, Klassensteuer, S. 1 ff., 27 ff.

1891 unter dem preußischen Finanzminister *Johannes von Miquel* beseitigt. Die Reform knüpfte im Rahmen der Einkommensbesteuerung unmittelbar an die Einkommensquellen an.[81] Im Jahre 1920 – zu Zeiten der Weimarer Republik – führte Reichsfinanzminister *Matthias Erzberger* eine einheitliche Einkommensbesteuerung für das gesamte Deutsche Reich ein. Unter dem Staatssekretär im Reichsfinanzministerium, *Johannes Popitz*, wurde diese einheitliche Besteuerung bereits 1925 grundlegend reformiert und der Gesetzesentwurf vom Reichstag verabschiedet.[82] Mit diesem Gesetz sollten nur jene Bezüge einkommensteuerbar sein, die einer im Gesetz stehenden Einkunftsart unterfallen. Somit sollte nicht jede Vermögensmehrung erfasst werden. Man erkannte, dass die als besteuerungswürdig zu erachtenden Lebenssachverhalte zu vielfältig und facettenreich sind, um jedes einzelne Verhalten gesetzlich zu erfassen.[83] Das REStG 1925 gilt bis heute als Basis des in der Bundesrepublik Deutschland geltenden Einkommensteuerrechts.[84]

2. Rechtsentwicklung des § 15 EStG

Die Einkünfte aus Gewerbebetrieb im Sinne des § 2 Abs. 1 S. 1 Nr. 2 EStG werden durch die Vorschriften der §§ 15 ff. EStG näher geregelt. Dabei erscheint ein näherer Blick auf die Entstehung des heutigen § 15 EStG geboten.

a) Entwicklungen vor 1891

1878 wurde im Königreich Sachsen eine Einkommensteuer eingeführt.[85] Das zu Grunde liegende Gesetz, das im Wesentlichen der Quellentheorie folgt, unterscheidet neben Einkommen und Vermehrung des Stammvermögens zwischen vier Hauptquellen des Einkommens: Erstens Vermietung und Verpachtung, zweitens Kapital, drittens amtliche oder sonstige Stellungen und viertens Handel und Gewerbe.[86] In den deutschen Bundesstaaten verhielt sich dies Ende des 19. Jahrhunderts ähnlich. So besteuerte das Einkommensteuergesetz des Herzogtums Oldenburg etwa gem. Art. 5 jenes Gesamteinkommen, das „aus Grundeigentum, aus Kapitalvermögen oder aus Rechten auf periodische Hebung oder auf Vorteile irgendwelcher Art, aus dem Ertrage eines Gewerbes oder irgendeiner Art gewinnbringenden Beschäftigung in Geld und Geldeswert zufließt". Die damalige Rechtsprechung in Gestalt des PrOVG[87] ließ sich ebenfalls von der Quellentheorie leiten und kam zu dem Ergebnis, dass der Gewinn über den Überschuss der Einnahmen

81 Vgl. *Pausch*, Miquel 1981, S. 99.
82 Begründung zum Entwurf eines Reichseinkommensteuergesetzes vom 23.4.1925, RT-Drucks. III/795.
83 Vgl. Verhandlungen des RT, Bd. 400 Nr. 795, S. 59.
84 *Bühler*, Einkünfte aus Gewerbebetrieb nach § 15 EStG, S. 25.
85 Sächs. EStG vom 2.7.1878, Gesetz- und Verordnungsblatt für Sachsen, 1878, 129 ff.
86 § 17 Sächs. EStG 1878.
87 PrOVG vom 01.05.1888, PrOVGE 16, 95 (100).

zu ermitteln und nicht anhand von kaufmännischen Handelsbilanzen durch Vermögensvergleich zu bestimmen war.[88]

b) *Entwicklungen ab 1891*

Das bereits angesprochene preußische EStG wurde am 24.6.1891 verabschiedet.[89] Nach § 7 Nr. 3 PrEStG gehören demnach u. a. auch Handel und Gewerbe zum Einkommen. Es gilt zu beachten, dass man aus heutiger Sicht wohl das Wort „Einkommen" im PrEStG durch „Einnahmen" bzw. „Erträge" zu ersetzen hätte.[90] Die in dem Gesetz eingeführte Gewinnermittlung entsprechend dem handelsrechtlichen Bilanzierungsprinzip durch Vermögensvergleich folgte nicht mehr dem zuvor geltenden Abflussprinzip.[91]

Durch Art. 8 der Weimarer Reichsverfassung wurde dem Deutschen Reich die Kompetenz übertragen, Gesetze über solche Abgaben und sonstige Einnahmen zu verabschieden, deren Regelung bislang Sache der Länder war, soweit auf die Erhaltung der Lebensfähigkeit der Länder Rücksicht genommen wird. Diese dem Reich eingeräumte Kompetenz nahm das Deutsche Reich zum Anlass, das Reichseinkommensteuergesetz vom 29.3.1920 (REStG 1920) zu verabschieden.[92] § 7 REStG 1920 hat nähere Ausführungen zu dem Einkommen aus Gewerbebetrieb gemacht. Zum Einkommen aus Gewerbebetrieb gehörten demnach Einnahmen aus gewerblichen oder bergbaulichen Unternehmungen (Nr. 1) und bei persönlich haftenden Gesellschaftern einer Kommanditgesellschaft auf Aktien die Tantiemen und Vergütungen sowie Gewinnanteile dieser Gesellschafter, welche auf ihre nicht auf das Grundkapital gemachten Einlagen entfallen (Nr. 2). Gem. § 7 Nr. 3 REStG 1920 gehörten zum Einkommen aus Gewerbebetrieb bei Gesellschaftern einer offenen Handelsgesellschaft, einer Kommanditgesellschaft oder einer anderen Erwerbsgesellschaft, bei der der Gesellschafter als Unternehmer (Mitunternehmer) des Betriebs anzusehen ist, ihr Anteil am Geschäftsgewinn zuzüglich etwaiger besonderer Vergütungen, die der Gesellschafter für Mühewaltungen im Interesse der Gesellschaft für deren Rechnung gezogen hat. Das REStG 1920 erlangte aufgrund der eingetretenen Inflation und der Abschaffung im Jahre 1925 keine große praktische Bedeutung.[93] Allerdings ist – vor dem Hintergrund des Wechsels von der Reinvermögenszugangstheorie zur zuvor bereits eingesetzten Quellentheorie – bemerkenswert, dass sich der Wortlaut des § 7 REStG 1920 fast unverändert in § 29 REStG 1925[94] wiederfinden lässt. Im REStG 1925 ist § 29 die Konkretisierung zu § 6 Abs. 1 Nr. 2.

---

88 Vgl. *Schneider*, in: K/S/M, EStG, § 17 Rn. A 158.
89 Gesetz vom 24.6.1891, PrGS 1891, 175.
90 Vgl. *Desens/Blischke*, in: K/S/M, EStG, § 15 Rn. A 93.
91 Vgl. *Schneider*, in: K/S/M, EStG, § 17 Rn. A 159.
92 Gesetz vom 29.03.1920, RGBl. 1920, 359.
93 Vgl. *Desens/Blischke*, in: K/S/M, EStG, § 15 Rn. A 100.
94 Gesetz vom 10.8.1925, RGBl. I 1925, 189.

§ 6 Abs. 1 Nr. 2 REStG 1925 besagt:

„Der Besteuerung des Einkommens nach diesem Gesetz unterliegen nur:
(...)
2. Einkünfte aus Gewerbebetrieb;
(...).“

In § 29 REStG 1925 heißt es:

„Zu den Einkünften aus Gewerbebetrieb gehören auch:
1. Einkünfte aus bergbaulichen Unternehmungen;
2. bei persönlich haftenden Gesellschaftern einer Kommanditgesellschaft auf Aktien die Vergütungen (Tantiemen) sowie die Gewinnanteile dieser Gesellschafter, welche auf ihre nicht auf das Grundkapital gemachten Einlagen entfallen;
3. bei Gesellschaftern einer offenen Handelsgesellschaft, einer Kommanditgesellschaft oder einer anderen Gesellschaft, bei der der Gesellschafter als Unternehmer (Mitunternehmer) des Gewerbebetriebs anzusehen ist, ihr Anteil am Geschäftsgewinne zuzüglich etwaiger besonderer Vergütungen, die der Gesellschafter für Mühewaltungen im Interesse der Gesellschaft für deren Rechnung bezogen hat.

Auffällig ist dabei vor allem, dass nun nicht mehr von „Einkommen“, sondern vielmehr von „Einkünften“ die Rede war, also jene Terminologie verwendet wird, die noch heute im EStG zu finden ist.

Eine weitere Annäherung an das heutige EStG erfolgte durch das Einkommensteuergesetz 1934[95] (EStG 1934). § 2 Abs. 4 EStG 1934 trennte im Rahmen der Einkünfteermittlung zwischen Gewinn- und Überschusseinkünften. Die Einkünfte aus Gewerbebetrieb, die gem. § 2 Abs. 3 Nr. 2, Abs. 4 Nr. 1 EStG 1934 als Gewinneinkünfte qualifiziert wurden, wurden außerdem fortan im § 15 EStG 1934 konkretisiert.[96] Der Wortlaut der Norm stimmt mit dem heutigen § 15 Abs. 1 S. 1 Nr. 1-3 EStG in großen Teilen überein.

Durch das Steuerentlastungsgesetz aus dem Jahre 1984[97] (StEntlG) wurde die bis dahin in § 1 Abs. 1 GewStDV[98] enthaltene Definition des Gewerbebetriebs von § 15 Abs. 2 S. 1 EStG übernommen. Die Gründe dafür, den Begriff des Gewerbebetriebs im EStG legal zu definieren, sollen in Rechtssystematik und Rechtssicherheit liegen.[99]

---

95 Gesetz vom 16.10.1934, RStBl. 1934, 1261 ff.
96 Vgl. auch *Kaligin*, in: Lademann, EStG, § 15 Rn. 1.
97 Gesetz vom 22.12.1983, BStBl. I 1984, 14.
98 Verordnung vom 24.03.1956, BGBl. I 1956, 152.
99 BT-Drucks. 10/336, S. 26.

3. *Rechtsentwicklung des § 22 Nr. 3 EStG*

§ 22 Nr. 3 EStG stellt einen der Tatbestände der sonstigen Einkünfte im Sinne des § 2 Abs. 1 S. 1 Nr. 7 EStG dar. Die sonstigen Einkünfte gehören zu den Überschusseinkünften. Die Vorschrift des § 22 Nr. 3 EStG hat – ähnlich wie § 15 EStG – bis zu ihrer heutigen Fassung diverse Entwicklungen durchlaufen.

Die Besteuerung sonstiger Einkünfte aus Leistungen gem. § 22 Nr. 3 EStG war nicht immer Bestandteil des EStG. Das erste deutsche EStG von 1808, die Preußische Klassen- und klassifizierte Einkommensteuer von 1851 und auch das Preußische EStG von 1891 erfassen die Vorschrift des § 22 Nr. 3 EStG nicht.[100] Mit dem REStG von 1925 sollten die sonstigen Einkünfte aus Leistungen, in konkreter Gestalt mit den §§ 6 Abs. 1 Nr. 8, 41 Abs. 1 Nr. 2 EStG 1925, in einem deutschen EStG erstmalig Einzug finden.[101]

§ 6 Abs. 1 Nr. 8 EStG 1925 besagt:

> *„Der Besteuerung des Einkommens nach diesem Gesetz unterliegen nur:*
> *(...)*
> *8. sonstige Leistungsgewinne nach Maßgaben der §§ 41, 42."*

§ 41 Abs. 1 EStG 1925 normiert:

> *„Sonstige Leistungsgewinne sind:*
> *1. Einkünfte aus Veräußerungsgeschäften in den Grenzen des § 42, es sei denn, dass es sich um Gegenstände handelt, deren Wert bei einer Gewinnermittlung nach §§ 12, 13 oder bei Einkünften der in § 6 Abs. 1 Nr. 4 bis 7 bezeichneten Art als Einnahme in Ansatz gebracht wird;*
> *2. Einkünfte, soweit sie infolge einer anderen Tätigkeit anfallen, die nicht zu dem im § 6 Abs. 1 Nr. 1 bis 4, 6 bezeichneten gehört, insbesondere Einkünfte aus gelegentlicher Vermittlung und aus der Vermietung beweglicher Gegenstände einschließlich der Schiffe, die nicht ins Schiffregister eingetragen sind."*

Anhand der aufeinander aufbauenden Vorschriften lässt sich bereits eine systematische Ähnlichkeit zu den heutigen §§ 2 Abs. 1 S. 1 Nr. 7, 22 Nr. 3 EStG erkennen. Auffällig ist in Bezug auf § 41 Abs. 1 Nr. 2 EStG 1925, dass sonstige Leistungseinkünfte als solche qualifiziert werden, die infolge einer anderen Tätigkeit anfallen. Mit § 22 EStG 1934 sollte sich jener Wortlaut ändern.

Dieser lautet:

> *„Sonstige Einkünfte sind:*
> *(...)*
> *3. Einkünfte aus Leistungen, soweit sie weder zu den anderen Einkunftsarten (§ 2 Abs. 3 Ziffer 1 bis 6) noch zu den Einkünften im Sinn der Ziffer 1 oder Ziffer 2 gehören, z. B.*

---

100 Vgl. *Harder*, Einkommensteuerrecht, S. 30 f.

101 *Harder*, Einkommensteurrecht, S. 35.

Einkünfte aus gelegentlichen Vermittlungen und aus der Vermietung beweglicher Gegenstände. Solche Einkünfte sind nicht steuerpflichtig, wenn sie weniger als 300 Reichsmark im Kalenderjahr betragen haben. Übersteigen die Werbungskosten die Einnahmen, so darf der übersteigende Betrag bei Ermittlung des Einkommens nicht ausgeglichen (§ 2 Absatz 2) werden.“

Insofern entschied sich der Gesetzgeber von einem Begriffswechsel von „anderer Tätigkeit“ zu „Leistungen“. Dies ergibt sich nicht zuletzt aus der Begründung zum REStG 1934, welches den § 22 Nr. 3 in der Fassung des aktuellen EStG eingeführt hat. Demnach entsprechen die Einkünfte aus Leistungen sachlich den Einkünften aus anderer Tätigkeit im Sinne des § 41 Abs. 1 Nr. 2 EStG 1925.[102]

Vor dem Hintergrund des Einkommensteuerreformgesetzes von 1974[103] wurde § 22 Nr. 3 EStG als Folgeänderung der Ausdehnung des § 22 Nr. 1 S. 2 EStG auf wiederkehrende Bezüge aufgrund freiwillig begründeter Rechtspflicht und der Neufassung des § 2 Abs. 1 EStG angepasst.[104] Das 1976 verabschiedete Einkommensteueränderungsgesetz[105] ergänzte das Verbot des Verlustausgleichs in § 22 Nr. 3 S. 3 EStG im letzten Halbsatz um den Ausschluss des Verlustabzugs nach § 10d EStG. Im Jahre 1998 stellte das BVerfG die Verfassungswidrigkeit der Verlustbeschränkung nach § 22 Nr. 3 S. 3 EStG fest.[106] Darauf folgte durch den Gesetzgeber mit dem StEntG 1999/2000/2002[107] eine Erweiterung der Verlustverrechnung, wonach der Verlustabzug im Rahmen des § 22 Nr. 3 EStG wieder grundsätzlich zugelassen wurde.

Zeitweise verfügte § 22 Nr. 3 EStG über einen fünften und sechsten Satz. Diese wurden durch das Jahressteuergesetz 2009[108] eingefügt. Die Ergänzung der Vorschrift sollte als Reaktion des Gesetzgebers auf die Neuzuordnung der Stillhalterprämien zu den Kapitaleinkünften gem. § 20 Abs. 1 S. 1 Nr. 11 EStG im Rahmen des Unternehmensteuerreformgesetzes 2008[109] verstanden werden. Zweck der hinzukommenden Sätze war die Gewährleistung, dass Altverluste aus Stillhaltegeschäften mit neuen positiven Einkünften aus selbigen verrechnet werden können, obwohl diese einer anderen Einkunftsart angehören.[110] Verhältnismäßig kurze Zeit später wurden die Sätze 5 und 6 mit dem Gesetz zur Anpassung des nationalen

102 Begründung zum EStG vom 16.10.1934, RStBl. 1935, 33 (44); krit. *Becker*, StuW I 1935, 1 (8 f.); *ders.*, StuW I 1935, 779 (795 f.).

103 BGBl. I 1974, 1769.

104 BGBl. I 1974, 1775.; Siehe auch *Pönicke*, Einkünfte aus Leistungen, S. 142 f.

105 BGBl. I 1976, 1054.

106 BVerfG, Beschluss vom 30.09.1998 – 2 BvR 1818/91, BVerfGE 99, 88 ff. = DStZ 1998, 910 f.

107 BGBl. I 1999, 402.

108 Gesetz vom 19.12.2008, BStBl. I 2009, 74.

109 Gesetz vom 14.08.2007, BStBl. I 2007, 630.

110 *Wernsmann/Neudenberger*, in: K/S/M, EStG, § 22 Rn. E 20.

Steuerrechts an den Beitritt Kroatiens zur EU und zur Änderung weiterer steuerrechtlicher Vorschriften[111] wieder aufgehoben.

II. § 2 EStG als Ausgangsnorm

Ausgangspunkt zur Besteuerung des Einkommens ist § 2 EStG. Die Norm bestimmt im Grundsatz die sachlichen Voraussetzungen für die Einkommensteuer, muss jedoch durch die nachfolgenden Vorschriften des EStG ergänzt werden. § 2 EStG als Grundsatznorm verbindet die Einzelregelungen des EStG miteinander und hält diese zusammen.[112]

1. Leistungsfähigkeitsprinzip

Die Einkommensteuer folgt – wie alle anderen Steuerarten auch – dem Prinzip der Steuergerechtigkeit bzw. Steuergleichheit. In diesem Kontext spricht man auch von horizontaler bzw. vertikaler Steuergerechtigkeit: Steuerpflichtige müssen bei gleicher Leistungsfähigkeit gleich hoch besteuert werden und Steuerpflichtige mit ungleicher Leistungsfähigkeit sind unterschiedlich zu besteuern.[113]

Eben jene Leistungsfähigkeit des Einzelnen, Einkommen zu generieren, bildet die Grundlage der Legitimation der Einkommensbesteuerung.[114] Das Leistungsfähigkeitsprinzip ist kein geschriebenes verfassungsrechtliches Prinzip, allerdings als Ausprägung des Übermaßverbots und des Gleichbehandlungsgrundsatzes des Grundgesetzes Ausfluss des Gleichheitsgebots aus Art 3 Abs. 1 GG.[115] Auch die Rechtsprechung des BVerfG verleiht dem Leistungsfähigkeitsprinzip den Rang eines normativ verankerten Prinzips und leitet die Steuerfreiheit des Existenzminimums aus der Menschenwürde gem. Art. 1 Abs. 1 GG und dem in Art. 20 Abs. 1 GG begründeten Sozialstaatsprinzip ab.[116] Die Leistungsfähigkeit genügt an sich allerdings nicht, um eine Besteuerung von Einkommen zu rechtfertigen, sondern ist vielmehr als „Ausgangsgedanke" zu verstehen.[117]

Als Konkretisierung des Leistungsfähigkeitsprinzips sind das objektive und subjektive Nettoprinzip im EStG normiert. Während nach dem objektiven Nettoprinzip nur Einnahmen abzüglich von Betriebsausgaben oder Werbungskosten

---

111 Gesetz vom 25.07.2014, BStBl. I 2014, 1126.

112 *Kirchhof*, in: K/S/M, EStG, § 2 Rn. A 17; vgl. auch *Kirchhof*, in: FS Lang 2011, 451 (471).

113 Vgl. *Birk/Desens/Tappe*, Steuerrecht, § 2 Rn. 192 ff.

114 Vgl. *Kubicki*, Die Dogmatik des § 22 Nr. 3 EStG einschließlich der Querbezüge zur Schenkungssteuer, S. 4; *Kirchhof*, in: FS Lang 2011, 451 (462 f.).

115 *Lang*, Bemessungsgrundlage der Einkommensteuer, S. 125.

116 BVerfG, Beschluss vom 22.02.1984 – 1 BvL 10/80, BVerfGE 66, 214 (223 ff.); zum Existenzminimum BVerfG, Beschluss vom 29.05.1990 – 1 BvL 20, 26, 184 und 4/86, BVerfGE 82, 60 (79 ff.).

117 *Kirchhof*, in: FS Lang 2011, 451 (462).

besteuert werden dürfen, müssen im Rahmen des subjektiven Nettoprinzips die existenzsichernden Aufwendungen[118] berücksichtigt werden.[119]

2. *Einkommensbegriff*

Um den Ausgangsgedanken des Leistungsfähigkeitsprinzips fortzuführen, ist zunächst zu erörtern, was genau unter dem Begriff des Einkommens zu verstehen ist. Nach § 2 Abs. 4 EStG ist das Einkommen der Gesamtbetrag der Einkünfte, vermindert um die Sonderausgaben und die außergewöhnlichen Belastungen. Abseits des Gesetzestexts wird Einkommen auch als der individuell erworbene, nach Sicherung von Existenz und Erwerb für den Steuerpflichtigen verfügbare Vermögenszuwachs beschrieben.[120] Das heutige einkommensteuerrechtliche Verständnis vom Einkommensbegriff beruht im Wesentlichen auf verschiedenen in der Finanzwissenschaft entwickelten Einkommenstheorien, die hinsichtlich der Definition des Einkommens divergieren.

Zuerst zu benennen ist die von *Guth* entwickelte Quellentheorie, die von 1891 bis 1920 im EStG Einzug fand. Danach definiert sich das Einkommen als „jede aus einer Quelle, also mit einer gewissen Regelmäßigkeit wiederkehrende Vermehrung des Vermögens".[121] Demnach bedarf es für die Einkommensquelle eines andauernden Zustands, weshalb einmalige Vermögenszuwächse in der Regel unberücksichtigt bleiben.[122] Ausnahmsweise kann ein einmaliges Tätigwerden als Quelle erscheinen, „sofern aus den begleitenden Umständen die Absicht, mit der Tätigkeit einen dauernden Erwerbszweig zu begründen, entnommen werden darf".[123] Lotteriegewinne etwa würden nach dieser Theorie keine steuerrechtliche Berücksichtigung finden, da dies keine mit einer gewissen Regelmäßigkeit behaftete Vermehrung des Vermögens darstellt. Der Quellentheorie wurde entgegengehalten, dass sie wesentliche Einnahmen außer Betracht lässt, die Einfluss auf die steuerrechtliche Leistungsfähigkeit des Betroffenen haben.[124]

Den steuerrechtsgeschichtlichen Gegenspieler zur Quellentheorie bildet die Reinvermögenszugangstheorie, die von 1920 bis 1925 im EStG Einzug fand. So hat *Schanz* das Einkommen als „Reinvermögenszugang einer bestimmten Periode" definiert.[125] Er zählt zum Einkommen alle Reinerträge, Nutzungen und

---

118 Siehe zu den verschiedenen Aufwendungsarten Drittes Kap. E. II. 1.
119 *Birk/Desens/Tappe*, Steuerrecht, § 2 Rn. 189 f.
120 *Kirchhof*, in: K/S/M, EStG, § 2 Rn. A 30.
121 *Guth*, Die Lehre vom Einkommen in dessen Gesamtzweigen, S. 62; vgl. auch *Moll*, Probleme der Finanzwissenschaft, S. 111 ff.
122 *Kirchhof*, in: K/S/M, EStG, § 2 Rn. A 318.
123 *Fuisting*, Die preußischen direkten Steuern, Bd. 4, S. 149.
124 *Moll*, Probleme der Finanzwissenschaft, S. 127 f.; *Bauckner*, Der privatwirtschaftliche Einkommensbegriff, S. 31.
125 *Schanz*, FinArch I 1896, 1 (87).; *ders.*, FinArch II 1922, 107 ff.; *Strutz*, in: Strutz, EStG 1925, Bd. 1, Einl., S. 40.

Werterhöhungen, ebenso auch alle Anfälle und geldwerten Zuwendungen Dritter, wie Geschenke, Lotteriegewinne und Erbschaften, weil der Steuerpflichtige diese Mittel verwenden kann, ohne sein bis dahin bestehendes Vermögen zu schmälern. Der Makel der Reinvermögenszugangstheorie soll darin bestehen, dass sie sich nicht zur praktischen Durchsetzung der Besteuerung eignet.[126]

Sowohl Quellen- als auch Reinvermögenszugangstheorie konnten insofern nicht für jene Rechtssicherheit und Rechtsklarheit sorgen, die man im Rahmen der Feststellung des Einkommensteuerobjekts für erforderlich erachtete.[127] So wurden im EStG im Jahre 1925 zunächst acht und ab 1934 sieben Einkunftsarten geregelt, die einen abschließenden Einkünftekatalog bildeten, welcher im Wesentlichen noch bis heute gilt.[128]

Vor dem Hintergrund dieses Einkünftekatalogs hat die Steuerrechtswissenschaft die sog. „Markteinkommenstheorie" entwickelt,[129] die auf *Neumarks* allgemeine Einkommenstheorie[130] zurückgeführt werden kann.[131] Nach der Markteinkommenstheorie unterliegen nur Einkünfte aus einer Erwerbstätigkeit mit Gewinnabsicht der Einkommensteuer, weshalb nur die erwirtschafteten Einkünfte einkommensteuerbar sind.[132] Sowohl die Erwerbstätigkeit als auch die Gewinnerzielungsabsicht wurzeln als Merkmale in § 15 Abs. 2 EStG. Die in dieser Norm enthaltenen Tatbestandsvoraussetzungen „Beteiligung am allgemeinen wirtschaftlichen Verkehr" und „mit der Absicht, Gewinn zu erzielen" seien Begriffskerne, die für alle Einkunftsarten gelten.[133] Diese Auffassung wird durch die Neufassung des § 15 Abs. 3 EStG durch das Steuerbereinigungsgesetz 1986[134] bestärkt. Auch der BFH hat bereits auf diese Theorie abgestellt.[135] *Handzik* sieht einen Vorteil dieser Theorie darin, dass sie ein einheitliches Kriterium schaffen kann, um zwischen einkommensrelevanten und nicht relevanten Vermögenszuwächsen zu unterscheiden.[136] Dieses Kriterium werde zwar kaum allen Nuancen des Einkommensbegriffs des EStG gerecht, es erfasse allerdings wichtige Grundzüge. Die Markteinkommenstheorie wird von Teilen der Literatur auch kritischer betrachtet. So kritisiert

126 *Popitz*, Staatswissenschaften III., S. 418.
127 Amtliche Begründung zum EStG 1925, RT-Drucks. III, 1924/25, Nr. 795, S. 22.
128 Amtliche Begründung zum EStG 1974, BT-Drucks. 7/1470, S. 211.
129 *Ruppe*, VDStjG 1, 7 (15 ff.); *Tipke*, FR 1983, 580 ff.; *Jakob*, Steuern vom Einkommen I, S. 57; vgl. auch *Giloy*, Vieldeutige Einkommensbegriffe, S. 28; vgl. auch *Wassermeyer*, StuW 1982, 352 ff.
130 *Neumark*, Wirtschafts- und Finanzprobleme des Interventionsstaates, S. 23 ff.; *ders.*, Theorie und Praxis der modernen Einkommensbesteuerung, S. 34 ff.
131 *Ruppe*, VDStjG 1, 7 (16), der sich ausdrücklich auf *Neumark* bezieht.
132 *Lang*, Reformentwurf, S. 32.
133 *Lang*, Reformentwurf, S. 32.
134 BGBl. I 1985, 2436.
135 BFH, Urteil vom 09.02.1994 – IX R 110/90, BStBl. II 1995, 47.
136 *Handzik*, in: L/B/P, Einkommensteuerrecht, § 2 Rn. 29.

Hey, dass sich der Begriff „Markteinkommen“ als zu eng erweist.[137] Er decke nicht die Gesamtheit der steuerbaren Einkünfte ab, da Einkünfte auch außerhalb des Marktes mit Gewinnabsicht erwirtschaftet werden können.[138]

3. Dualismus der Einkunftsarten

Durch die Implementierung der sieben Einkunftsarten in das EStG unterliegen lediglich solche Vermögenszuwächse der Einkommensteuer, die mindestens einen der in § 2 Abs. 1 EStG abschließend aufgezählten Tatbestände erfüllen.[139]

§ 2 Abs. 2 S. 1 EStG kategorisiert die Einkunftsarten in Gewinn- und Überschusseinkünfte. Einkünfte aus Land- und Forstwirtschaft, Gewerbebetrieb und selbständiger Arbeit zählen demnach zu den Gewinneinkünften. Die restlichen Einkunftsarten – also auch sonstige Einkünfte im Sinne des § 22 EStG – werden den Überschusseinkünften zugeordnet. Anhand des Gesetzestexts lässt sich in Bezug auf die einzelnen Einkunftsarten entnehmen, dass sich bei den Gewinneinkunftsarten die Gedanken zur Reinvermögenszugangstheorie niederschlagen. In den Überschusseinkunftsarten finden sich die Erwägungen der Quellentheorie wieder.[140] Die Unterscheidung zwischen Gewinn- und Überschusseinkünften hat Folgen bei der Bemessung der Einkommensteuer.[141] Im Rahmen der Gewinneinkunftsarten wird der Gewinn nach den Vorschriften der §§ 4-7k und 13a EStG ermittelt. Für Überschusseinkunftsarten ergibt sich die Ermittlung des Überschusses über die Werbungskosten aus den §§ 8-9a EStG.[142] Bei Einkünften aus Kapitalvermögen gilt hingegen gem. § 2 Abs. 2 S. 2 EStG eine Sonderregelung. Ohnehin zieht sich das dualistische System nicht strikt durch das EStG.[143] So liegt die Gewinnermittlung nach § 4 Abs. 3 EStG näher bei den Überschusseinkünften als beim Betriebsvermögensvergleich. Auch Absetzungen für Abnutzungen spielen nicht nur bei Gewinneinkünften, sondern ebenfalls bei Überschusseinkünften eine Rolle, wie § 9 Abs. 1 S. 3 Nr. 7 EStG durchblicken lässt.

4. Einkünfteerzielungsabsicht als Universalvoraussetzung

Sowohl in der Rechtsprechung[144] als auch in der Literatur[145] ist es nicht streitig, dass die sieben Einkunftsarten die Gewinn- bzw. Überschusserzielungsabsicht als

---

137 *Tipke/Lang*, Steuerrecht, § 7 Rn. 31, 52.

138 A. A. *Kirchhof*, Einkommensteuergesetzbuch, 2003, § 2 II, III; *ders*, Bundessteuergesetzbuch, 2011, § 43 Rn. 8.

139 BFH, Urteil vom 24.06.1976 – IV R 173/74, BStBl. II 1976, 643 f.; *Kirchhof*, in: K/S/M, EStG, § 2 Rn. B 219.

140 *Jakob*, Steuern vom Einkommen I, S. 2 f.; *Tipke/Lang*, Steuerrecht, § 9 Rn. 52 f.

141 Vgl. *Tipke/Lang*, Steuerrecht, § 8 Rn. 402.

142 Siehe zu den Werbungskosten Drittes Kap. E. II. 1.

143 Vgl. *Handzik*, in: L/B/P, Einkommensteuerrecht, § 2 Rn. 158 f.

144 Vgl. BFH, Beschluss vom 25.06.1984 – GrS 4/82, BStBl. II 1984, 751 (766); Urteil vom 18.05.1995 – IV R 31/94, BStBl. II 1995, 718 f.

145 *Lang*, Bemessungsgrundlage der Einkommensteuer, S. 247 ff.

Grundvoraussetzung erfordern. Die Einkünfteerzielungsabsicht meint demnach das gezielte Streben des Steuerpflichtigen, mit der ausgeübten Tätigkeit insgesamt einen Überschuss der Bezüge über die Aufwendungen zu erreichen.[146]

Da die Einkünfteerzielungsabsicht ein inneres Merkmal darstellt, lässt sie sich von außen nur schwer feststellen.[147] Deshalb nutzen Rechtsprechung und Literatur weitgehend objektive Kriterien, mithilfe derer eine Überprüfbarkeit des Merkmals zu gewährleisten ist.[148] Teile der Literatur tendieren sogar dazu, diese Voraussetzung als objektives Merkmal zu bezeichnen, wenn es faktisch ohnehin als solches behandelt wird.[149] Die Beurteilung des Vorliegens der Einkünfteerzielungsabsicht lässt sich anhand des gesamten Zeitraums der konkret vorgenommenen Tätigkeit bemessen. Dabei wird aus Sicht eines an objektiven Gegebenheiten orientierten Steuerpflichtigen untersucht, wie sich die Verhältnisse darstellen.[150] Die Geeignetheit der Tätigkeit spielt dabei eine wichtige Rolle. Kommt man zu dem Ergebnis, dass sich eine Tätigkeit zur dauerhaften Erzielung von positiven Einkünften nicht eignet, so wird von einem Nichtvorliegen einer Einkünfteerzielungsabsicht ausgegangen.[151]

In Zweifelsfällen ist eine sog. „Totalgewinnprognose“ vorzunehmen, die sich aus Tatsachen ergibt, in konkreter Gestalt der in dem Zeitraum der Tätigkeit erzielte oder erzielbare Gewinn bzw. Überschuss.[152] Ergibt sich aus der Totalgewinnprognose, dass es an einer Einkünfteerzielungsabsicht fehlt und die Tätigkeit vielmehr nur aus privaten Interessen heraus ausgeübt wird, so liegt sog. „Liebhaberei“ vor, die von der Einkommensteuer nicht erfasst wird.[153]

Der Zweck der Einkünfteerzielungsabsicht besteht also darin, solche Tätigkeiten des Steuerpflichtigen von der Einkommensteuer unberücksichtigt lassen, die weit überwiegend nicht den Gewinn bzw. Überschuss als Folge dieser Tätigkeiten zum Zweck haben. Der Steuerpflichtige soll insofern selbst willentlich bestimmen können, ob er Einkommen erwirtschaftet.[154]

---

146 Vgl. *Tipke/Lang*, Steuerrecht, § 9 Rn. 124 m.w.N.

147 BFH, Beschluss vom 25.06.1984 – GrS 4/82, BStBl. II 1984, 751 (767); Urteil vom 27.01.2000 – IV R 33/99, BB 2000, 861 f.; *Tipke/Lang*, Steuerrecht, § 9 Rn. 127.

148 RFH, Urteil vom 24.01.1934 – VI A 1230/31, RStBl. 1934, 501 ff.; Urteil vom 13.10.1937 – VI A 608/37, RStBl. 1937, 1232 f.; *Tipke/Lang*, Steuerrecht, § 9 Rn. 127.

149 *Kirchhof*, in: Kirchhof, EStG, § 2 Rn. 48 ff.; *ders.*, in: K/S/M, EStG, § 2 Rn. A 119 ff.

150 BFH, Urteil vom 02.08.1994 – VIII R 55/93, BFH/NV 1995, 866 ff.

151 Siehe BFH, Beschluss vom 15.05.2002 – X B 169/01, BFH/NV 2002, 1428 m.w.N.

152 *Fehrenbacher*, Steuerrecht, § 2 Rn. 31; siehe auch BFH, Urteil vom 22.04.1998 – XI R 10/97, BStBl. II 1998, 663; Urteil vom 27.01.2000 – IV R 33/99, BFHE 191, 119 (123); vgl. auch *Stöber*, FR 2017, 801 ff.

153 Vgl. *Theisen*, StuW 1999, 255 (263); *Kanzler*, DStZ 2005, 766 ff.; *Birk*, BB 2009, 860 ff.; *Falkner*, DStZ 2010, 315 (316); *Birk/Desens/Tappe*, Steuerrecht, § 5 Rn. 605; zum Begriff der Liebhaberei ausführlich *Bayer*, Die Liebhaberei im Steuerrecht, S. 21 ff.

154 Vgl. *Schell*, Subjektive Besteuerungsmerkmale im Einkommensteuerrecht, S. 59, 181 ff.

III. § 15 EStG

1. *Aussage und Systematik der Vorschrift*

§ 2 Abs. 1 S. 1 Nr. 2 EStG verweist auf die Einkünfte aus Gewerbebetrieb, geregelt in den §§ 15 ff. EStG. § 15 Abs. 1 S. 1 EStG charakterisiert dabei die Einkünfte aus Gewerbebetrieb im Rahmen einer „Zirkeldefinition" als Einkünfte aus gewerblichen Unternehmen.[155] § 15 Abs. 2 S. 1 EStG stellt demgegenüber die Merkmale vor, die das gewerbliche Unternehmen kennzeichnen.

Die gewerblichen Einkünfte werden durch § 15 EStG inhaltlich ausgefüllt. Zugleich nimmt § 15 EStG eine Abgrenzung gegenüber den anderen Einkunftsarten vor, indem § 15 Abs. 2 S. 1 EStG negative Tatbestandsmerkmale aufstellt.[156] Der Zweck der Abgrenzung zu den anderen Einkunftsarten besteht darin, die Einkunftsermittlungsart und den Umfang der Einkünfte zu bestimmen. Dabei sind angesichts des Umstands, dass es sich bei den gewerblichen Einkünften um eine Gewinneinkunftsart handelt, alle Vermögensänderungen bezüglich der Wirtschaftsgüter des Betriebsvermögens für die Gewinnermittlung einzubeziehen.[157]

2. *Begriff des „Gewerbebetriebs", § 15 Abs. 2 EStG*

Der Begriff des „Gewerbebetriebs" wird in § 15 Abs. 2 EStG behandelt. In § 15 Abs. 2 S. 1 EStG findet sich als Legaldefinition:

> *Eine selbständige nachhaltige Betätigung, die mit der Absicht, Gewinn zu erzielen, unternommen wird und sich als Beteiligung am allgemeinen wirtschaftlichen Verkehr darstellt, ist Gewerbebetrieb, wenn die Betätigung weder als Ausübung von Land- und Forstwirtschaft noch als Ausübung eines freien Berufs noch als eine andere selbständige Arbeit anzusehen ist.*

Weiter normiert § 15 Abs. 2 S. 2 und S. 3 EStG:

> *Eine durch die Betätigung verursachte Minderung der Steuern vom Einkommen ist kein Gewinn im Sinne des Satzes 1. Ein Gewerbebetrieb liegt, wenn seine Voraussetzungen im Übrigen gegeben sind, auch dann vor, wenn die Gewinnerzielungsabsicht nur ein Nebenzweck ist.*

Wie sich § 15 Abs. 2 EStG entnehmen lässt, verfügt der Begriff des Gewerbebetriebs über zahlreiche Tatbestandsmerkmale, in positiver wie in negativer Hinsicht.

---

155 *Reiß*, in: Kirchhof, EStG, § 15 Rn. 1.

156 Siehe zu den negativen Voraussetzungen Zweites Kapitel C. III. 2. b).

157 *Reiß*, in: Kirchhof, EStG, § 15 Rn. 7.

a) Positive Merkmale

aa) Selbständigkeit

Die positiv festzustellende Selbständigkeit liegt vor, wenn die Tätigkeit auf eigene Rechnung (Unternehmerrisiko) und in eigener Verantwortung ausgeübt wird.[158] Ob ein Steuerpflichtiger selbständig oder unselbständig auftritt, entscheidet sich nach der Gesamtschau der Umstände.[159] Insofern muss eine Gesamtabwägung aller Indizien aufgestellt werden, welche gegeneinander abzuwägen sind. Liegt ein Kriterium nur schwach ausgeprägt vor, so kann ein anderes Kriterium, das stärker ausgeprägt ist, dies ausgleichen.[160] Die Unternehmerinitiative liegt bei derjenigen Person, nach deren Willen ein Unternehmen geführt wird. Sie kann vorliegen, wenn der Steuerpflichtige den Beruf ausfüllende Faktoren wie Zeit, Ort und Umfang seiner Tätigkeit bestimmen kann, also nicht weisungsgebunden ist.[161] Beim Unternehmerrisiko übt der Steuerpflichtige die Betätigung auf eigene Rechnung und eigene Gefahr aus.[162] Feste Bezüge, ein Urlaubsanspruch sowie Krankengeldfortzahlung sind Indizien, die gegen ein solches Unternehmerrisiko sprechen, da es durch sie an einem entsprechenden Risiko mangeln kann.[163] Ein Indiz für das Vorliegen des Unternehmerrisikos kann etwa darin bestehen, dass der Steuerpflichtige Werkverträge mit seinen Auftraggebern abschließt, da dadurch bis zur Abnahme des Werks das Risiko beim Steuerpflichtigen liegt.[164]

bb) Nachhaltigkeit

Die Nachhaltigkeit bildet ein weiteres positives Tatbestandsmerkmal. Beim Erfordernis der Nachhaltigkeit muss der Tätigkeit nicht nur über eine bestimmte Dauer nachgegangen werden, sondern die Tätigkeit sollte auch regelmäßig auf Wiederholung angelegt sein.[165] Eine Nachhaltigkeit ist unproblematisch zu bejahen, wenn bei der verfolgten Tätigkeit Wiederholungsabsicht vorliegt, der Steuerpflichtige also gedenkt, sie zu wiederholen.[166] Bei diesem Merkmal handelt es sich somit um

---

158 BFH, Urteil vom 27.09.1988 – VIII R 193/83, BStBl. II 1989, 414 (416); Urteil vom 31.07.1990 – I R 173/83, BStBl. II 1991, 66 (67); vgl. auch Urteil vom 22.02.2012 – X R 14/10, BStBl. II 2012, 511 (514 ff.).

159 BFH, Urteil vom 02.12.1998 – X R 83/96, BStBl. II 1999, 534 (536).

160 *Bäuml/Meyer*, in: K/K/B, EStG, § 15 Rn. 379.

161 Vgl. BFH, Urteil vom 07.02.2018 – X R 10/16, BFHE 260, 491 (501).

162 BFH, Urteil vom 31.07.1990 – I R 173/83, BStBl. II 1991, 66 (67).

163 BFH, Urteil vom 23.04.2009 – VI R 81/06, BStBl. II 2012, 262 (264).

164 *Bäuml/Meyer*, in: K/K/B, EStG, § 15 Rn. 402.

165 Zur Umsatzsteuer vgl. auch BFH, Urteil vom 18.07.1991 – V R 86/87, BStBl. II 1991, 776 f.; Urteil vom 27.10.1993 – XI R 86/90, BStBl. II 1994, 274 ff.; Urteil vom 18.01.1995 – XI R 71/93, BStBl. II 1995, 559 (561).

166 BFH, Urteil vom 13.12.1995 – XI R 43/89, BStBl. II 1996, 232 (238); Urteil vom 07.03.1996 – IV R 2/92, BStBl. II 1996, 369 (371); Urteil vom 10.12.1998 – III R 61/97, BStBl. II 1999, 390 (397); vgl. auch *Kaligin*, in: Lademann, EStG, § 15 Rn. 13.

ein subjektives Element, das sich anhand äußerer Umstände bemisst. Bei einer Mehrzahl von gleichartigen Handlungen ist die Wiederholungsabsicht in der Regel gegeben.[167] Nachhaltigkeit kann ebenfalls bereits vorliegen, wenn eine einmalige Handlung offensichtlich auf eine Wiederholungsabsicht schließen lässt.[168] Im Umkehrschluss ist eine Nachhaltigkeit abzulehnen, wenn beim Steuerpflichtigen keine Wiederholungsabsicht vorliegt.[169]

cc) Gewinnerzielungsabsicht

Die Gewinnerzielungsabsicht stellt ein subjektives Merkmal dar, das im Rahmen der Gewinneinkunftsarten beim Steuerpflichtigen benötigt wird. Wie aus § 15 Abs. 2 S. 3 EStG hervorgeht, muss die Gewinnerzielungsabsicht beim Steuerpflichtigen keine vorrangige Rolle spielen. Sie kann auch neben anderen Intentionen in Bezug auf die Tätigkeit existieren. Damit soll verhindert werden, dass Betroffene vor dem Hintergrund der Frage, ob Gewinnerzielungsabsicht vorliegt, vorgeben, andere Motive als die Erzielung von Gewinnen zu haben, und so von der Einkommensteuer verschont bleiben.[170]

dd) Beteiligung am allgemeinen wirtschaftlichen Verkehr

Die Beteiligung am allgemeinen wirtschaftlichen Verkehr stellt das letzte positive Begriffsmerkmal des Gewerbebetriebs dar. Dieses liegt vor, wenn die Tätigkeit des Steuerpflichtigen auf einen Güter- und Leistungsaustausch unter Inanspruchnahme des allgemeinen Marktes, d. h. gegen Entgelt und für Dritte erkennbar, gerichtet ist.[171] Dabei hat der BFH nicht nur klargestellt, dass die Güter oder Leistungen, die der Steuerpflichtige anzubieten hat, auch immaterieller Art sein können. Um am Güter- und Leistungsaustausch beteiligt zu sein, reicht auch ein erfolgsabhängiges Entgelt aus.[172] Um für Dritte erkennbar zu sein, muss der Steuerpflichtige nicht zwangsläufig mehrere Vertragspartner haben. Es genügt ein Vertragspartner, wenn der Steuerpflichtige damit rechnet, dass sich die Tätigkeit herumsprechen wird.[173] Durch die Voraussetzung der Beteiligung am allgemeinen, wirtschaftlichen Verkehr sollen solche Tätigkeiten ausgeklammert werden,

---

167 BFH, Urteil vom 23.10.1987 – III R 275/83, BStBl. II 1988, 293 (294 f.), Urteil vom 12.07.1991 – III R 47/88, BStBl. II 1992, 143 (146); Urteil vom 10.12.1998 – III R 61/97, BStBl. II 1999, 390 (397).

168 Vgl. BFH, Urteil vom 31.07.1990 – I R 173/83, BStBl. II 1991, 66 (68).

169 BFH, Urteil vom 21.08.1985 – I R 60/80, BStBl. II 1986, 88 (90).

170 Vgl. *Bäuml/Meyer*, in: K/K/B, EStG, § 15 Rn. 402; siehe im Übrigen Zweites Kap. C. III. 2. a) cc).

171 BFH, Urteil vom 07.12.1995 – IV R 112/92, BStBl. II 1996, 367 (368); vgl. auch *Wacker*, in: Schmidt, EStG, § 15 Rn. 20.

172 BFH, Urteil vom 11.11.1993 – XI R 48/91, BFH/NV 1994, 622 (623) m.w.N.; zum Turnierpoker siehe BFH, Urteil vom 16.09.2015 – X R 43/12, BStBl. II 2016, 48 (50).

173 BFH, Urteil vom 10.12.1998 – III R 61/97, BStBl. II 1999, 390 (397).

die zwar in Gewinnerzielungsabsicht ausgeübt werden, aber nicht auf einen Leistungs- und Güteraustausch gerichtet sind. Mit anderen Worten sollen also das Markteinkommen und andere Vermögensmehrungen voneinander abgegrenzt werden.[174] Dieses Merkmal kann insofern als Ausdruck der Markteinkommenstheorie gesehen werden.[175]

Der im Rahmen der Beteiligung am allgemeinen wirtschaftlichen Verkehr geforderte Leistungsaustausch verlangt außerdem, dass Leistung und Gegenleistung miteinander hinreichend verknüpft sind. An dieser Verknüpfung kann es fehlen, wenn der Zufall Leistung und Gegenleistung in einem gewissem Maße beeinflusst.[176]

b) Negative Merkmale

aa) Keine Land- und Forstwirtschaft

Liegen die positiven Tatbestandsvoraussetzungen vor, so handelt es sich nur um ein Gewerbe, wenn die negativen Merkmale ebenfalls gegeben sind. Zunächst darf es sich bei der Tätigkeit nicht um Land- und Forstwirtschaft handeln. Land- und Forstwirtschaft ist die planmäßige Nutzung der natürlichen Kräfte des Bodens zur Erzeugung von Pflanzen und Tieren sowie die Verwertung der dadurch selbstgewonnenen Erzeugnisse.[177] Der Abgrenzung dieser Einkunftsart vom Gewerbebetrieb kommt insofern besondere Bedeutung zu, als Betriebe aus der Land- und Forstwirtschaft im Gegensatz zu jenen aus Gewerbe nicht der Gewerbesteuer unterliegen.[178] Finden sich im Rahmen des Geschäftsbetriebes nicht nur Elemente aus § 2 Abs. 1 S. 1 Nr. 1 EStG, sondern auch aus einem Gewerbebetrieb wieder, so ist auf die Trennbarkeit der geschäftlichen Tätigkeiten abzustellen. Können die einzelnen Tätigkeiten voneinander getrennt werden, steht einer gesonderten Beurteilung nichts entgegen.[179] Ist eine Trennung demgegenüber nicht möglich, bemisst sich die Beurteilung nach dem Schwerpunkt der Tätigkeiten.[180]

---

174 *Schön*, in: FS Vogel 2000, 661.

175 *Reiß*, in: Kirchhof, EStG, § 15 Rn. 28.

176 Vgl. RFH, Urteil vom 30.06.1927 – VI A 261/27, RFHE 21, 244; Urteil vom 14.03.1928 – VI A783/27, RStBl. 1928, 181 f.; BFH, Urteil vom 24.10.1969 – IV R 139/68, BFHE 98, 494 (496); Urteil vom 16.09.1970 – I R 133/68, BFHE 100, 199 ff.; vgl. auch *Meier*, FR 2016, 359 (361); siehe zum nicht-virtuellen Poker Drittes Kap. B.; siehe zum virtuellen Poker Drittes Kap. D. I.

177 BFH, Urteil vom 23.01.1992 – IV R 19/90, BStBl. II 1992, 651 (652); R 15.5 Abs. 1 S. 1 EStR.

178 *Reiß*, in: Kirchhof, EStG, § 15 Rn. 56.

179 Vgl. R. 15.5 Abs. 1 S. 4 EStR.

180 R. 15.5 Abs. 1 S. 7 EStR.

bb) Keine selbständige Arbeit

Weiterhin darf die Tätigkeit des Steuerpflichtigen nicht selbständige Arbeit zum Gegenstand haben. Auch bei der selbständigen Arbeit fällt keine Gewerbesteuer an, weshalb eine Abgrenzung vorzunehmen ist.[181] In § 18 Abs. 1 Nr. 1 EStG finden sich die Katalogberufe selbständiger Arbeit und in § 18 Abs. 1 Nr. 3 EStG die sonstigen selbständigen Arbeiten. Anhand dieser Tätigkeiten orientiert sich eine entsprechende Abgrenzung. In Bezug auf die freien Berufe ist festzuhalten, dass sie nach Vorstellung des früheren Gesetzgebers durch persönlichen Arbeitseinsatz des Freiberuflers gekennzeichnet sind. Kommen bei einzelnen Katalogberufen nach § 18 Abs. 1 Nr. 1 EStG noch Ausbildungs- und Zulassungsvoraussetzungen hinzu und fehlt es dem Steuerpflichtigen an entsprechender Berufsqualifikation, so ist auf Einkünfte aus Gewerbebetrieb zurückzugreifen.[182]

cc) Keine private Vermögensverwaltung

Zuletzt darf es sich bei der ausgeübten Tätigkeit nicht um eine solche handeln, bei der die bloße Verwaltung von eigenem Vermögen im Fokus steht.[183] Das Erfordernis, keine private Vermögensverwaltung zu betreiben, ist ein ungeschriebenes negatives Tatbestandsmerkmal, das von der Rechtsprechung[184] entwickelt worden ist und dem sich die Finanzverwaltung[185] sowie Teile des Schrifttums[186] angeschlossen haben. Die Grenze zwischen privater Vermögensverwaltung und gewerblicher Betätigung ist demnach dann überschritten, wenn nach dem Gesamtbild der Betätigung und unter Berücksichtigung der Verkehrsauffassung die Ausnutzung substanzieller Vermögenswerte durch Umschichtung gegenüber der Nutzung im Sinne einer Fruchtziehung aus zu erhaltenden Substanzwerten entscheidend in den Vordergrund tritt (sog. Fruchtziehungsformel).

Nach § 14 S. 3 AO liegt Vermögensverwaltung in der Regel vor, wenn Vermögen genutzt, z. B. Kapitalvermögen verzinst angelegt oder unbewegliches

---

181 *Reiß*, in: Kirchhof, EStG, § 15 Rn. 63.

182 Vgl. BFH, Urteil vom 13.02.2003 – IV R 49/01, BStBl. II 2003, 721 f.; Urteil vom 22.01.2004 – IV R 51/01, BStBl. II 2004, 509 (510 f.); Beschluss vom 27.01.2004 – IV B 135/01, BFH/NV 2004, 783 (784).

183 R 15.7 Abs. 1 S. 1 EStR.

184 Siehe grundlegend dazu BFH, Urteil vom 02.11.1971 – VII R 1/71, BStBl. II 1972, 360 f.; Urteil vom 06.03.1991 – X R 39/88, BStBl. II 1991, 631 (632 f.); Beschluss vom 03.07.1995 – GrS 1/93, BStBl. II 1995, 617 f.; Beschluss vom 10.12.2001 – GrS 1/98, BStBl. II 2002, 291.

185 Vgl. BFH, Beschluss vom 25.06.1984 – GrS 4/82, BStBl. II 1984, 751 (761).

186 Siehe etwa *Buge*, in: H/H/R, EStG, § 15 Rn. 1108 ff.; *Bode*, in: Blümich, EStG, § 15 Rn. 152; BFH, Beschluss vom 03.07.1995 – GrS 1/93 mit Anm. *Paus*, DStZ 1996, 172 (174 f.); *Gocksch*, Besteuerung inländischer Private Equity Fonds, 2003, S. 213 f.; vgl. auch *Sorgenfrei*, FR 1999, 61 (65); *Beater*, StuW 1991, 33 (35 f.); *Knobbe-Keuck*, in: FS Schmidt, 1993, 741 (745).

Vermögen vermietet oder verpachtet wird. Die Unterscheidung zwischen gewerblicher Tätigkeit und bloßer Vermögensverwaltung ist problembehaftet. Die Abgrenzungsschwierigkeiten bestehen darin, dass auch die Vermögensverwaltung eine selbständige, nachhaltige Betätigung mit Gewinnerzielungsabsicht darstellen kann. Maßgeblich ist dabei die Gesamtschau der Umstände. Private Veräußerungsgeschäfte sind steuerrechtlich grundsätzlich unbeachtlich und allein die Nutzungen können von der Einkommensteuer erfasst werden.[187]

IV. § 22 Nr. 3 EStG

1. Aussage und Systematik der Vorschrift

Sonstige Einkünfte sind als Leistungseinkünfte im Sinne des § 22 Nr. 3 S. 1 EStG zu qualifizieren, soweit sie weder zu anderen Einkunftsarten (§ 2 Abs. 1 S. 1 Nr. 1 bis 6) noch zu den Einkünften im Sinne der Nummern 1, 1 a, 2 oder 4 des § 22 EStG gehören. Anhand des Gesetzestextes lässt sich also entnehmen, dass § 22 Nr. 3 S. 1 EStG an all jene Lebenssachverhalte anknüpft, die sonst nicht vom EStG erfasst werden. Die Vorschrift soll gleichwohl keinen Auffangtatbestand darstellen, der alle Vermögensmehrungen einkommensteuerpflichtig macht, wodurch die Reinvermögenszugangstheorie wieder voll durchschlagen würde.[188] Die Einkünfte aus Leistungen sind nach dem Wortlaut des § 22 Nr. 3 S. 1 EStG nicht nur gegenüber den anderen Einkunftsarten, sondern auch im Rahmen der übrigen sonstigen Einkünfte subsidiär. Der Tatbestand des § 22 Nr. 3 EStG ist weder durch Begriffsmerkmale noch systematisch mit den übrigen Tatbeständen des § 22 EStG verbunden.[189]

Angesichts der Subsidiarität auf der einen und des mangelnden Auffangcharakters der Vorschrift auf der anderen Seite erscheint naheliegend, dass sich Abgrenzungsschwierigkeiten dahingehend ergeben können, was als Leistungseinkünfte zu qualifizieren ist und was nicht. Deshalb ist eine Untersuchung des zentralen Merkmals der Vorschrift, dem Begriff der „Leistung“, notwendig.

2. Begriff der „Leistung“

Der Gesetzestext selbst liefert mit Beispielsfällen einen Hinweis, welche Leistungen einkommensteuerpflichtig sein können. Die gelegentliche Vermittlung und Vermietung beweglicher Gegenstände findet explizite Erwähnung in § 22 Nr. 3 S. 1 EStG. In der Literatur finden sich deshalb einzelne Stimmen, die eine Besteuerung nur bei solchen Leistungseinkünften verlangen, die eine gewisse Ähnlichkeit zu

187 Vgl. *Fehrenbacher*, Steuerrecht, § 2 Rn. 156.

188 Vgl. *Wernsmann/Neudenberger*, in: K/S/M, EStG, § 22 Rn. E 1; *Tipke/Lang*, Steuerrecht, § 8 Rn. 542; *Birk/Desens/Tappe*, Steuerrecht, § 5 Rn. 797; a.A. *Nacke*, in: Blümich, EStG, § 22 Rn. 161, der in § 22 Nr. 3 EStG einen Auffangtatbestand sieht.

189 *Bauschatz*, in: Korn, EStG, § 22 Rn. 1; *Risthaus*, in: H/H/R, EStG, § 22 Rn. 50.

den Beispielsfällen aufweisen.[190] Da das Gesetz allerdings so konzipiert ist, dass keine abschließende Aufzählung der Verhaltensweisen vorliegt, vermag diese Ansicht nicht zu überzeugen.

Aus Sicht des Gesetzgebers obliegt es der Rechtsprechung, den Leistungsbegriff des EStG mit Inhalt auszufüllen, da eine erschöpfende Aufzählung von im Rahmen der Leistungseinkünfte steuerbaren Vorgängen nicht möglich sei.[191] Früher wurde angesichts des Leistungsbegriffs ein synallagmatisches Verhältnis verlangt, in konkreter Gestalt musste die Leistung „um des Entgelts Willen" erbracht werden.[192] Dies wurde vom BFH angesichts des Umstandes verworfen, dass es entscheidend darauf ankommt, ob die Gegenleistung durch das Verhalten des Steuerpflichtigen veranlasst worden ist (sog. „Veranlassungszusammenhang").[193] Das Merkmal „um des Entgelts Willen erbracht" sei zumindest missverständlich und mithin verzichtbar. Im Hinblick auf den Veranlassungszusammenhang muss die Leistung die Gegenleistung auslösen.[194] Wenn vom Vorliegen dieses Erfordernisses auszugehen ist, gilt es als unerheblich, ob die Gegenleistung vor oder nach der Leistungserbringung gewährt wird.[195] Dabei spielt auch keine Rolle, wer die Gegenleistung erbringt. Insofern muss zwischen Leistungsempfänger und Erbringer der Gegenleistung keine Kongruenz bestehen.[196] Der erforderliche Veranlassungszusammenhang kann indes entscheidend unterbrochen werden, wenn das Auslösen der Gegenleistung durch die Leistung von Zufallselementen abhängt.[197]

Nach ständiger Rechtsprechung ist die Leistung im Sinne des § 22 Nr. 3 S. 1 EStG damit jedes Tun, Dulden oder Unterlassen, welches weder eine Veräußerung noch einen veräußerungsähnlichen Vorgang im Privatbereich betrifft, das Gegenstand eines entgeltlichen Vertrages sein kann und eine Gegenleistung auslöst.[198]

---

190 So etwa *Waterkamp-Faupel*, FR 1995, 41 (44); *Lüsch*, in: L/B/P, Einkommensteuerrecht, § 22 Rn. 306.

191 RT-Drucks. 1924/25, Bd. 400, Nr. 795, S. 59.

192 So noch etwa BFH, Urteil vom 02.03.2004 – IX R 68/02, BStBl. II 2004, 506.

193 BFH, Urteil vom 21.09.2004 – IX R 13/02, BStBl. II 2005, 44 (45 f.).

194 St. Rspr., vgl. BFH, Urteil vom 19.03.2013 – IX R 65/10, BFH/NV 2013, 1085 (1087); Urteil vom 14.04.2015 – IX R 35/13, BFH/NV 2015, 1175 (1176).

195 BFH, Urteil vom 21.09.2004 – IX R 13/02, BStBl. II 2005, 44 (45 f.).

196 BFH, Urteil vom 21.09.2004 – IX R 13/02, BStBl. II 2005, 44 (45 f.); Urteil vom 25.02.2009 – IX R 33/07, BFH/NV 2009, 1253 (1255); siehe auch BFH, Urteil vom 28.11.2007 – IX R 39/06 mit Anm. *Aweh*, EStB 2008, 131 f.

197 Vgl. BFH, Urteil vom 24.04.2012 – IX R 6/10, BFHE 237, 197 (205); siehe näher dazu Drittes Kap. C. I. 2.

198 Vgl. BFH, Urteil vom 23.04.2009 – VI R 39/08, BStBl. II 2009, 668; Urteil vom 24.04.2012 – IX R 6/10, BStBl. II 2012, 581 (583); Urteil vom 19.02.2013 – IX R 35/12, BStBl. II 2013, 578; Urteil vom 19.03.2013 – IX R 65/10, BFH/NV 2013, 1085 (1087); siehe auch *Heß/Golombek*, in: Lademann, EStG, § 22 Rn. 333 f.

3. *Überschusserzielungsabsicht*

Zwar hat die Rechtsprechung früher die Überschusserzielungsabsicht[199] nicht unmittelbar für erforderlich gehalten.[200] Da allerdings nicht alle durch eine Tätigkeit herbeigeführten Einnahmen als Einkünfte im Sinne von § 22 Nr. 3 EStG zu qualifizieren sind, hat die Rechtsprechung anerkannt, dass auch bei dieser Vorschrift die allgemeinen Voraussetzungen des Erzielens von Einkünften nach § 2 EStG zugrunde gelegt werden.[201] Somit wurde bei § 22 EStG ebenso wie bei den anderen Einkunftsarten eine Einkünfteerzielungsabsicht vorausgesetzt.[202] Nachdem das Merkmal „um des Entgelts Willen" vom BFH allerdings aufgegeben wurde, geriet die Einkünfteerzielungsabsicht in seiner Rechtsprechung angesichts des eingeführten Veranlassungszusammenhangs ins Hintertreffen.[203] Der Steuerpflichtige ordne sein Verhalten dadurch der erwerbswirtschaftlich und damit auch steuerrechtlich bedeutsamen Sphäre zu.[204]

Dagegen betrachtet die ganz herrschende Lehre die Einkünfteerzielungsabsicht auch im Rahmen des § 22 Nr. 3 EStG als Voraussetzung.[205] *Heuermann* vertritt die Auffassung, die Tätigkeit sei auf Erwerb ausgerichtet, wenn der Steuerpflichtige den objektiven Tatbestand erfülle und in der Absicht handle, Einkünfte aus seiner Tätigkeit zu erzielen. Probleme mit der Einkünfteerzielungsabsicht würden dahingehend nicht bestehen. Auch *Krey* hält die Einkünfteerzielungsabsicht für ein zentrales Merkmal des einkommensteuerrechtlichen Tatbestandes.[206] Für § 22 Nr. 3 EStG sei ein Handeln mit einer solchen Absicht bei Leistungserbringung notwendig. Insoweit lasse sich die Änderung der Rechtsprechung in diesem Bereich nicht begründen. Die Vorschrift dürfe nicht anders behandelt werden als die übrigen Einkunftsarten. *Krey* hält die vom Bundesfinanzhof vorgebrachte Begründung daher für nicht tragfähig.

---

199 Die Rechtsprechung spricht auch hier von einer „Gewinnerzielungsabsicht".

200 BFH, Urteil vom 28.11.1969 – VI R 128/68, BStBl. II 1970, 185 (186).

201 BFH, Urteil vom 14.09.1999 – IX R 88/95, BStBl. II 1999, 776 ff.; Urteil vom 21.09.2004 – IX R 13/02, BStBl. II 2005, 44 (45 f.); Urteil vom 24.08.2006 – IX R 32/04, DStR 2006, 2075.

202 Vgl. insbesondere § 22 Nr. 1 EStG betreffend BFH, Urteil vom 09.05.2000 – VIII R 77/97, BFHE 192, 445 ff.; Urteil vom 16.09.2004 – X R 25/01, BStBl. II 2006, 228; Urteil vom 17.08.2005 – IX R 23/03, BStBl. II 2006, 248.

203 BFH, Urteil vom 21.09.2004 – IX R 13/02, BStBl. II 2005, 44 (45 f.).

204 Vgl. auch BFH, Urteil vom 21.09.2004 – IX R 13/02, BStBl. II 2005, 44 (45 f.); Urteil vom 17.07.2007 – IX R 1/06, BFH/NV 2007, 2263 (2264); Urteil vom 08.05.2008 – VI R 50/05, BStBl. II 2008, 868 ff.; a.A. FG Rheinland-Pfalz, Urteil vom 15.02.2006 – 1 K 1294/04, EFG 2007, 764 ff.

205 Vgl. etwa *Lang*, StuW 1981, 223 (234); *Weber-Grellet*, in: Schmidt, EStG, § 22 Rn. 1, 131, 146.

206 *Krey*, Besteuerung sonstiger Leistungen, S. 127 f.

Der Rechtsprechung ist an dieser Stelle zu folgen. Zwar erscheint § 22 Nr. 3 EStG ohne das zwingende Merkmal der Einkünfteerzielungsabsicht im Lichte der restlichen Einkunftsarten uneinheitlich. Zu berücksichtigen ist jedoch, dass die Vorschrift nur dann zum Einsatz kommen kann, wenn eine speziellere Einkunftsart nicht einschlägig ist. Das Alleinstellungsmerkmal der Vorschrift begründet sich gerade in ihrem subsidiären Charakter. Entgegen *Kreys* Auffassung muss § 22 Nr. 3 EStG also anders behandelt werden. Das eingeführte Merkmal des Veranlassungszusammenhangs trägt diesem Umstand nicht nur Rechnung, sondern erfasst all jene steuerrechtlich relevanten Sachverhalte, die unter keinen der anderen Steuertatbestände des EStG subsumiert werden können.

4. Abgrenzung zu den Gewinneinkunftsarten

a) Verhältnis zu § 15 EStG

§ 22 Nr. 3 EStG kann nur in Ermangelung der Tatbestandsvoraussetzungen des § 15 Abs. 2 S. 1 EStG einschlägig sein, es darf also kein Gewerbebetrieb vorliegen. Die Beteiligung des Steuerpflichtigen am allgemeinen wirtschaftlichen Verkehr, wie sie § 15 Abs. 2 S. 1 EStG verlangt, beinhaltet einen Leistungsaustausch.[207] Das Tun, Dulden oder Unterlassen im Rahmen des Leistungsbegriffs des § 22 Nr. 3 S. 1 EStG muss Gegenstand eines entgeltlichen Vertrages sein und eine Gegenleistung auslösen, weshalb auch hier ein Leistungsaustauch benötigt wird. Das Tatbestandsmerkmal der Beteiligung am allgemeinen wirtschaftlichen Verkehr ist somit zur Abgrenzung der gewerblichen Einkünfte von den Leistungseinkünften ungeeignet.[208]

Als maßgebliches Abgrenzungskriterium kommt vielmehr das Tatbestandsmerkmal der Nachhaltigkeit gewerblicher Einkünfte in Betracht. Der Steuerpflichtige muss hier grundsätzlich mit Wiederholungsabsicht tätig werden.[209] Bei Tätigkeiten, die einmalig und gelegentlich vorgenommen werden, können hingegen Leistungseinkünfte einschlägig sein.[210]

Der BFH zählt auch solche Verhaltensweisen zu § 22 Nr. 3 EStG, die zunächst ohne Einkünfteerzielungsabsicht vorgenommen werden, bei denen aber eine nachträglich gewährte Gegenleistung angenommen wird.[211]

b) Verhältnis zu § 13 und § 18 EStG

Bei den Einkünften aus Land- und Forstwirtschaft (§ 2 Abs. 1 S. 1 Nr. 1 EStG) sowie aus selbständiger Arbeit (§ 2 Abs. 1 S. 1 Nr. 3 EStG) wird nach herrschender

---

207 Vgl. Zweites Kap. C. III. 2. a) dd).

208 Siehe auch *Wernsmann/Neudenberger*, in: K/S/M, EStG, § 22 Rn. E 101.

209 Vgl. Zweites Kap. C. III. 2. a) bb).

210 Siehe etwa BFH, Urteil vom 10.07.2008 – IX R 47/07, BFH/NV 2008, 2001.

211 Vgl. BFH, Urteil vom 21.09.2004 – IX R 13/02, BStBl. II 2005, 44 (46).

Ansicht ein nachhaltiges Tätigwerden, also eine Wiederholungsabsicht des Steuerpflichtigen verlangt.[212] Insofern bemisst sich die Abgrenzung der Einkunftsarten anhand desselben Kriteriums wie bei § 15 EStG.

5. *Abgrenzung zu den anderen Überschusseinkünften*

§ 19 EStG erfasst die Einkünfte aus nichtselbständiger Tätigkeit (§ 2 Abs. 1 S. 1 Nr. 4 EStG) abschließend.[213] Dabei finden insbesondere einmalige Bezüge aus nichtselbständiger Arbeit im Sinne des § 19 Abs. 1 S. 2 EStG Erwähnung.[214] Die Abgrenzung zwischen Einkünften aus nichtselbständiger Tätigkeit und Leistungseinkünften erscheint insofern unproblematisch, weil bei Vorliegen des Merkmals „nichtselbständig" alle anderen Einkunftsarten ausgeschlossen sind.[215]

In Bezug auf Einkünfte aus Kapitalvermögen im Rahmen des § 20 EStG (§ 2 Abs. 1 S. 1 Nr. 5 EStG) wird die Abgrenzung zwischen der von § 20 EStG erfassten Kapitalüberlassung und der unter § 22 Nr. 3 EStG fallenden Nutzungsüberlassung beweglicher Gegenstände bei den sog. „Container-Leasing-Modellen" problematisch.[216] Hier erwirbt der Steuerpflichtige Container, die er dem Verkäufer vermietet. Der Verkäufer trägt das Risiko des zufälligen Untergangs der Sache und verspricht dem Käufer, die Mietsache nach bestimmter Zeit zurückzuerwerben. Maßgeblich ist für die Abgrenzung, wer wirtschaftlicher Eigentümer der überlassenen Sache ist.[217] Leistungseinkünfte im Sinne des § 22 Nr. 3 EStG werden erzielt, wenn es sich bei dem Vermieter um den wirtschaftlichen Eigentümer im Sinne des § 39 AO handelt. Einkünfte aus Kapitalvermögen liegen dagegen gem. § 20 Abs. 1 Nr. 7 EStG vor, wenn es sich bei dem Mieter um den wirtschaftlichen Eigentümer handelt.[218] Es gelten die zum wirtschaftlichen Eigentum beim Leasing entwickelten Grundsätze.[219]

6. *Abgrenzung zu den anderen Unterarten der sonstigen Einkünfte*

§ 22 Nr. 3 EStG ist gegenüber den anderen Unterarten der sonstigen Einkünfte ebenfalls subsidiär, wie aus der Anordnung des § 22 Nr. 3 S. 1 EStG hervorgeht. Es gilt indes zu berücksichtigen, dass bereits der in § 22 Nr. 3 EStG enthaltene Leistungsbegriff nach seiner Definition verlangt, dass keine Veräußerung und kein

---

212 BFH, Urteil vom 10.09.2003 – XI R 26/02, BStBl. II 2004, 218 (219); *Tipke/Lang*, Steuerrecht, § 8 Rn. 424; *Wacker*, in: Schmidt, EStG, § 18 Rn. 5; *Zugmaier*, Einkünftequalifikation im Einkommensteuerrecht, S. 178 f.

213 *Zugmaier*, Einkünftequalifikation im Einkommensteuerrecht, S. 198.

214 Vgl. auch BFH, Urteil vom 15.01.2015 – VI R 16/12, BFH/NV 2015, 672.

215 Vgl. *Zugmaier*, Einkünftequalifikation im Einkommensteuerrecht, S. 198.

216 *Wernsmann/Neudenberger*, in: K/S/M, EStG, § 22 Rn. E 107.

217 FG Baden-Württemberg, Urteil vom 23.11.2009 – 10 K 206/07, EFG 2010, 486 (487 f.).

218 *Wensmann/Neudenberger*, in: K/S/M, EStG, § 22 Rn. E 107 m.w.N.

219 Dazu *Druen*, in: Tipke/Kruse, AO/FGO, § 39 AO Rn. 64 ff.

veräußerungsähnlicher Vorgang vorliegen darf.[220] Mit Blick auf die §§ 22 Nr. 2, 23 EStG, wonach zu den sonstigen Einkünften solche aus privaten Veräußerungsgeschäften des § 23 EStG gehören, liegt somit eine klare Abgrenzung vor. Die Anordnung der Subsidiarität gegenüber §§ 22 Nr. 2, 23 EStG in § 22 Nr. 3 S. 1 EStG hat lediglich deklaratorischen Charakter.[221]

D. Glücksspielbegriff im Steuerrecht

Gem. § 3 Abs. 1 S. 1 GlüStV 2012 liegt ein Glücksspiel vor, wenn im Rahmen eines Spiels für den Erwerb einer Gewinnchance ein Entgelt verlangt wird und die Entscheidung über den Gewinn ganz oder überwiegend vom Zufall abhängt. Über die gleiche inhaltliche Aussagekraft verfügt die bundesgesetzliche Legaldefinition des Glücksspielbegriffs im Sinne des § 1 Abs. 8 GwG.[222] Dabei enthalten die Vorschriften zwei Tatbestandsmerkmale: Das Verlangen eines Entgelts für den Erwerb einer Gewinnchance zum einen und die ganze oder überwiegende Abhängigkeit vom Zufall zum anderen.

Das Steuerrecht verfügt nicht über eine eigene Vorschrift, die das Glücksspiel näher spezifiziert. Nichtsdestotrotz kann eine Besteuerung gewerblicher oder sonstiger Einkünfte ausscheiden, wenn ein bestimmtes Maß an Zufall Leistung und Gegenleistung beeinflusst.[223] Sollte ein Glücksspiel im Sinne des § 3 Abs. 1 S. 1 GlüStV 2012 oder § 1 Abs. 8 GwG vorliegen, so kann dies die Besteuerung gewerblicher und sonstiger Einkünfte ausschließen.[224] Ausgehend hiervon hat das BVerwG bereits mangels Verlangens eines Entgelts für die Erlangung einer Gewinnchance das Vorliegen eines Glücksspiels abgelehnt.[225] Dabei tut sich die Frage auf, ob dieses Tatbestandsmerkmal auf steuerrechtlicher Ebene von Bedeutung ist. Wirft man im Rahmen der Einkünfte aus Gewerbebetrieb (§ 15 Abs. 2 EStG) erneut einen Blick auf das Merkmal der Beteiligung am allgemeinen wirtschaftlichen Verkehr oder auf den Veranlassungszusammenhang im Rahmen der sonstigen Einkünfte (§ 22 Nr. 3 EStG), so wird ersichtlich, dass das Wechselspiel zwischen Leistung und Gegenleistung lediglich durch eine gewisse Zufallsabhängigkeit ins Wanken geraten kann. Ob ein Entgelt für den Erwerb einer Gewinnchance zu zahlen ist, ist hingegen nicht von Belang. Die Finanzgerichtsbarkeit hat sich im Hinblick auf die einkommensteuerrechtliche Einordnung von Gewinnen aus Turnierpokerspiel zwar nicht ausdrücklich, aber faktisch ebenfalls lediglich auf das zweite

---

220 Siehe zum Leistungsbegriff des § 22 Nr. 3 EStG Zweites Kap. IV. 2.

221 *Wernsmann/Neudenberger*, K/S/M, EStG, § 22 Rn. E 109.

222 Vgl. Zweites Kap. A. II. 3.

223 Vgl. zum Leistungsaustausch Zweites Kap. C. III. 2. a) dd) und zum Veranlassungszusammenhang Zweites Kap. IV. 2.

224 Siehe dazu Drittes Kap. B.

225 BVerwG, Urteil vom 16.10.2013 – 8 C 21/12, BVerwGE 148, 146 ff. = NVwZ 2014, 889 ff.; siehe auch Drittes Kap. D. II. 2. a).

Tatbestandsmerkmal, in konkreter Gestalt die Zufallsabhängigkeit von Gewinn oder Verlust, bezogen.[226]

Vor diesem Hintergrund muss über einen Glücksspielbegriff nach steuerrechtlichem Verständnis nachgedacht werden. In Abgrenzung zum GlüStV 2012 und zum GwG hilft zunächst ein Blick auf die Schutzzwecke der einschlägigen Gesetze. Zum einen ergibt sich aus § 1 Nr. 1 GlüStV 2012 das Ziel, Glücksspiel in Deutschland staatlich zu regulieren, insbesondere das Entstehen von Glücksspielsucht und Wettsucht zu verhindern und die Voraussetzungen für eine wirksame Suchtbekämpfung zu schaffen.[227] Das GwG sieht zum anderen die Verhinderung von Geldwäsche und Terrorismusfinanzierung vor.[228] Steuern werden demgegenüber vom Staat erhoben, damit dieser sich finanzieren kann. Anknüpfungspunkt der Steuererhebung gerade im Einkommensteuerrecht ist die Leistungsfähigkeit des Einzelnen.[229] Dabei spielt der Grundsatz der gleichmäßigen Besteuerung eine erhebliche Rolle.[230]

Ausgehend hiervon erscheint es einleuchtend, für den Glücksspielbegriff im Steuerrecht einzig das Merkmal der Zufallsabhängigkeit zugrunde zu legen. Denn die Ausprägung des Zufalls gibt den Ausschlag darüber, ob dem Steuerpflichtigen im Schwerpunkt durch seine eigene Leistung oder schlicht durch Glück zum Erfolg verholfen wurde. Mithin erscheint es fernliegend, steuerrechtliche Sachverhalte starr unter die ordnungsrechtliche bzw. bundesgesetzliche Legaldefinition zu subsumieren.

---

226 Vgl. etwa FG Köln, Urteil vom 31.10.2012 – 12 K 1136/11, EFG 2013, 612 ff.; BFH, Urteil vom 16.09.2015 – X R 43/12, FR 2016, 134 ff.; FG Münster, Urteil vom 18.07.2016 – 14 K 1370/12 E, G, EFG 2016, 1864 ff; siehe dazu näher Drittes Kap. B.

227 Siehe auch Zweites Kap. A. 2. a) aa).

228 BT-Drucks. 18/11555, S. 1 f.; vgl. auch Drittes Kap. E. I. 2.

229 S. 42 f.

230 Siehe zum Grundsatz der gleichmäßigen Besteuerung Drittes Kap. E. I. 1.

Drittes Kapitel: Einkommensteuerrechtliche Behandlung der Teilnehmer

Im Folgenden wird die einkommensteuerrechtliche Behandlung von Teilnehmern am Glücksspiel thematisiert. Untersucht werden Gewinne, die sich aus der Teilnahme am Pokerspiel, der Teilnahme an Fernsehshows sowie aus digitalem Glücksspiel in Form von Online-Poker und sog. „Fantasy Sport Games" ergeben können.

Private Glücksspielgewinne sind aus der Untersuchung auszuklammern, da sie mangels Partizipation der Teilnehmer am Markt unter keine der sieben Einkunftsarten des Katalogs aus § 2 Abs. 1 S. 1 Nr. 1 bis 7 EStG fallen.[231]

Im Rahmen dieser Arbeit wird der Begriff des Glücksspiels auch dann verwendet, wenn es sich um ein Spiel handelt, das sowohl über Geschicklichkeits- als auch Zufallskomponenten verfügt (sog. gemischtes Spiel[232]). Des Weiteren handelt es sich bei Gewinnen aus Glücksspiel nicht nur um Preisgelder, also jene Gewinne, die sich etwa aus einer bestimmten Platzierung in einem Wettbewerb ergeben können. Es sind auch solche Spielgewinne darunter zu verstehen, die der Betroffene etwa dadurch erhält, bei einem Wettbewerb überhaupt anzutreten (Antrittsgeld).

A. Reine Glücksspiele

I. Mangelnder Leistungsaustausch

Der Begriff des Leistungsaustauschs spielt im Rahmen des EStG und der Steuerbarkeit von Einkünften eine wichtige Rolle.[233] Fehlt es an der Verknüpfung von Leistung und Gegenleistung, so ist der Betroffene nicht einkommensteuerpflichtig. Diese mangelnde Verknüpfung von Leistung und Gegenleistung tritt etwa bei reinen Glücksspielen zutage, die sich dadurch auszeichnen, dass der Gewinn nicht durch eine Leistung am Markt erlangt wird, sondern durch reinen Zufall. Die Gewinne der Teilnehmer finden deshalb keine einkommensteuerrechtliche Berücksichtigung.[234]

---

231 Vgl. BFH, Beschluss vom 28.06.1996 – X B 148/96, BFH/NV 1996, 750 (751); vom 12.01.1998 – X B 276/98, BFH/NV 1998, 854 f.

232 Vgl. *Bronder*, ZfWG 2018, 219 (225).

233 Siehe zu § 15 EStG Zweites Kap. C. III. und zu § 22 Nr. 3 EStG Zweites Kap. C. IV.

234 Vgl. *Gebhardt/Korte*, Glücksspiel, S. 680; siehe ausführlicher zum Leistungsaustausch Drittes Kap. B. I. 1. b).

Als reine Glücksspiele etwa gelten Rennwetten[235], Sportwetten im Allgemeinen[236], Lotto[237], Roulette[238] und Black Jack[239]. Der Spieler kann in diesen Bereichen den Erhalt der Gewinnsumme nicht beeinflussen, da der Zufall und nicht sein eigenes Verhalten die Gewinnausschüttung auslöst.

Nach *Birk/Brüggemann*[240] werde dies insbesondere bei Sportwetten im Rahmen von Fußballspielen anschaulich. Würde der Spieler den Ausgang des Spiels vorhersagen und hierzu einen Einsatz aufwenden, hänge sein Erfolg (Gewinnauszahlung) selbst als größter Fußballkenner nicht von seinen Fähigkeiten und Leistungen ab, sondern von denjenigen der Fußballspieler, gepaart mit den Entscheidungen des Schiedsrichters. Zeitgleich gebe er mit der Abgabe des Wettscheins das zum Gewinn führende maßgebliche Geschehen aus den Händen. Ähnlich sei es beim Roulette. Der Spieler setze seine Jetons und tippe, auf welchem Feld die Kugel liegen bleibe. Die den Gewinn begründenden Umstände würden außerhalb seines Einflussbereichs liegen. Es liege am Croupier, wie er die Roulette-Scheibe in Bewegung setze und die Kugel einwerfe, und gleichsam an der Kugel selbst, wie sie ihre Runden drehe und die Nummernfächer kreuze.

II. Betriebseinnahmen

Sind hingegen Gewinne aus reinen Glücksspielen als Betriebseinnahmen zu erfassen, so können sie durchaus einkommensteuerbar sein. Als Betriebseinnahmen gelten im Sinne der § 8 Abs. 1 und § 4 Abs. 4 EStG alle Güter, die in Geld oder Geldeswert bestehen und durch den Betrieb veranlasst sind.[241] Der BFH legt dabei den Begriff der Betriebseinnahmen weit aus. Der Vermögenszuwachs muss weder im Betrieb erwirtschaftet werden noch muss der Steuerpflichtige einen Rechtsanspruch auf die Einnahme haben, damit eine Kausalität im Zuge der betrieblichen Tätigkeit bejaht werden kann.[242] Demnach sollen selbst „zufällige" Leistungsfähigkeitssteigerungen einen betrieblichen Gewinn darstellen, sofern ein Zusammenhang mit der betrieblichen Tätigkeit gegeben ist.[243] Auch nach *Kirchhof* bleibt

235 RFH, Urteil vom 30.06.1927 – VI A 261/27, RStBl. 1927, 197 f.; Urteil vom 14.03.1928 – VI A 783/27, RStBl. 1928, 181 f.; BFH, Urteil vom 24.10.1969 – IV R 139/68, BStBl. II 1970, 411 (412 f.); Urteil vom 19.07.1990 – IV R 82/89, BStBl. II 1991, 333 ff.

236 *Birk*, ZfWG 2011, 229 (231).

237 BFH, Urteil vom 16.09.1970 – I R 133/68, BStBl. II 1970, 865 (866 f.); Urteil vom 02.09.2008 – X R 8/06, BStBl. II 2010, 548 (549 f.).

238 *Binnewies*, DStR 2012, 1586 f.

239 OVG Lüneburg, Beschluss vom 17.08.2016 – 11 ME 61/16, ECLI:DE:OVGNI:2016:0817.11ME61.16.0A, Rn. 13.

240 *Gebhardt/Korte*, Glücksspiel, S. 680.

241 Siehe zum steuerlichen Veranlassungszusammenhang *Steiner*, in: Lademann, EStG, § 8 Rn. 44 ff.

242 Vgl. BFH, Urteil vom 14.03.2006 – VIII R 60/03, BFHE 212, 535 (537); Urteil vom 02.09.2008 – X R 25/07, BFHE 223, 35 (37).

243 *Bode*, in: Kirchhof, EStG, § 4 Rn. 155.

ein Zufallsgewinn steuerbar, wenn er bei der Nutzung der Erwerbsgrundlage des Steuerpflichtigen absichtslos erzielt wurde.[244] Vor diesem Hintergrund hat das FG Münster Spielgewinne, die ein Steuerpflichtiger aus der Teilnahme in Spielbanken an sonstigen Kartenspielen – darunter Black Jack – erzielt hat, als steuerbare Betriebseinnahmen deklariert.[245] Bei einer Spielbank handelt es sich um eine Einrichtung in privater oder staatlicher Trägerschaft, in der mit staatlicher Erlaubnis bestimmte, sonst ohne behördliche Erlaubnis grundsätzlich nach den §§ 284 Abs. 1, 285 StGB unter Strafandrohung stehende, Glücksspiele veranstaltet werden.[246]

Ausgangspunkt war die Besteuerung der Gewinne aus Turnierpokerspiel im Rahmen eines Gewerbebetriebs.[247] Demnach ist ein wirtschaftlicher Zusammenhang der Einnahmen aus der Teilnahme an diesen Spielen gegeben, weil Gegenstand der gewerblichen Erwerbstätigkeit des Klägers jedenfalls das Turnierpokerspiel in Spielbanken ist und die in den Spielbanken erzielten Einnahmen aus Black Jack einen örtlichen und sachlichen Zusammenhang zum Gewerbebetrieb des Klägers aufweisen. Für den sachlichen Zusammenhang spricht nach Überzeugung des Senats zudem, dass der Kläger durch seine Teilnahme an weiteren Spielen in Spielbanken seine spielerischen Fähigkeiten trainierte und weitere Erfahrungen sammelte.

B. Poker

Poker ist längst nicht mehr nur ein Spiel, das vereinzelt und bei geringem Einsatz in Kneipen gespielt wird. Angesichts der Digitalisierung und des rasant steigenden Online-Glücksspielmarkts erlebt Poker eine historisch hohe Nachfrage.[248]

Vor diesem Hintergrund hatte sich die Rechtsprechung in jüngerer Vergangenheit mit diversen Fällen zu befassen, deren Entscheidungen bei der einkommensteuerrechtlichen Behandlung von Pokergewinnen in der Praxis für eine Kehrtwende gesorgt haben.[249] Die folgende Darstellung, Untersuchung sowie Bewertung der aktuellen Rechtslage beschränkt sich vorrangig auf die populärste Pokervariante „Texas Hold'em".

---

244 *Kirchhof*, in: Kirchhof, EStG, § 2 Rn. 60.

245 FG Münster, Urteil vom 18.07.2016 – 14 K 1370/12 E, G, EFG 2016, 1864 ff.

246 *Becker*, in: B/H/N/U, Glücksspielregulierung, § 20 GlüStV Rn. 1.

247 Siehe dazu Drittes Kap. B. I.

248 Siehe Jahresreport 2017 der Glücksspielaufsichtsbehörden der Länder, S. 1 ff., www.innen.hessen.de/sites/default/files/media/hmdis/jahresreport_2017.pdf (zuletzt abgerufen am 17.06.2020); vgl. auch Schleswig-Holsteinischer Landtag 2019, Plenarprotokoll 19/50, S. 3754 ff., www.landtag.ltsh.de/export/sites/ltsh/infothek/wahl19/plenum/plenprot/2019/19-050_02-19.pdf (zuletzt abgerufen am 17.06.2020).

249 BFH, Urteil vom 16.09.2015 – X R 43/12, FR 2016, 134 ff.; BFH, Urteil vom 07.11.2018 – X R 34/16, ECLI:DE:BFH2018:U.071118.XR34.16.0; FG Köln, Urteil vom 31.10.2012 – 12 K 1136/11, EFG 2013, 612 ff.; FG Münster, Urteil vom 18.07.2016 – 14 K 1370/12 E, G, EFG 2016, 1864 ff.

Texas Hold'em-Poker wird mit einem französischen Blatt, also mit 52 Karten, von mindestens zwei bis maximal zehn Spielern gespielt. Ziel des Spiels ist der Gewinn der Gesamteinsätze der Spieler während einer Spielrunde („Pot"). Die Spieler erhalten zwei verdeckt bleibende persönliche Karten sowie fünf offen sichtbare Gemeinschaftskarten. Das Bilden von Kartenkombinationen mithilfe der zwei persönlichen Karten und drei der Gemeinschaftskarten steht hierbei im Vordergrund. Derjenige Spieler gewinnt, der entweder während des Spiels die anderen Mitspieler zum Aussteigen aus dem Spiel gebracht oder am Ende des Spiels die höchstgewertete Kartenkombination auf der Hand hat. Innerhalb einer Runde gibt es vier Spielphasen, in der die Spieler reihum Einsätze tätigen oder abwarten. Zu Beginn setzt ein Spieler den sog. „Big Blind", der den Grundeinsatz bildet, und ein weiterer Spieler den geringeren „Small Blind". Im Anschluss werden an die teilnehmenden Spieler jeweils die beiden persönlichen Karten ausgeteilt. Danach haben die Teilnehmer die Möglichkeit, entweder aus dem Spiel auszusteigen, den „Big Blind" zu bezahlen oder den Spieleinsatz zu erhöhen. Daraufhin wird der „Flop" (die ersten drei Gemeinschaftskarten) offen auf den Tisch gelegt. Es schließt sich eine weitere Setzrunde an. Anschließend werden nach weiteren Setzrunden der „Turn" und „River" (vierte und fünfte Gemeinschaftskarte) auf den Tisch offen ausgelegt. Es kommt zum Aufdecken der persönlichen Karten („Showdown"), wenn nach der letzten Setzrunde noch zwei oder mehrere Spieler im Spiel sind. Der Spieler mit der höchstwertigen Kartenkombination gewinnt den „Pot".[250] Bei jeder neuen Runde wechseln die Positionen der Spieler im Uhrzeigersinn, d. h. der Spieler, der die Position des Big Blinds innehatte, wird zum „Small Blind", der „Small Blind" wird zum Kartengeber (sog. „Dealer") und so weiter.

Texas Hold'em-Poker hat unterschiedliche Austragungsformen. Die gängigsten Formen der Austragung sind Turniere und sog. „Cash-Games", welche Gegenstand der jüngsten Entscheidungen waren.[251] Austragungen im Internet finden angesichts des wachsenden Online-Glücksspielmarktes ebenfalls Erwähnung.

Auffällig ist, dass in der Rechtsprechung mitunter nicht zwischen den einzelnen Austragungsformen sowie virtueller und nicht-virtueller Austragung differenziert wird. Daher soll eine gesonderte Aufbereitung von Turnierpoker, „Cash-Games" sowie Online-Poker[252] mit Blick auf etwaige Unterschiede vorgenommen werden.

---

250 Vgl. VG Karlsruhe, Urteil vom 12.02.2015 – 3 K 3872/13, MMR 2015, 624 (Ls.) = BeckRS 2015, 48284.

251 OLG Köln, Urteil vom 12.05.2010 – 6 U 142/09, MMR 2010, 856 ff.; FG Köln, Urteil vom 31.10.2012 – 12 K 1136/11, EFG 2013, 612 ff.; FG Münster, Urteil vom 15.07.2014 – 15 K 798/11 U, EFG 2014, 1823 ff.; VG Karlsruhe, Urteil vom 12.02.2015 – 3 K 3872/13, MMR 2015, 624 (Ls.) = BeckRS 2015, 48284.

252 Zum Online-Poker im Rahmen des digitalen Glücksspiels siehe Drittes Kap. D. I.

I. Turnierpoker

Im Turnierpoker, das auch als „Sit-and-Go“ bezeichnet wird, kauft sich der Spieler für die Teilnahme ein und kann – je nach Platzierung im Rahmen des Turniers – ein Preisgeld gewinnen. Die Teilnahmegebühr, die auch unter der Bezeichnung „Buy-In“ geläufig ist, wird als Einsatz[253] an den Veranstalter gezahlt. Von diesem erhält der Spieler auch das etwaige Preisgeld. Unter den Turnierteilnehmern fließt kein Echtgeld, die Spieler erhalten vielmehr eine gewisse Anzahl von Chips[254], die im Rahmen der Veranstaltung als Währung gelten. Dabei haben die Chips keinen unmittelbaren Geldwert. Die Gewinne werden lediglich an diejenigen Spieler ausgeschüttet, die eine bestimmte Platzierung im Turnier erreichen. Dabei richten sich die Anzahl der mit den Preisgeldern verknüpften Platzierungen und die Höhe der Preisgelder u. a. nach der Anzahl der teilnehmenden Spieler und der Höhe des Buy-Ins. Hören die Spieler freiwillig auf oder haben sie keine Chips mehr, bevor die mit einem Preisgeld verknüpfte Platzierung erreicht wurde, gehen sie leer aus.[255]

1. Gewinne als Einkünfte aus Gewerbebetrieb gem. § 15 EStG

Nicht nur das FG Köln[256], sondern auch der BFH[257] als Revisionsinstanz haben entschieden, dass von Spielern erzielte Gewinne aus Pokerturnieren als Einkünfte aus Gewerbebetrieb gem. § 2 Abs. 1 S. 1 Nr. 2 in Verbindung mit § 15 Abs. 1 S. 1 Nr. 1, Abs. 2 EStG qualifiziert werden und somit einkommensteuerpflichtig sein können. Dieser rechtlichen Einordnung ist ebenfalls das FG Münster[258] gefolgt. Die Entscheidungen sind deshalb so brisant, weil Pokergewinne bis dahin von der (Einkommen-)Steuer unberücksichtigt blieben und sich so eine über 100 Jahre währende Rechtslage geändert hat. Zuvor ging die steuerrechtliche Qualifikation von Pokergewinnen auf ein Urteil des RG aus dem Jahr 1906 zurück, wonach vor dem Hintergrund der Spielvariante „Five Draw“ Spielgewinne als nicht steuerbare Einkünfte einsortiert wurden.[259]

Vor dem Hintergrund der Tragweite der Entscheidungen durch das FG Köln und den BFH ist der zugrundeliegende Sachverhalt in groben Zügen wiederzugeben und anhand der Tatbestandsvoraussetzungen des § 15 Abs. 1 S. 1 Nr. 1, Abs. 2 EStG zu erläutern. Der Sachverhalt lässt sich wie folgt zusammenfassen: Der Kläger, ein hauptberuflicher Pilot und sehr erfahrener Pokerspieler, nahm in den Jahren

---

253 Zur Teilnahmegebühr als Einsatz siehe Drittes Kap. D. II. 2. a) cc).

254 Bezahlmittel innerhalb des Spiels.

255 Vgl. auch FG Münster, Urteil vom 15.07.2014 – 15 K 798/11 U mit Anm. *Frieling/Süß*, DStR 2014, 2365 ff.

256 FG Köln, Urteil vom 31.10.2012 – 12 K 1136/11, EFG 2013, 612 ff.

257 BFH, Urteil vom 16.09.2015 – X R 43/12, FR 2016, 134 ff.

258 FG Münster, Urteil vom 18.07.2016 – 14 K 1370/12 E, G, EFG 2016, 1864 ff.

259 RG, Urteil vom 11.06.1906 – 1443/05, JW 1906, 789 f.

2003 bis 2007 an zahlreichen internationalen Pokerturnieren teil, u. a. in Las Vegas an zwei Turnieren der World Series of Poker, der wichtigsten Wettkampfserie. Dabei gewann er beträchtliche Summen. Außerdem erzielte er Einkünfte aus einer Autorentätigkeit im Rahmen eines Internetblogs sowie Lizenzeinnahmen aus dem Verkauf einer DVD über das Pokerspielen. Der Beklagte in Gestalt des zuständigen Finanzamtes setzte die Einkommensteuer auf 94.905 € fest, wogegen im Jahre 2011 Klage erhoben wurde.[260]

Damit eine Besteuerung ausgehend von § 2 Abs. 1 S. 1 Nr. 2 in Verbindung mit § 15 Abs. 1 S. 1 Nr. 1, Abs. 2 EStG stattfinden kann, muss der Kläger zunächst ein Gewerbe betreiben. Gewerbebetrieb im Sinne des § 15 Abs. 2 S. 1 EStG ist eine selbständige nachhaltige Betätigung, die mit der Absicht, Gewinn zu erzielen, unternommen wird und sich als Beteiligung am allgemeinen wirtschaftlichen Verkehr darstellt und nach den Umständen des Einzelfalles keine private Vermögensverwaltung ist.[261]

a) Selbständigkeit und Nachhaltigkeit

Die Merkmale der Selbständigkeit und Nachhaltigkeit der vom Kläger verfolgten Tätigkeit sind gegeben. Er nahm über Jahre hinweg an zahlreichen Turnieren teil und bezahlte die jeweils erforderlichen Teilnahmegebühren (Buy-Ins).

b) Beteiligung am allgemeinen wirtschaftlichen Verkehr

Problematisch ist das Vorliegen des Merkmals der Beteiligung am allgemeinen wirtschaftlichen Verkehr. Die Tätigkeit des Steuerpflichtigen muss auf einen Güter- und Leistungsaustausch des allgemeinen Marktes gerichtet sein, also gegen Entgelt und für Dritte erkennbar ausgeübt werden. Um am Güter- und Leistungsaustausch beteiligt zu sein, reicht es aus, wenn es sich um ein erfolgsabhängiges Entgelt handelt.[262]

Bezogen auf den konkreten Rechtsstreit gehen sowohl das FG Köln als auch der BFH davon aus, der Kläger habe eine Tätigkeit am Markt gegen Entgelt und für Dritte äußerlich erkennbar angeboten. Er habe seine spielerischen Fähigkeiten als Dienstleistung gegenüber dem Veranstalter bei Pokerturnieren öffentlich dargeboten. Es wurde ihm demnach ein vorher feststehendes oder von der Höhe der Buy-Ins abhängiges Preisgeld für den Fall des Sieges oder einer Platzierung in den mit Preisgeldern belegten Rängen in Aussicht gestellt.

Der BFH[263] lehnt unter Bezugnahme auf die Rechtsprechung des

---

260 Vgl. FG Köln, Urteil vom 31.10.2012 – 12 K 1136/11, EFG 2013, 612 ff.

261 St. Rspr., vgl. etwa BFH, Urteil vom 09.12.2002 – VIII R 40/01, BFHE 201, 180 (182 f.); vgl. auch Zweites Kap. C. III. 2.

262 BFH, Urteil vom 11.11.1993 – XI R 48/91, BFH/NV 1994, 622 (623).

263 BFH, Urteil vom 16.09.2015 – X R 43/12, FR 2016, 134 ff; BFH, Urteil vom 07.11.2018 – X R 34/16, ECLI:DE:BFH2018:U.071118.XR34.16.0, Rn. 29 ff.

RFH[264] bei reinen Glücksspielen eine Beteiligung am allgemeinen wirtschaftlichen Verkehr mangels Leistungsaustauschs ab. Dabei nimmt er beim Poker in der populärsten Variante Texas Hold'em eine Beteiligung am allgemeinen wirtschaftlichen Verkehr unproblematisch an, da es sich hierbei um ein Spiel zwischen Glück und Geschick und damit nicht um ein reines Glücksspiel handelt. Zwar ist Poker zu Recht als Spiel zwischen Glück und Geschick einzustufen: Dadurch, dass Poker in den letzten Dekaden immer mehr in den medialen Fokus gerückt ist und mit hochdotierten Pokerturnieren und dem leicht zugänglichen Online-Poker zunehmend an Aufmerksamkeit gewinnt, hat sich die Wissenschaft diesem Kartenspiel verstärkt gewidmet. Insoweit gilt es als bewiesen, dass Poker in den hier angesprochenen Varianten sowohl mit Zufalls- als auch mit Geschicklichkeitsmomenten ausgestattet ist.[265] Beim Verweis auf die Rechtsprechung des RFH hat der BFH allerdings versäumt, zu erwähnen, dass nicht nur bei reinen Glücksspielen das Anbieten einer Tätigkeit gegen Entgelt und damit der Leistungsaustausch verneint wurde. Denn nach dem RFH sind (Glücks-)Spielgewinne „mehr oder minder vom Zufall abhängige Einnahmen, die ohne Beteiligung am Spiel nicht zu erzielen sind, die jedoch kein Entgelt für die Spieltätigkeit darstellen".[266] Somit fehle es an der Verknüpfung von Leistung und Gegenleistung. Weder die Spieltätigkeit noch der Spieleinsatz würden Leistungen darstellen, die durch den Spielgewinn vergütet werden.[267] Die Wortwahl „mehr oder minder vom Zufall abhängig" erfasst keineswegs nur reine Glücksspiele, sondern ebenfalls solche Spiele, die weniger vom Zufall abhängig sind. Dies betrifft etwa Spiele zwischen Glück und Geschick. Unter Zugrundelegung der RFH-Rechtsprechung kann somit die bloße Einordnung als Spiel zwischen Glück und Geschick nicht ausreichen, um das Merkmal der Beteiligung am allgemeinen wirtschaftlichen Verkehr positiv festzustellen. Es ist vielmehr entscheidend, ob die Zufalls- oder die Geschicklichkeitskomponente des jeweiligen Spiels ausschlaggebend ist.[268]

Vor diesem Hintergrund ist die zentrale Frage zu stellen, ob der Zufall, also das Kartenglück, oder die Geschicklichkeit, in konkreter Gestalt die Fähigkeiten des Spielers, beim Poker den entscheidenden Anteil am Erfolg oder Misserfolg ausmachen. Dahingehend haben sich – losgelöst vom zugrundeliegenden

---

264 RFH, Urteil vom 30.06.1927 – VI A 261/27, RFHE 21, 244; Urteil vom 14.03.1928 – VI A783/27, RStBl. 1928, 181 f.

265 FG Köln, Urteil vom 31.10.2012 – 12 K 1136/11, EFG 2013, 612 ff.

266 RFH, Urteil vom 30.06.1927 – VI A 261/27, RFHE 21, 244; Urteil vom 14.03.1928 – VI A783/27, RStBl. 1928, 181 f.; BFH, Urteil vom 24.10.1969 – IV R 139/68, BFHE 98, 494 (496); Urteil vom 16.09.1970 – I R 133/68, BFHE 100, 199 ff.; vgl. auch *Meier*, FR 2016, 359 (361).

267 RFH, Urteil vom 30.06.1927 – VI A 261/27, RFHE 21, 244; Urteil vom 14.03.1928 – VI A783/27, RStBl. 1928, 181 f.; BFH, Urteil vom 24.10.1969 – IV R 139/68, BFHE 98, 494 (496); Urteil vom 16.09.1970 – I R 133/68, BFHE 100, 199 ff.; vgl. auch *Meier*, FR 2016, 359 (361).

268 Vgl. auch BFH, Urteil vom 11.11.1993 – XI R 48/91, BFH/NV 1994, 622 (623).

Sachverhalt – Rechtsprechung und Literatur in der jüngeren Vergangenheit rechtsgebietsübergreifend mit dem Turnierpokerspiel auseinandergesetzt und untersucht, ob die Austragungsform im Schwerpunkt ein Glücks- oder Geschicklichkeitsspiel darstellt.

aa) Einordnung als überwiegendes Glücksspiel

Das OLG Köln hielt in einem 2010 ergangenen Urteil Poker in der Variante Texas Hold'em für ein (überwiegendes) Glücksspiel.[269]

Zur Einordnung hat das Gericht den im GlüStV 2012 enthaltenen Glücksspielbegriff herangezogen. Ein Glücksspiel liege damit vor, wenn im Rahmen eines Spiels für den Erwerb einer Gewinnchance ein Entgelt verlangt werde und die Entscheidung über den Gewinn ganz oder überwiegend vom Zufall abhänge. Die Entscheidung über den Gewinn hänge in jedem Fall vom Zufall ab, wenn dafür der ungewisse Eintritt oder Ausgang zukünftiger Ereignisse maßgeblich sei im Sinne der § 3 Abs. 1 S. 1 und 2 GlüStV 2012. Dies sei bei der in Rede stehenden Pokervariante der Fall, denn der Gewinn eines Spielers richte sich danach, ob seine Mitspieler früher als er aussteigen oder welche Karte sie letztlich offenlegen würden. Der Pflichteinsatz und die Einsätze der dann folgenden ersten drei Setzrunden seien jeweils dann verloren, wenn der Spieler aussteige. Ob er dies tue, stehe zwar in seiner Entscheidung und unterliege damit seinem eigenen Geschick. Dieses Geschick beziehe sich aber allein darauf, die Gewinnchancen abhängig von der Einschätzung der eigenen und der gegnerischen Karten richtig zu bewerten.

Dabei handle es sich jedoch nur um Wahrscheinlichkeiten. Ein zukünftiges Ereignis, nämlich die nächste aufgedeckte Karte, könne die Gewinnmöglichkeit erheblich reduzieren oder aber steigern, sodass der Einsatz entweder verloren gegeben werden muss oder in der Hoffnung auf den günstigen Ausgang weiterer zukünftiger Ereignisse weiter im Spiel verbleibt. Die Möglichkeit, ein besseres Blatt vorzuspiegeln und darauf zu hoffen, dass die Mitspieler aussteigen werden und die Karten daher nicht offengelegt werden müssen, ändere an der Einordnung als Glücksspiel nichts. Denn der Erfolg eines solchen Verhaltens liege ebenfalls nicht in der Hand des Spielers. Vielmehr sei für den Gewinn in diesem Fall die Entscheidung der Mitspieler, und damit ebenso ein zukünftiges Ereignis, maßgeblich. Beteilige sich ein Spieler an der letzten Setzrunde, seien zwar bereits alle Karten verteilt, der Gewinn hänge aber weiterhin vom Zufall im Sinne des § 3 Abs. 1 S. 2 GlüStV 2012 ab. Das für den Gewinn maßgebliche Ereignis liege insoweit in dem Aufdecken der Karten und damit in der Zukunft. Dagegen spreche nicht, dass die aufzudeckenden Karten bereits feststehen. Denn ob ein Ereignis zukünftig ist, müsse aus der Sicht und auf Grundlage des Kenntnisstandes des Spielteilnehmers zum Zeitpunkt seines Einsatzes bewertet werden.

---

269 OLG Köln, Urteil vom 12.05.2010 – 6 U 142/09, MMR 2010, 856 (857 f.).

Das VG Karlsruhe ist zwar zum gleichen Ergebnis gekommen und hat Texas Hold'em-Poker als Glücksspiel eingestuft.[270] Das Gericht hat sich dabei allerdings nicht lediglich auf den Wortlaut des § 3 Abs. 1 S. 1 und S. 2 GlüStV 2012 gestützt, sondern zudem auf den Durchschnittsspieler abgestellt und die Spielverhältnisse zugrunde gelegt. Maßgeblich für die Prüfung der Zufallsabhängigkeit sei demnach die Geschicklichkeit und die Fähigkeit eines durchschnittlichen Spielers aus der spielinteressierten Bevölkerung im Sinne eines mittleren Maßstabs. Es komme darauf an, ob die zufallsüberwindende Beeinflussung der Gewinnentscheidung einem spielinteressierten Menschen mit durchschnittlichem Standard in so kurzer Zeit möglich wird, dass sich die Herrschaft des Zufalls allenfalls auf eine Einspielzeit beschränkt, deren Länge sich nach der erfahrungsgemäßen durchschnittlichen Dauer der Spielteilnahme bestimmt. Bei reinen Glücksspielen sei das Spielergebnis durch Überlegung oder Geschick nicht beeinflussbar. Könne das Spielergebnis durch den Spieler hingegen beeinflusst werden – wie etwa bei der hier angesprochenen Pokervariante –, so sei zu prüfen, ob nach den Spielbedingungen trotz dieser Beeinflussbarkeit die nicht zu beeinflussenden Spielelemente den Ausgang des Spieles überwiegend bestimmen. Vor diesem Hintergrund sei das Maß der Zufallsabhängigkeit der von den Durchschnittsspielern tatsächlich gewonnenen Spiele maßgeblich.

Bei der wertenden Analyse der Spielverhältnisse im Rahmen der Texas Hold'em-Variante seien zunächst zwei Situationen getrennt zu betrachten: Die Spielentscheidung aufgrund eines Showdowns und jene ohne Showdown.

Bei der Entscheidung aufgrund eines Showdowns sei die überwiegende Zufallsabhängigkeit der Entscheidung über das Gewinnen des Spiels einigermaßen offensichtlich: Der Spieler erhalte zu Anfang des Spiels seine beiden persönlichen Karten, welche nur er kenne. Die Karten der übrigen Mitspieler kenne er nicht. Den Umstand, ob er ein gutes Startblatt erhalte, könne der Spieler nicht beeinflussen. Er sei vollständig zufallsabhängig. Bei seinem weiteren Agieren im Rahmen der ersten Setzrunde werde sich der Spieler von der Einschätzung des ihm vom Zufall in die Hand gespielten Startblattes leiten lassen. Habe er ein gutes Startblatt, so werde er in die Runde mitgehen. Habe er ein schlechtes Startblatt und steige er deshalb aus dem Spiel aus, dann wirke die Zufälligkeit der Kartenverteilung bei der Handlungsentscheidung unmittelbar fort. Gehe er trotz mäßigen oder gar schlechten Startblattes in der ersten Setzrunde mit in der Hoffnung, dass er durch Aufdecken der ersten drei Gemeinschaftskarten eine günstige Kartenkombination erhält, dann sei sein Handeln insoweit weiterhin zufallsabhängig. Auch soweit der Spieler bei seiner Handlungsentscheidung die mögliche Qualität der gegnerischen Handkarten bewerte und in dieser Bewertungsentscheidung das Bietverhalten der

270 VG Karlsruhe, Urteil vom 12.02.2015 – 3 K 3872/13, MMR 2015, 624 (Ls.) = BeckRS 2015, 48284; vgl. auch OVG Lüneburg, Beschluss vom 10.08.2009 – 11 ME 67/09, NVwZ-RR 2010, 104 ff.; OVG Münster, Beschluss vom 03.12.2009 – 13 B 775/09, MMR 2010, 350 ff.

übrigen Mitspieler berücksichtige, sei sein Handeln zufallsabhängig. Denn wie sich die Mitspieler entscheiden, sei aus seiner Sicht als zukünftiges Ereignis ungewiss. Durch das Aufdecken der drei Gemeinschaftskarten ergebe sich dann wiederum eine zufallsgeleitete Handlungssituation: Denn in der folgenden zweiten Bietrunde werde sich der Spieler erneut entweder von der Einschätzung des eigenen Blattes anhand der neuen Kartenkombination oder von der möglichen Qualität der gegnerischen Handkarten bzw. dem voraussichtlichen Verhalten der Mitspieler oder von beidem leiten lassen. Im ersten Fall hänge das Verhalten des Spielers vom „Flop" ab, im zweiten und dritten Fall zusätzlich auch noch von dem Verhalten der Mitspieler als eines zukünftigen ungewissen Ereignisses.

Nach Auffassung des Gerichts ergibt sich dieselbe Situation beim Aufdecken der vierten Gemeinschaftskarte und der anschließenden dritten Bietrunde bzw. dem Aufdecken der letzten Gemeinschaftskarte und der anschließenden vierten Bietrunde. Mitspieler, die im Verlauf der geschilderten Spielrunden das Spiel verlassen haben bzw. in den Setzrunden nicht mehr weiter „mitgegangen" sind, haben zwar ihr Verlustrisiko minimiert.[271] Dies ändere aber nichts daran, dass sie den „Pot" nicht gewinnen und diese Verlustentscheidung maßgeblich durch die aufgezeigten Zufallselemente bestimmt wird. Bleibe am Ende der letzten Runde noch mehr als ein Spieler im Spiel, so entscheide sich die Frage, wer den „Pott" gewinne, nach der höchstwertigen Kartenkombination aus persönlichen Karten und Gemeinschaftskarten. Die Entscheidung sei unmittelbar zufallsgeleitet, denn auf die Zuteilung dieser Karten habe kein Mitspieler Einfluss. Auch dann, wenn Spieler beim Showdown eine identische oder gleichwertige Kartenkombination haben und sich den „Pot" zu gleichen Anteilen teilen, entscheide allein die Zufälligkeit der Kartenvergabe über den Gewinn des „Pots". Sei am Ende der vierten Bietrunde nur noch ein Spieler im Spiel verblieben – und komme es daher nicht zum Showdown –, so sei die Verlustentscheidung derjenigen Spieler, die schon vorher aus den Bietrunden ausgestiegen seien, maßgeblich zufallsgeleitet. Denn sie seien zu dieser Entscheidung entweder aufgrund der Bewertung der zufällig erhaltenen eigenen Karten oder aufgrund einer Bewertung der möglichen Qualität der gegnerischen Karten oder aufgrund einer bestimmten Erwartung des voraussichtlichen Verhaltens der Mitspieler – und damit aufgrund eines als Zufall anzusehenden ungewissen zukünftigen Ereignisses – oder aus einer Kombination aus alldem gekommen. Der zuletzt im Spiel verbliebene Spieler gewinne den „Pot" alleine deshalb, weil er noch im Spiel sei und die übrigen Mitspieler ihn – trotz einer möglicherweise „schlechten" Pokerhand und obwohl sie im Falle eines Showdowns möglicherweise bessere Karten gehabt hätten – nicht zum Aufgeben bewegen konnten. Auch ein nur durchschnittlich geübter Spieler werde aus dem Verhalten der Mitspieler – etwa ihrer Reaktionsgeschwindigkeit oder ihres Setzverhaltens – Rückschlüsse ziehen können und in der Lage sein, zu versuchen, die Mitspieler durch eigene strategische

271 VG Karlsruhe, Urteil vom 12.02.2015 – 3 K 3872/13, MMR 2015, 624 (Ls.) = BeckRS 2015, 48284.

Erwägungen zu beeinflussen – z.B. durch die sofortige Erhöhung des Einsatzes noch vor dem Aufdecken des „Flops“, um Mitspieler zum Aufgeben zu bewegen. Der durchschnittliche Spieler werde auch bestrebt sein, die Mitspieler zu verwirren oder zu falschen Schlüssen kommen zu lassen angesichts seines Vorhabens, einen Showdown zu vermeiden und den „Pot“ trotz eigenen schlechten Blattes zu gewinnen. Man werde den Schluss ziehen können, dass beim Pokerspiel geschickte Spielzüge und Taktiken in gewissem Maße erlernbar sind und die so erworbenen Fertigkeiten in den Spielverlauf eingebracht werden können. Dies führe allerdings weder automatisch noch gar zwingend zum Erfolg, nämlich zu einer positiven Gewinnentscheidung. Der Erfolg hänge vielmehr von dem ungewissem Verhalten der Mitspieler, von deren eigenen Fertigkeiten und Entscheidungen und damit aus Sicht jedes einzelnen Mitspielers wiederum vom Zufall ab.[272]

bb) Einordnung als überwiegendes Geschicklichkeitsspiel

Das FG Köln war im angesprochenen Streitfall in Bezug auf die Zusammensetzung von Glücks- und Geschicklichkeitskomponenten im Turnierpoker anderer Auffassung. So sei die Erzielung der Preisgelder wesentlich und überwiegend von den Fähigkeiten des Klägers und weniger vom Zufall abhängig. Dabei hat das Gericht zunächst straf- und verwaltungsrechtliche Literatur herangezogen. Demnach werde bei der Betrachtung auf den Durchschnittsspieler abgestellt. *Holznagel* etwa komme dabei zu dem Ergebnis, dass beim Turnierpoker die Geschicklichkeitskomponente überwiegt.[273] *Hambach/Hettich/Kruis* haben einen praktischen Test durchgeführt: Dabei kam heraus, dass Durchschnittsspieler die zufällig handelnden Spieler signifikant schlagen.[274] Nach stochastischen Methoden sei die Aussagekraft der Testergebnisse für die Gesamtbeurteilung des Spiels positiv festgestellt worden, wodurch die Spielvariante Texas Hold’em als Geschicklichkeitsspiel zu qualifizieren sei. Auch *Peren/Clement* kommen zu einem ähnlichen Ergebnis: Im Rahmen eines wirtschaftswissenschaftlichen Gutachtens zur „Messung und Bewertung des Suchtgefährdungspotenzials des Online-Pokerspiels Texas Hold’em No Limit kam man zu dem Ergebnis, dass sich aus allen vorgenommenen Studien ein überwiegendes Geschicklichkeitsmoment ergibt.[275] Nach einer weiteren Ansicht lässt sich aufgrund einer empirischen Untersuchung die „kritische Wiederholungshäufigkeit“ bestimmen, ab der das Glück hinter dem spielerischen Geschick zurückzutreten

---

272 VG Karlsruhe, Urteil vom 12.02.2015 – 3 K 3872/13, MMR 2015, 624 (Ls.) = BeckRS 2015, 48284.

273 *Holznagel*, MMR 2008, 439 (444).

274 *Hambach/Hettich/Kruis*, MR-Int 2009, 41 (46).

275 *Peren/Clement*, Messung und Bewertung des Suchtgefährdungspotenzials des Onlinepokerspiels Texas Hold´em No Limit, 2012, http://www.forschung-gluecksspiel.de/pdf/Studie%20Poker-Texas-Holdem-34.0-1.pdf (zuletzt abgerufen am 17.06.2020).

habe.[276] *Koenig/Ciszwewski* sind außerdem der Überzeugung, dass auch der Durchschnittsspieler dazu in der Lage ist, mithilfe seiner Fähigkeiten und Kenntnisse den Unterschied zwischen Sieg und Niederlage ausmachen zu können.[277]

Auch im Bereich des Strafrechts hat die Rechtsprechung Turnierpoker bereits als überwiegendes Geschicklichkeitsspiel qualifiziert. So führt das LG Karlsruhe[278] in Anlehnung an den angesprochenen Aufsatz von Holznagel aus, das Zufallselement sei umso weniger bedeutsam, je mehr Hände gespielt werden müssten. Ziel des Spiels sei es nämlich nicht, möglichst viele einzelne Runden, sondern insgesamt zu gewinnen. Dabei sei die im Fokus stehende Pokervariante Texas Hold'em abzugrenzen von der im Urteil des RG[279] untersuchten Variante „Draw Poker", die dort als Glücksspiel qualifiziert wurde.

Das FG Köln hat im Rahmen seiner Entscheidungsgründe weitere steuerrechtliche Erwägungen an die Frage, ob Turnierpoker mehr Glücks- oder Geschicklichkeitsspiel ist, angeschlossen. Ob demnach steuerrechtlich ein gewerbliches Unternehmen im Sinne des § 15 Abs. 1 S. 1 Nr. 1 EStG gegeben sei, könne nicht abstrakt und durch Betrachtung eines Durchschnittsspielers beurteilt werden, sondern nur aufgrund der Gegebenheiten des Einzelfalles. Das Vorliegen der tatbestandlichen Voraussetzungen für einen Gewerbebetrieb nach § 15 Abs. 2 S. 1 EStG könne nämlich nur unter Berücksichtigung der individuellen Gegebenheiten in Person des Steuerpflichtigen geprüft werden. Vor diesem Hintergrund sei der Kläger kein Durchschnittsspieler. Man sei zu der Überzeugung gelangt, dass der Kläger über besondere Fähigkeiten verfügt, die ihn von einem Durchschnittsspieler abheben und ihm in besonderem Maße eine Einflussnahme auf den Ausgang der Pokerturniere gestatten. In der Person des Klägers sei der Erfolg beim Turnierpokerspiel überwiegend von seinem Geschick abhängig.

Weiterhin macht das Gericht Ausführungen zu den konkreten Geschicklichkeitselementen des Turnierpokers in den hier besprochenen Varianten. Demnach gebe es fast kein Blatt, das einem Spieler den sicheren Gewinn verschaffen könne. Der Spieler müsse daher seine eigene Gewinnchance anhand der zur Verfügung stehenden Informationen einordnen und abschätzen können. Zu den wesentlichen Informationen gehören bei Texas Hold'em die Gemeinschaftskarten, der Wert des „Pots", die Höhe der bereits geleisteten Einsätze sowie die Werte der Chips, die die Spieler noch haben. Neben Wahrscheinlichkeitsberechnungen seien strategische Überlegungen wesentliche Geschicklichkeitselemente: Es müsse zu Beginn des Spiels entschieden werden, ob die Spieler ihre Hand spielen, und es müsse in jeder Runde abgewogen werden, ob sie mitgehen, erhöhen oder aussteigen. Im Falle eines Showdowns gewinne daher nicht notwendigerweise das höchste Blatt,

---

276 *Rock/Fiedler*, ZfWG 2008, 412.
277 *Koenig/Ciszewski*, GewArch 2007, 402 (404).
278 LG Karlsruhe, Urteil vom 09.01.2009 – Ns 97 Js 14968/07, 18 AK 127/08, nv, abrufbar unter www.aufrecht.de/urteile/delikt-strafr.html (zuletzt abgerufen am 17.06.2020).
279 RG, Urteil vom 11.06.1906 – 1443/05, JW 1906, 789 f.

sondern das höchste noch im Spiel befindliche Blatt. Die Ausgangsinstanz stellt außerdem auf psychologische Geschicklichkeitsfaktoren ab, die eine wesentliche Rolle spielen, insbesondere die Beobachtung der Mitspieler und die Kontrolle über die eigene Körperhaltung (Gestik und Mimik).[280]

Der Kläger bringe schon aufgrund seiner Ausbildung und seines Berufs die notwendigen Voraussetzungen für die erfolgreiche Anwendung von Geschicklichkeitsfaktoren beim Pokerspiel mit. Als Flugkapitän verfüge er insbesondere über Kenntnisse mathematisch stark geprägter Fachgebiete. Damit habe er die erforderliche Wissensgrundlage für die Vornahme auch schwieriger Wahrscheinlichkeitsberechnungen. Darüber hinaus spiele er schon seit langer Zeit erfolgreich Turnierpoker. So habe er bereits 2003 ein Turnier der „World Series of Poker" in Las Vegas gewinnen können. Es möge in Einzelfällen zutreffen, dass auch ungeübtere Spieler Pokerturniere gewinnen, welche jedoch nicht die in den Fähigkeiten des Klägers begründete Konstanz aufweisen können. Das Glückselement in der Person des Klägers trete somit in den Hintergrund.

cc) § 3 Abs. 1 S. 2 GlüStV 2012 als redaktionelles Versehen

Bei der Einordnung des Pokers als überwiegendes Glücks- oder Geschicklichkeitsspiel beziehen sich die Gerichte teilweise auf § 3 Abs. 1 GlüStV 2012. Über die Interpretation des § 3 Abs. 1 S. 2 GlüStV 2012 herrscht allerdings Uneinigkeit: Während das OLG Köln eine „ganze oder überwiegende" Zufallsabhängigkeit ab dem Moment fingiert, in dem der ungewisse Eintritt oder Ausgang zukünftiger Ereignisse maßgeblich ist, lehnt das VG Karlsruhe eine solche Fiktion ab und ist auf eine systematische Auslegung der Norm bedacht.[281]

In der Tat gibt der Wortlaut des § 3 Abs. 1 S. 2 GlüStV 2012 Anlass zu Bedenken. Wenn der ungewisse, also nicht sichere bzw. nicht feststehende Eintritt oder Ausgang zukünftiger Ereignisse maßgeblich ist, so hängt die Entscheidung über den Gewinn in jedem Fall vom Zufall ab. Hängt die Entscheidung über den Gewinn in jedem Fall vom Zufall ab, so liegt gem. § 3 Abs. 1 S. 1 GlüStV 2012 ein Glücksspiel vor.

Wäre die Norm streng nach ihrem Wortlaut auszulegen, so würden ausnahmslos alle bis dahin unstreitigen Geschicklichkeitsspiele, in denen man gegen mindestens einen Mitspieler antritt, zu Glücksspielen im Sinne des GlüStV 2012.

Dies lässt sich am besten anhand eines Beispiels im Bereich des Sports veranschaulichen: Treffen etwa beim Tennis, das einhellig als Geschicklichkeitsspiel angesehen wird,[282] in einem Match zwei Spieler aufeinander, so erfolgen zahlreiche Ballwechsel. Schlägt der Spieler im Rahmen eines Ballwechsels den Ball in

---

280 Vgl. *Hambach/Hettich/Kruis*, MR-Int 2009, 41 (43 f.); vgl. auch *Peren/Clement*, ZfWG 2016, Sdbl. 2, 1 ff.

281 Siehe Ausführungen Zweites Kap. A. II. 2. b).

282 Vgl. *Tröndle*, in: Fischer, StGB, § 284 Rn. 8.

Richtung der gegnerischen Seite über das Netz, so muss er die Reaktion seines Gegenspielers abwarten. Mithin steht ein zukünftiges Ereignis bevor. Dabei spielen Faktoren wie die eigene und gegnerische Spielerposition, die Geschwindigkeit und der Drall des geschlagenen Balles oder bevorzugte Schlagtechniken (etwa Vor- oder Rückhand) eine zentrale Rolle. Diese Faktoren kreieren regelmäßig individuelle Spielsituationen mit verschiedenen Handlungsoptionen für den zum Zuge gekommenen Spieler. Von welchen Optionen der Gegenspieler Gebrauch machen bzw. wie er sich entscheiden wird, weiß der andere Spieler nicht oder zumindest nicht mit Sicherheit. Der Eintritt oder Ausgang des zukünftigen Ereignisses ist ungewiss. Die spielerische Antwort des Gegenspielers kann den Ausschlag darüber geben, wer den Ballwechsel gewinnt und folglich die Punkte holt, die für einen Sieg benötigt werden. Der ungewisse Eintritt bzw. Ausgang des zukünftigen Ereignisses ist damit auch maßgeblich. Im Tennis hinge nach dem Wortlaut des GlüStV 2012 die Entscheidung über den Gewinn somit „in jedem Fall" vom Zufall ab, wodurch der Sport als Glücksspiel qualifiziert werden müsste.

Da sich die Gedanken der Gegenspieler nicht lesen lassen, kann man Entscheidungen allenfalls im Wege der Antizipation erahnen. Aber selbst dadurch lässt sich die Ungewissheit darüber, welche Entscheidung der Gegenspieler treffen wird, nicht gänzlich aus dem Weg räumen. So gibt es auch solche Spieler, die ihrem Spiel ein Mindestmaß an Intransparenz verleihen, weshalb die Spielaktionen des Gegenübers nie völlig berechenbar sein können. Die Argumentation, wonach die Entscheidung des Gegenspielers stets den ungewissen Eintritt oder Ausgang eines zukünftigen Ereignisses als maßgeblich erscheinen lässt, ist auch außerhalb des Sports auf jedes Spiel übertragbar, in welchem man gegen einen menschlichen Spieler antritt.

Es erscheint deshalb kaum vorstellbar, dass die Verfasser der Norm mit deren Formulierung auf ein solch eindeutiges Ergebnis grammatischer Auslegung abzielten. Es muss von einem redaktionellen Versehen ausgegangen werden. Dabei verwirrt allerdings, dass das OLG Köln mit eben jener Argumentation Texas Hold'em-Poker als Glücksspiel eingestuft hat, was unglücklicherweise vom BGH[283] unbeanstandet gelassen wurde. Auch das VG Karlsruhe überrascht mit der gegensätzlichen Aussage, § 3 Abs. 1 S. 2 GlüStV 2012 sei vom Wortlaut her gerade nicht so zu verstehen. Allerdings hat das Karlsruher Gericht diese Fiktion im Folgenden richtigerweise abgelehnt und auf den Durchschnittsspieler[284] abgestellt. In den Fällen, in denen ein Spiel über Geschicklichkeits- und Zufallselemente verfügt, ist es also nicht empfehlenswert, auf den Wortlaut des § 3 Abs. 1 S. 2 GlüStV 2012 abzustellen.

---

283 BGH, Urteil vom 28.09.2011 – I ZR 93/10, MDR 2012, 111 f.

284 So auch *Holznagel*, MMR 2008, 439 (444); *Hambach/Hettich/Kruis*, MR-Int 2009, 41 (46); *Peren/Clement*, ZfWG 2016, Sdbl. 2, 1 ff.; *Rock*/Fiedler, ZfWG 2008, 412; *Koenig/Ciszewski*, GewArch 2007, 402 ff.; *Fischhaber/Manz*, GewArch 2007, 405 ff.; vgl. auch *Tröndle*, in: Fischer, StGB, § 284 Rn. 5; zum Hütchenspiel BGHSt 36, 74 (80).

Nach der hier vertretenen Auffassung ist somit der Glücksspielbegriff des GlüStV 2012 – zumindest im Hinblick auf § 3 Abs. 1 S. 2 – als verfehlt anzusehen und bezüglich der Einordnung von Spielen als (überwiegendes) Glücks- oder Geschicklichkeitsspiel nicht anzuwenden.

dd) Stellungnahme zur Rechtsprechung

Die Einstufung des Pokers in der Texas Hold'em-Form als Glücksspiel durch das OLG Köln und die zugrundeliegende Argumentation stützt sich auf den Wortlaut des § 3 Abs. 1 S. 2 GlüStV 2012. Wie dargelegt, kann auf den Wortlaut der Vorschrift allerdings nicht überzeugend verwiesen werden, was zeigt, dass das OLG Köln und auch der BGH, der die Ausführungen des Gerichts unbeanstandet ließ, die Norm fehlgedeutet haben. Diesen Entscheidungen ist insofern nicht zu folgen.

Die Einordnung des VG Karlsruhe, Poker sei als überwiegendes Glücksspiel einzuordnen, basiert zwar auf Erwägungen zum Durchschnittsspieler, ist aber dennoch zweifelhaft.

Dass das Gericht im Rahmen der Texas Hold'em-Varianten zwei Situationen[285] getrennt betrachtet hat, ist zwar ein nachvollziehbarer Ansatz. Die dort skizzierten Spielsituationen erinnern allerdings an eine „Schwarz-Weiß-Betrachtung", die in der Lebenswirklichkeit grundsätzlich nicht vorgenommen werden dürfen. Die Einschätzung etwa, Spieler werden ihr weiteres Vorgehen nur davon abhängig machen, ob sie zu Beginn der Runde ein gutes oder schlechtes Blatt erhalten, ist lückenhaft. Selbst mit einem schlechten Blatt bietet es sich für den Spieler unter Umständen an, die Runde mitzuspielen, um den Gegnern zu suggerieren, man habe eine gute Hand. Somit rechnen sie, wenn die ersten drei Gemeinschaftskarten ausgeteilt werden und eine geringe Wertigkeit haben, nicht damit, dass der Spieler gegebenenfalls „etwas getroffen" hat. Selbst wenn der Spieler nichts „trifft", so arbeitet er zumindest an seinem Ruf vor den anderen Teilnehmern, was bedeutet, dass diese es in den folgenden Runden schwerer haben werden, ihn und die Stärke seines Blattes entsprechend einzuschätzen. Es geht im Rahmen eines Turniers nicht darum, einzelne Runden, sondern insgesamt zu gewinnen.[286] Die Position des Spielers ist dabei ebenfalls nicht zu vernachlässigen. Musste er auf der Position des Big Blinds schon seinen Grundeinsatz leisten und haben seine Gegner nicht erhöht, bis er wieder an der Reihe ist, so kann er sich – selbst mit einer schwächeren Starthand – die ersten drei Gemeinschaftskarten ansehen, ohne schwerwiegende Verluste seiner Chips hinnehmen zu müssen.

Außerdem sind die Ausführungen des VG Karlsruhe, wonach selbst bei einer Bewertung der gegnerischen Handkarten durch den Spieler und einer

---

285 Spielentscheidung durch Showdown und ohne Showdown.

286 So auch LG Karlsruhe, Urteil vom 09.01.2009 – Ns 97 Js 14968/07, 18 AK 127/08, nv, abrufbar www.aufrecht.de/urteile/delikt-strafr.html (zuletzt abgerufen am 17.06.2020).

Berücksichtigung des Setzverhaltens der übrigen Mitspieler das Handeln des Spielers zufallsabhängig ist, faktisch unzutreffend. Wie sich die Mitspieler entscheiden, mag zwar im Einzelfall schwer auszurechnen sein. Ausgehend von Wahrscheinlichkeiten ist ihr Spielverhalten jedoch in der Gesamtschau, also im Hinblick auf eine Vielzahl zu spielender Hände, prognostizierbar. Dabei spielen Faktoren wie das verbleibende Budget an Chips oder die Position des Spielers eine gravierende Rolle. Erhöht man vor dem Flop etwa signifikant, so werden Spieler mit einer geringen Anzahl von eigenen Chips und einer schwachen Starthand in den meisten Fällen aus der Runde aussteigen. Dieses Beispiel zeigt, dass sich das Spiel durch den Spieler und weniger durch Zufall steuern lässt.[287]

Zwar erkennt das Gericht zu Recht, dass beim Pokerspiel gewisse Spielzüge und Taktiken erlernbar sind und die so erworbenen Fertigkeiten in den Spielverlauf eingebracht werden können. Die Erkenntnis des Gerichts, dass dies jedoch nicht zwingend zum Erfolg führt, ist indes keine bahnbrechende Neuigkeit. Auf die positive Gewinnentscheidung, die das Gericht selbst ausdrücklich erwähnt hat, kommt es in höherem Maße an. Mit zunehmender Anzahl von gespielten Händen wird diese positive Gewinnentscheidung den Unterschied zwischen Erfolg und Misserfolg ausmachen. Eine Vielzahl von zu spielenden Händen ist dem Turnierpoker immanent, weshalb die Spieler regelmäßig die Gelegenheit dazu bekommen, die Wahrscheinlichkeiten zu ihrem Vorteil zu nutzen. Die Spieler müssen dazu in der Lage sein, bei schlechten Händen möglichst wenig zu verlieren und bei guten Händen möglichst viel zu gewinnen.

Des Weiteren ist an den Entscheidungen vom OLG Köln und VG Karlsruhe zu bemängeln, dass diese Texas Hold'em-Poker lediglich im Allgemeinen behandeln und im Hinblick auf die verschiedenen Austragungsformen nicht differenziert wurde. So kann man etwa bei Cash-Games als Spieler den Tisch jederzeit verlassen, was im Turnierpoker – ohne die Disqualifikation als Konsequenz – grundsätzlich nicht möglich ist, weshalb die Anzahl von gespielten Händen stark variieren kann. Die Gewinnprognose für die Spieler kann bei den unterschiedlichen Austragungsformen divergieren und keinesfalls pauschal beurteilt werden.[288]

Das FG Köln hat zwar in dem zugrundeliegenden Streitfall zutreffend erkannt, dass beim Kläger das Geschick stärker ausgeprägt war als das Glück, was die Qualifikation des Turnierpokers als Glücksspiel in diesem Fall hat ausscheiden lassen. Dadurch wurde das Merkmal der Beteiligung am allgemeinen wirtschaftlichen Verkehr richtigerweise bejaht. Das Gericht hat allerdings durch die Einordnung der Fähigkeiten des Klägers als Profispieler beim Turnierpoker verpasst, klarer zu erfassen, wie sich die Tätigkeit eines Durchschnittsspielers einkommensteuerrechtlich auswirkt, da gerade das Konstrukt des Durchschnittsspielers als Abgrenzungskriterium zwischen Glücks- und Geschicklichkeitsspiel fungieren soll. Dabei ist verblüffend, dass selbst der BFH davon ausgeht, das FG Köln sei zu der Überzeugung

287 Siehe zu den im Poker benötigten Fähigkeiten auch Drittes Kap. B. III.
288 Siehe zu den Cash-Games Drittes Kap. B. II. und III. 1. c).

gelangt, dass bereits bei einem durchschnittlichen Spieler das Geschicklichkeitselement nur noch wenig hinter dem Zufallselement zurücktritt bzw. dieses sogar übertrifft.[289] Die Ausgangsinstanz hat zwar mehrere Studien zusammengetragen, die mehrheitlich dafür sprechen, dass die Fähigkeiten des durchschnittlichen Turnierpokerspielers im Vergleich zur Zufallskomponente überwiegen. Dabei hat das Gericht dahingehend weder ausdrücklich Stellung bezogen noch den Begriff des Durchschnittsspielers in hinreichender Weise konkretisiert. Es hat stattdessen eine einkommensteuerrechtliche Überleitung geschaffen, mithilfe derer es den Kläger als Profispieler vom inhaltsleeren und konturlosen Durchschnittsspieler abgegrenzt und so eine Bejahung des Merkmals der Beteiligung am allgemeinen wirtschaftlichen Verkehr konstruiert hat.

Klarer hat sich erfreulicherweise das FG Münster[290] positioniert. Das Gericht hatte ebenfalls über einen Turnierpokerspieler zu befinden, der sich gegen einen Bescheid eines Finanzamts zur Wehr setzte, wonach er seine Gewinne versteuern sollte. Dabei kam das Gericht zu dem Ergebnis, dass bereits der Durchschnittsspieler mit seinen Fähigkeiten dazu in der Lage ist, die Zufallskomponente in den Hintergrund treten zu lassen. Für die Begründung bemüht das Gericht die gleichen Quellen[291] wie das FG Köln. U. a. würde beim Turnierpoker mit mehreren Runden ohne Möglichkeit des Abbruchs unter Mitnahme von Gewinnen die Geschicklichkeitskomponente überwiegen.[292] Außerdem würden in praktischen Tests Durchschnittsspieler die zufällig handelnden Spieler signifikant schlagen.[293] Dahingehend ist das Gericht zwar einen Schritt in die richtige Richtung gegangen, hat aber ebenfalls verpasst, klarer zu definieren, was den Durchschnittsspieler im Turnierpoker konkret auszeichnet. Zwar wurden die Studien genannt, die zur Entscheidungsfindung beigetragen haben, allerdings wurde sich nicht substanziiert mit den einzelnen Spielsituationen, die ein Pokerspieler im Laufe eines Turniers (durch Können) zu meistern hat, auseinandergesetzt. Der Konkretisierung des Begriffs des Durchschnittsspielers wird im Rahmen dieser Arbeit noch nachzugehen sein.[294]

Zusammenfassend lässt sich sagen, dass Poker im Allgemeinen für einige Gerichte per se ein überwiegendes Glücksspiel darstellt, wohingegen nach aktueller Auffassung der Finanzgerichtsbarkeit Turnierpoker in Einzelfällen als überwiegendes Geschicklichkeitsspiel eingestuft werden kann. Ob Turnierpoker im

289 Vgl. auch VG Karlsruhe, Urteil vom 12.02.2015 – 3 K 3872/13, MMR 2015, 624 (Ls.) = BeckRS 2015, 48284, das an dieser Stelle zutreffend erkannt hat, dass das FG Köln weniger auf den durchschnittlichen Spieler, sondern vielmehr auf die individuellen Fähigkeiten des Klägers Bezug genommen hat.

290 FG Münster, Urteil vom 18.07.2016 – 14 K 1370/12 E, G, EFG 2016, 1864 ff.

291 Vgl. Drittes Kap. B. I. 1. b) bb).

292 *Holznagel*, MMR 2008, 439 (444).

293 *Hambach/Hettich/Kruis*, MR-Int 2009, 41 (46).

294 Vgl. Drittes Kap. B. III.

Schwerpunkt den Charakter eines Geschicklichkeits- oder Glücksspiels innehat, ist nach aktueller Rechtslage mithin einzelfallabhängig. Eine solche Relativität des Glücksspiels ist mit Vorsicht zu genießen, da sich wie dargelegt Unstimmigkeiten ergeben können. Insofern ist für Turnierpoker in der Texas Hold'em-Variante eine abstrakte Würdigung dahingehend zu fordern, ob es ein überwiegendes Glücks- oder Geschicklichkeitsspiel ist.

ee) Erheblichkeit der Abgrenzung zwischen Glücks- und Geschicklichkeitsspiel

Bemerkenswert ist die Aussage des FG Münster, dass selbst wenn es sich bei dem Pokerspiel um ein reines Glücksspiel handeln würde, diese Einordnung im Falle des Klägers einer Beteiligung am allgemeinen wirtschaftlichen Verkehr nicht entgegen stünde.[295] Stelle sich nämlich die Chance auf die Erlangung des Spielgewinns als Gegenleistung für die Teilnahme am Kartenspiel in einem Spielkasino dar, komme es für die Beantwortung der Steuerbarkeit des tatsächlich erzielten Preisgeldes entgegen der Auffassung des Klägers nicht darauf an, wie groß die Gewinnchance sei.[296] Das Vorliegen eines Leistungsaustauschs, in konkreter Gestalt die öffentliche Darbietung der spielerischen Fähigkeiten und das darin liegende aktive Verhalten des Klägers gegenüber den übrigen Mitspielern, würde die bei einem reinen Glücksspiel fehlende Beteiligung am allgemeinen wirtschaftlichen Verkehr überlagern und der Kläger würde im Gegensatz zu Kartenspielen, die in einem privaten Kreis stattfinden, die Stellung eines Beteiligten am allgemeinen wirtschaftlichen Verkehr erlangen.

Streitig war nach den Ausführungen des FG Münster, ob der Kläger im streitbefangenen Zeitraum durch seine Teilnahme an Pokerturnieren und hinsichtlich seiner Beteiligung an Kartenspielen in Spielbanken gewerblich tätig geworden ist. Bei der Beteiligung des Spielers an Kartenspielen hat das Gericht ausdrücklich Black Jack genannt, nicht aber Poker. Ob die Pokerturniere, an denen der Kläger teilgenommen hat, in Spielbanken stattgefunden haben, geht aus der Darstellung des Sachverhalts nicht hervor. Damit hat das Gericht die Teilnahme am Turnierpokerspiel auf der einen Seite und die Teilnahme an Kartenspielen wie Black Jack in Spielkasinos auf der anderen Seite vermischt. Überdies ergibt sich der Leistungsaustausch nicht allein aus der öffentlichen Darbietung der Fähigkeiten des Spielers bzw. der Spieler. Wie sich aus dem Wortlaut des Begriffs schon erkennen lässt, müssen Leistungen ausgetauscht werden. Auf Teilnehmerseite ist die öffentliche Darbietung der spielerischen Fähigkeiten zu nennen. Im Gegenzug wird auf Seite der Veranstalter ein (erfolgsabhängiges) Entgelt angeboten. An dem sich hieraus ergebenden Leistungsaustausch kann es scheitern, wenn Leistung und Gegenleistung

295 FG Münster, Urteil vom 18.07.2016 – 14 K 1370/12 E, G, EFG 2016, 1864 ff.

296 Vgl. auch BFH, Urteil vom 28.11.2007 – IX R 39/06, BStBl. II 2008, 469 (471); *Schmittmann*, ZfWG 2014, 153 (156).

nicht hinreichend miteinander verknüpft sind, etwa bei (reinen) Glücksspielen. Der BFH ließ indes offen, ob ein Leistungsverhältnis auch dann anzunehmen wäre, wenn sich das Turnierpokerspiel als reines Glücksspiel darstellen würde, bei dem zwar nicht die Fähigkeiten des Klägers, aber seine individuelle Bekanntheit als häufig auftretender Spieler, Fernsehkommentator, Blog-Autor und Hauptdarsteller einer Poker-Schulungs-DVD Gegenstand der entgeltlichen öffentlichen Darbietung wäre.[297] Daraus lässt sich der Schluss ziehen, dass sich nach Auffassung des BFH bei der Beurteilung der Beteiligung am allgemeinen wirtschaftlichen Verkehr der Leistungsaustausch nicht zwangsläufig aus der öffentlichen Darbietung der spielerischen Fähigkeiten auf Teilnehmerseite ergeben muss, wenn auf Seiten der Veranstalter ein Entgelt in Aussicht gestellt wird. Das FG Münster hingegen konstruiert einen (neuen) Leistungsaustausch allein aus der öffentlichen Darbietung der spielerischen Fähigkeiten des Klägers, der den bei einem reinen Glücksspiel fehlenden Leistungsaustausch, welcher sich im Falle des Turnierpokers aus der Darbietung der Fähigkeiten des Spielers und dem in Aussicht gestellten Entgelt des Veranstalters ergeben würde, wirtschaftlich überlagern würde. Unglücklicherweise endet die Argumentation des Gerichts damit in einem Zirkelschluss und ist zurückzuweisen. Solange sich abseits der Fähigkeiten des Spielers kein Leistungsaustausch ergibt, besteht bei einem reinen Glücksspiel keine hinreichende Verknüpfung zwischen Leistung und Gegenleistung, weshalb die Beteiligung am allgemeinen wirtschaftlichen Verkehr abzulehnen wäre. Deshalb ist im Rahmen dieses Merkmals nach wie vor von zentraler Bedeutung, ob bei einem Glücksspiel das Geschicklichkeits- oder das Zufallsmoment ausschlaggebend ist.

c) *Gewinnerzielungsabsicht*

Die Gewinnerzielungsabsicht ist das Streben nach Betriebsvermögensmehrung in Gestalt eines Totalgewinns.[298] Wenn die Prognose des zu erwirtschaftenden Totalgewinns negativ ist und der Steuerpflichtige die verlustbringende Tätigkeit nur aus im Bereich seiner Lebensführung liegenden persönlichen Gründen und Neigungen ausübt, fehlt es an dieser Absicht.[299] Ein auch noch so deutlich ausgeprägtes Hoffen auf die positiven Einkünfte genügt dahingehend nicht.[300]

In dem angesprochenen Fall bejahen das FG Köln und der BFH das Vorliegen der Gewinnerzielungsabsicht beim Kläger. Dazu führt der BFH einleitend aus, im Streitfall stehe nicht entgegen, dass der Betätigung des Klägers eine nicht unerhebliche Spielleidenschaft zugrunde liegt. Nach der gesetzgeberischen Wertung in § 15 Abs. 2 S. 3 EStG sei es für die Annahme eines Gewerbebetriebs – ausgehend

297 BFH, Urteil vom 16.09.2015 – X R 43/12, FR 2016, 134(136).
298 BFH, Beschluss vom 25.06.1984 – GrS 4/82, BFHE 141, 405(434).
299 BFH, Urteil vom 27.05.2009 – X R 62/06, BFH/NV 2009, 1793 (1795); vgl. zur Einkünfteerzielungsabsicht auch Zweites Kap. C. II. 4.
300 *Koch*, Gewinnspiele im Steuerrecht, S. 130.

vom Vorliegen der sonstigen Voraussetzungen – ausreichend, wenn die Gewinnerzielungsabsicht einen Nebenzweck darstelle. Sollte die Gewinnerzielungsabsicht allerdings selbst als Nebenzweck nicht in Betracht kommen, so würde ein Fall der Liebhaberei[301] vorliegen, welche einkommensteuerrechtlich keine Berücksichtigung findet.[302] Der BFH hält den Vortrag des Klägers hinsichtlich seiner geltend gemachten Aufwendungen bzw. Verluste für zu unsubstanziiert und deshalb nicht für geeignet, die Annahme der Gewinnerzielungsabsicht aus den Angeln zu heben.[303]

Vereinzelt wird die Problematik um Glücks- und Geschicklichkeitsspiele nicht im Rahmen der Beteiligung am allgemeinen wirtschaftlichen Verkehr, sondern über das Merkmal der Gewinnerzielungsabsicht behandelt.[304] Demnach fehle dieses ausnahmsweise, wenn eine nur theoretische unter außergewöhnlich glücklichen Umständen zu realisierende Gewinnchance besteht. Bei einem tatsächlichen Totalgewinn sei eine Gewinnerzielungsabsicht unwiderleglich zu vermuten. Die für eine Beteiligung am allgemeinen wirtschaftlichen Verkehr erforderliche Entgeltlichkeit sei jedenfalls nicht fraglich bei Pokerspielen, in denen der Spieler für seine spielerischen Fähigkeiten ein vorher feststehendes oder von der Höhe der Buy-Ins abhängiges Preisgeld für den Fall des Sieges oder einer bestimmten Platzierung erhalte.

d) Keine private Vermögensverwaltung

Nach Ansicht des FG Köln und des BFH erfolgte die Betätigung des Klägers außerhalb der (privaten) Vermögensverwaltung.[305] Wie das FG Köln in seinem Urteil darstellt, ist bei der Abgrenzung zwischen Gewerbebetrieb einerseits und der nicht steuerbaren Sphäre sowie anderen Einkunftsarten andererseits auf das Gesamtbild der Verhältnisse und die Verkehrsanschauung abzustellen.[306] In Zweifelsfällen sei die gerichtsbekannte und nicht beweisbedürftige Auffassung darüber maßgebend, ob die Tätigkeit, solle sie gewerblich sein, dem Bild entspreche, das nach der Verkehrsanschauung einen Gewerbebetrieb ausmache und einer privaten Vermögensverwaltung fremd sei. Die in diesem Zusammenhang von der Rechtsprechung

301 Vgl. Zweites Kap. C. II. 4.

302 *Theisen*, StuW 1999, 255 (263); *Kanzler*, DStZ 2005, 766 ff.; *Birk*, BB 2009, 860 ff.; *Falkner*, DStZ 2010, 315 (316); *Birk/Desens/Tappe*, Steuerrecht, § 5 Rn. 605.

303 BFH, Urteil vom 16.09.2015 – X R 43/12, FR 2016, 134 (137); vgl. *Stapperfeld*, in H/H/R, EStG, § 15 Rn. 1045 m.w.N.

304 *Desens/Blischke* in: K/S/M, EStG, § 15 Rn. B 50.

305 Siehe abstrakt zum negativen Merkmal der Vermögensverwaltung Zweites Kap. C. III. 2. b) cc).

306 Siehe grundlegend dazu BFH, Urteil vom 02.11.1971 – VIII R 1/71, BStBl. II 1972, 360 f.; Urteil vom 06.03.1991 – X R 39/88, BStBl. II 1991, 631 (632 f.); Beschluss vom 03.07.1995 – GrS 1/93, BStBl. II 1995, 617 (618 f.); Beschluss vom 10.12.2001 – GrS 1/98, BStBl. II 2002, 291.

entwickelten Beweisanzeichen sollen dem Zweck dienen, „eine die Gleichheit der Rechtsanwendung gewährleistende Zuordnung zum Gegentypus der privaten Vermögensverwaltung zu ermöglichen". Es entspreche dahingehend langjähriger und gefestigter Rechtsprechungstradition, das „Bild des Gewerbebetriebs" durch Orientierung an unmittelbar der Lebenswirklichkeit entlehnten Berufsbildern zu konturieren. Zu diesen gehören die selbständig und nachhaltig ausgeübten Tätigkeiten der Produzenten, der Dienstleister und der Händler.[307]

Ausgehend davon hat das FG Köln zutreffend festgestellt, dass der Kläger über das ganze Jahr verteilt an Pokerturnieren teilgenommen hat. Er sei ein international herausragender Profispieler und hätte – vergleichbar mit einem Golf- oder Tennisprofi – regelmäßig große Turniere besucht. Nicht nur die Medienpräsenz, sondern auch die teilweise hohen Antrittsgelder, mit denen sich der Kläger in die Turniere eingekauft hat, würden belegen, dass er den Hobbybereich lange überschritten und sich außerhalb privater Vermögensverwaltung befunden hat.

e) Einheitlichkeit der Rechtsordnung

Basierend auf dem aus Art. 20 Abs. 3 GG abzuleitenden Rechtsstaatsprinzip dürfen sich Normen innerhalb einer Rechtsordnung nicht widersprechen (sog. Grundsatz der Einheitlichkeit der Rechtsordnung).[308] Würde etwa Turnierpoker im Sinne des GlüStV 2012 in Gestalt der Ausführungsgesetze der Länder als überwiegendes Glücksspiel qualifiziert, aber im Rahmen des EStG als überwiegendes Geschicklichkeitsspiel besteuert werden, würde sich die Frage stellen, ob die Einheitlichkeit der Rechtsordnung gewahrt wäre. Dabei ist allerdings auf die Schutzzwecke von EStG und GlüStV 2012 abzustellen. Während das EStG auf die Erfassung des am Markt erwirtschafteten Einkommens gerichtet ist, soll der GlüStV 2012 u. a. die Spielsucht bekämpfen gem. § 1 GlüStV 2012. Die Schutzzwecke der Normen gehen somit auseinander, weshalb die Einheitlichkeit der Rechtsordnung ungefährdet bleibt.[309]

f) Ergebnis

Die Darstellung zeigt: Es ist beim Turnierpoker zu einer steuerrechtlichen Kehrtwende gekommen. Turnierpokergewinne können nunmehr der Einkommensbesteuerung unterliegen. Nach der hier vertretenen Auffassung ist es als richtig anzusehen, dass beim Turnierpoker das Geschicklichkeitsmoment gegenüber dem Zufallsmoment überwiegt, was das Merkmal der Beteiligung am allgemeinen

---

307 FG Köln, Urteil vom 31.10.2012 – 12 K 1136/11, EFG 2013, 612 ff.; vgl. auch BFH, Urteil vom 15.03.2005 – X R 39/03, BFHE 209, 320 (326).

308 Siehe insbesondere das „Lüth-Urteil", BVerfG, Urteil vom 15.01.1958 – 1 BvR 400/51, BVerfGE 7, 198 ff.

309 Vgl. auch BFH, Urteil vom 16.09.2015 – X R 43/12, BStBl. II 2016, 48 (55); *Meier*, FR 2016, 359 (364).

wirtschaftlichen Verkehr nicht von vornherein ausscheiden lässt, da es sich beim Turnierpoker weder um ein reines noch um ein überwiegendes Glücksspiel handelt.

Wünschenswert wäre allerdings gewesen, dass sich die neuere Rechtsprechung differenzierter der Frage gewidmet hätte, was den als Abgrenzungskriterium herangezogenen Durchschnittsspieler im Turnierpoker auszeichnet. Selbst wenn jedoch im Rahmen der Prüfung eines Gewerbebetriebs für die Abgrenzung zwischen einem „am Markt orientierten", einkommensteuerbaren Verhalten und einer nicht steuerbaren Tätigkeit die Sachlage stets anhand des konkreten Einzelfalles beurteilt werden muss,[310] so bedeutet dies nicht, dass abstrakte Erwägungen nicht ebenfalls eingebracht werden dürfen. Das FG Köln und der BFH haben zwar den Stein der Besteuerung ins Rollen gebracht, dabei aber gleichermaßen eine Lawine von Rechtsunsicherheit losgelöst: Im Zuge dieser Entscheidungen werden unzählige Pokerspieler mit normalen Fähigkeiten mit der Rechtsunsicherheit zurückgelassen, ob ihre Gewinne – auch Durchschnittsspieler können beträchtliche Gewinne erzielen[311] – einkommensteuerrechtliche Berücksichtigung erfahren. Vor diesem Hintergrund wird im Rahmen dieser Arbeit noch auf die Konkretisierung des Durchschnittsspielers einzugehen sein.[312]

Das FG Münster hat demgegenüber mit seiner rechtlichen Einordnung, dass selbst bei Durchschnittsspielern im Turnierpoker überwiegendes Geschick ausschlaggebend ist, ausdrücklich Stellung bezogen, was zu begrüßen ist. Da der BFH bislang die bloße Einordnung als Spiel zwischen Glück und Geschick genügen lässt, um eine Beteiligung am allgemeinen wirtschaftlichen Verkehr positiv festzustellen, wird eine ebenso klare Entscheidung auf höchstrichterlicher Ebene vermisst.[313]

2. *Gewinne als sonstige Einkünfte nach § 22 Nr. 3 EStG*

Wenn die Voraussetzungen für Gewerblichkeit fehlen,[314] so ist auf die subsidiäre Vorschrift des § 22 Nr. 3 EStG zurückzugreifen. Damit hier ein steuerrechtlich relevantes Verhalten vorliegen kann, muss die Leistung des Steuerpflichtigen im Rahmen des notwendigen Veranlassungszusammenhangs eine Gegenleistung auslösen.[315] Beim Turnierpoker setzt sich die Leistung auf Seiten des Teilnehmers aus dem Buy-In und vor allem aus der Darbietung der spielerischen Fähigkeiten

---

310 BFH, Urteil vom 16.09.2015 – X R 43/12, BFHE 251, 37 ff.

311 Siehe dazu Drittes Kap. B. III.

312 Siehe zur Konkretisierung des Durchschnittsspielers Drittes Kap. B. III.

313 Siehe BFH, Urteil vom 07.11.2018 – X R 34/16, ECLI:DE:BFH2018:U.071118.XR34.16.0, Rn. 29 ff.

314 Zu denken ist hier etwa an Spieler, die dem Pokerspiel nur gelegentlich nachgehen (Gelegenheitsspieler).

315 Siehe zur Subsidiarität des § 22 Nr. 3 EStG und zum Merkmal des Veranlassungszusammenhangs Zweites Kap. C. IV.

während des Turniers zusammen. Die Gegenleistung bildet dabei das erfolgsabhängige Preisgeld.

Auch im Bereich der sonstigen Einkünfte kann der Zufall eine maßgebliche Rolle spielen. Denn wenn das Auslösen der Gegenleistung durch die Leistung von Zufallselementen abhängt, kann der Veranlassungszusammenhang entscheidend unterbrochen werden.[316]

Somit ist im Rahmen der Prüfung der Voraussetzung des Veranlassungszusammenhangs die gleiche Frage wie bei der Prüfung des allgemeinen wirtschaftlichen Verkehrs zu stellen, nämlich ob es sich beim Turnierpoker um ein überwiegendes Glücks- oder Geschicklichkeitsspiel handelt. Überwiegt der Zufall, so kann der Veranlassungszusammenhang entscheidend unterbrochen werden. Ist das Geschick maßgeblich, so sind Leistung und Gegenleistung hinreichend miteinander verknüpft. Auch dies wird im Rahmen der Konkretisierung des Durchschnittsspielers näher zu beleuchten sein.[317]

3. *Exkurs: Turnierpokerspieler im Umsatzsteuerrecht*

Vor dem Hintergrund des Turnierpokerspielers erscheint außerdem die Frage interessant, inwieweit seine erzielten Gewinne umsatzsteuerpflichtige Entgelte darstellen. Die Rechtsprechung kam hier in jüngerer Vergangenheit zu unterschiedlichen Ergebnissen.[318]

Ausgangspunkt der Diskussion war ein Fall, in welchem ein Pokerspieler in aufeinanderfolgenden Jahren an Pokerturnieren, an Cash-Games und Internetturnieren teilgenommen hat und diverse Einnahmen zu verzeichnen hatte. Das zuständige Finanzamt qualifizierte den Spieler als Unternehmer im Sinne des UStG und erließ entsprechende Umsatzsteuerbescheide, wogegen der Spieler nach erfolglos eingelegtem Einspruch Klage erhob. Das FG Münster und auch der BFH hatten sich anschließend mit der Frage der Unternehmereigenschaft und Steuerbarkeit der Leistungen eines „Berufspokerspielers“ auseinanderzusetzen.

a) Voraussetzungen der Steuerbarkeit im Überblick

Bevor ein genauerer Blick auf die aktuelle Rechtsprechung geworfen werden kann, sind zunächst jene Voraussetzungen anhand des Gesetzestextes aufzuzählen, nach denen ein rechtlich relevantes Verhalten der Umsatzsteuer unterworfen werden kann.

Nach § 1 Abs. 1 S. 1 Nr. 1 UStG unterliegen der Umsatzsteuer die Lieferungen und sonstigen Leistungen, die ein Unternehmer im Inland gegen Entgelt im

316 Vgl. BFH, Urteil vom 24.04.2012 – IX R 6/10, BFHE 237, 197 (205).

317 Siehe dazu Drittes Kap. III. 1.

318 Siehe dazu FG Münster, Urteil vom 15.07.2014 – 15 K 798/11 U, EFG 2014, 1823 ff.; BFH, Urteil vom 30.08.2017 – XI R 37/14, DB 2017, 2525 ff.

Rahmen seines Unternehmens ausführt. Das Merkmal „gegen Entgelt" meint, dass ein Leistungsaustausch vorliegen muss.[319]

Gem. § 2 Abs. 1 S. 1 UStG ist Unternehmer, wer eine gewerbliche oder berufliche Tätigkeit selbständig ausübt. Dabei umfasst das Unternehmen die gesamte berufliche oder gewerbliche Tätigkeit des Unternehmers, Satz 2. Gewerblich oder beruflich ist darüber hinaus jede nachhaltige Tätigkeit zur Erzielung von Einnahmen, auch wenn die Absicht, Gewinn zu erzielen, fehlt (...), Satz 3. Lieferungen eines Unternehmers sind im Sinne des § 3 Abs. 1 UStG Leistungen, durch die er oder in seinem Auftrag ein Dritter den Abnehmer oder in dessen Auftrag einen Dritten befähigt, im eigenen Namen über einen Gegenstand zu verfügen. Sonstige Leistungen sind Leistungen, die keine Lieferungen sind, § 3 Abs. 9 S. 1 UStG.

Dabei ist § 2 UStG richtlinienkonform dahingehend auszulegen, dass eine wirtschaftliche Tätigkeit im Sinne des Art. 4 Abs. 1 und Abs. 2 der RL 77/388/EWG[320] bzw. des Art. 9 Abs. 1 Unterabs. 2 der MwStSystRL[321] ausgeübt werden muss.[322] Denn nicht nur Art. 4 der RL 77/388/EWG[323], sondern ebenfalls Art. 9 Abs. 1 der MwStSystRL[324] charakterisieren den Steuerpflichtigen als eine Person, die einer „wirtschaftlichen Tätigkeit" nachgeht.

---

319 Vgl. *Lippross*, Umsatzsteuer, S. 105; Abschn. 1.1 UStAE.

320 Sechste Richtlinie 77/388/EWG des Rates vom 17.05.1977 zur Harmonisierung der Rechtsvorschriften der Mitgliedstaaten über die Umsatzsteuern, ABl. L 145 vom 13.06.1977, S. 1 ff.

321 Art. 2 der Richtlinie 2006/112/EG des Rates vom 28.11.2006 über das gemeinsame Mehrwertsteuersystem, ABl. L 347 vom 11.12.2006, S. 16 f.

322 Vgl. dazu BFH, Urteil vom 26.04.2012 – V R 2/11, BFHE 237, 286 (292); Urteil vom 13.02.2014 – V R 5/13, BFH/NV 2014, 1159 (1161).

323 Art. 4 der RL 77/388/EWG: „Als Steuerpflichtiger gilt, wer eine der in Absatz 2 genannten wirtschaftlichen Tätigkeiten selbständig und unabhängig von ihrem Ort ausübt, gleichgültig zu welchem Zweck und mit welchem Ergebnis" (Absatz 1); „Die in Absatz 1 genannten wirtschaftlichen Tätigkeiten sind alle Tätigkeiten eines Erzeugers, Händlers oder Dienstleistenden einschließlich der Tätigkeiten der Urproduzenten, der Landwirte sowie der freien Berufe und der diesen gleichgestellten Berufe. Als wirtschaftliche Tätigkeit gilt auch eine Leistung, die die Nutzung von körperlichen oder nicht körperlichen Gegenständen zur nachhaltigen Erzielung von Einnahmen umfasst" (Absatz 2).

324 Art. 9 Abs. 1 MwStSystRL: „Als „Steuerpflichtiger" gilt, wer eine wirtschaftliche Tätigkeit unabhängig von ihrem Ort, Zweck und Ergebnis selbständig ausübt. Als „wirtschaftliche Tätigkeit" gelten alle Tätigkeiten eines Erzeugers, Händlers oder Dienstleistenden einschließlich der Tätigkeiten der Urproduzenten, der Landwirte sowie der freien Berufe und der diesen gleichgestellten Berufe. Als wirtschaftliche Tätigkeit gilt insbesondere die Nutzung von körperlichen oder nicht körperlichen Gegenständen zur nachhaltigen Erzielung von Einnahmen".

b) Turnierpokereinnahmen als umsatzsteuerpflichtige Entgelte

Ob im Sinne des Unionsrechts deshalb eine wirtschaftliche Tätigkeit vorliege, sei nach den Ausführungen des FG Münster unter Berücksichtigung aller Gegebenheiten zu beurteilen.[325] Könne ein Gegenstand seiner Art nach zu wirtschaftlichen wie auch privaten Zwecken verwendet werden, so seien alle Umstände seiner Nutzung zu prüfen, um festzustellen, ob er tatsächlich zur nachhaltigen Erzielung von Einnahmen verwendet werde. Entsprechendes gelte für die Abgrenzung, ob eine sonstige Leistung zur nachhaltigen Erzielung von Einnahmen verwendet werde. Könne allein anhand von Kriterien, die sich auf das Ergebnis der betreffenden Tätigkeit beziehen, nicht ermittelt werden, ob die Tätigkeit die nachhaltige Erzielung von Einnahmen bezwecke, so seien weitere berücksichtigungsfähige Kriterien die Dauer des Zeitraums, in dem die fraglichen Leistungen erbracht werden, die Anzahl der Kunden und die Höhe der Einnahmen.[326] In Anlehnung daran sind nach der Rechtsprechung des BFH die Dauer und Intensität und die Planmäßigkeit des Tätigwerdens, die Höhe der Entgelte, die Beteiligung am Markt, die Anzahl der ausgeführten Umsätze, das Unterhalten eines Geschäftslokals ohne Anspruch auf Ausschließlichkeit zu würdigen. Auch das Verhalten des Steuerpflichtigen vor und nach den Streitjahren sei zu berücksichtigen.[327]

Basierend auf diesen Gedanken qualifizierte das FG Münster den Kläger als Unternehmer im Sinne des § 2 Abs. 1 UStG. Das unionsrechtliche Erfordernis des „wirtschaftlichen Tätigwerdens" nahm das Gericht aufgrund dessen an, dass der Kläger in den Streitjahren an den Pokerturnieren (sowie Cash-Games und Internetveranstaltungen) mit dem Ziel teilnahm, Entgelte in Gestalt von Preisgeldern zu erzielen. Der Vortrag des Klägers, in den Streitjahren Verluste erzielt zu haben, sei nach Auffassung des Gerichts umsatzsteuerrechtlich unbeachtlich, da der Unternehmer lediglich beabsichtigen müsse, Leistungen gegen Entgelt zu erbringen (Einnahmeerzielungsabsicht).[328] Überdies soll der Kläger nicht vereinzelt, sondern regelmäßig an besagten Veranstaltungen teilgenommen und durch seine Erfahrungen im Pokerspiel eine höhere Erfolgswahrscheinlichkeit haben, weshalb die geplante „Zielsetzung der nachhaltigen Erzielung von Einnahmen mit der Tätigkeit als Kartenspieler" untermauert werden soll.

---

325 FG Münster, Urteil vom 15.07.2014 – 15 K 798/11 U, EFG 2014, 1823 ff.

326 Vgl. EuGH, Urteil vom 26.09.1996, Rs. C-230/94 (*Enkler*), ECLI:EU:C:1996:352, Slg. 1996, I-4517, Rn. 29; vom 19.07.2012, Rs. C-263/11 (Rēdlihs), ECLI:EU:C:2012:497, Rn. 38.

327 Vgl. auch zur Umsatzsteuerbarkeit von Verkäufen über „ebay" BFH, Beschluss vom 09.04.2014 – XI B 6/14, BFH/NV 2014, 1230 ff.

328 Vgl. dazu BFH, Urteil vom 12.02.2009 – V R 61/06, BFHE 224, 467 (470); Urteil vom 18.06.2009 – V R 30/07, BFH/NV 2009, 2005 (2007).

c) *Differenzierende Ansicht des BFH und EuGH*

Der BFH hielt als Revisionsinstanz im Streitfall die Unternehmereigenschaft des Klägers – entgegen der Auffassung des FG Münster – für nicht gegeben.[329] Er differenzierte dabei im Rahmen der Turnierveranstaltungen zwischen den potenziellen Preisgeldern einerseits und Vergütungen für die bloße Teilnahme andererseits.

Vor dem Hintergrund der Preisgelder stellte der BFH klar, der EuGH habe nach Ergehen eines BFH-Urteils[330] in ständiger Rechtsprechung entschieden, dass ein „Umsatz gegen Entgelt" das Bestehen eines unmittelbaren Zusammenhangs zwischen dieser Leistung und einer tatsächlich vom Steuerpflichtigen empfangenen Gegenleistung voraussetzt. Dazu müsse zwischen dem Leistenden und dem Leistungsempfänger ein Rechtsverhältnis bestehen, in dessen Rahmen gegenseitige Leistungen ausgetauscht werden, wobei die vom Leistenden empfangene Vergütung den tatsächlichen Gegenwert für die dem Leistungsempfänger erbrachte Dienstleistung bilde.[331] Daran habe sich der BFH angeschlossen.[332]

Wenn ausgehend davon ein „Berufspokerspieler" an Spielen fremder Veranstalter teilnehme und ausschließlich im Falle der erfolgreichen Teilnahme Preisgelder oder Spielgewinne erhalte, erbringe er keine Leistung im Rahmen eines Leistungsaustauschs „gegen Entgelt" im Sinne von § 1 Abs. 1 Nr. 1 S. 1 UStG. Zwischen der bloßen Teilnahme am Kartenspiel und dem im Erfolgsfall erhaltenen Preisgeld fehle dann der für einen Leistungsaustausch erforderliche unmittelbare Zusammenhang.

Damit folgt der BFH dem sog. „Bastova"-Urteil des EuGH[333], wonach Preisgelder, die an die Besitzer erfolgreicher Rennpferde ausgezahlt wurden, umsatzsteuerrechtlich ebenfalls nicht erfasst wurden. Die Teilnahme an einem Wettbewerb sei demnach keine gegen Entgelt erbrachte Dienstleistung, wenn für die Teilnahme weder ein Antrittsgeld noch eine andere unmittelbare Vergütung gezahlt werde und nur Teilnehmer mit einer erfolgreichen Platzierung ein Preisgeld erhalten. Die Ungewissheit einer Zahlung sei geeignet, den unmittelbaren Zusammenhang zwischen der dem Leistungsempfänger erbrachten Dienstleistung und der gegebenenfalls erhaltenen Zahlung aufzuheben. Das Preisgeld werde für die Erzielung eines bestimmten Wettbewerbsergebnisses gezahlt, weshalb dessen Erhalt gewissen Unwägbarkeiten unterliege. Laut EuGH schlössen diese einen unmittelbaren

329 BFH, Urteil vom 30.08.2017 – XI R 37/14, DB 2017, 2525 ff.

330 BFH, Urteil vom 26.08.1993 – V R 20/91, BFHE 172, 227 ff.

331 Vgl. EuGH, Urteil vom 03.03.1994, Rs. C-16/93 (*Tolsma*), ECLI:EU:C:1994:80, Slg. 1994, I-00743, Rn. 14; vom 12.05.2016, Rs. C-520/14 (*Gemeente Borsele*), ECLI:EU:C:2016:334, Rn. 24.

332 Vgl. etwa BFH, Urteil vom 10.07.1997 – V R 94/96, BFHE 183, 288 (295); Urteil vom 14.03.2012 – XI R 8/10, BFH/NV 2012, 1667 (1671).

333 Siehe EuGH, Urteil vom 10.11.2016, Rs. C-432/15 (*Bastova*), ECLI:EU:C:2016:855, Rn. 29 ff.

Zusammenhang zwischen der Teilnahme am Wettbewerb und dem Erhalt des Preisgeldes aus.

In Bezug auf die bloße Teilnahme an einem Wettbewerb hielt der BFH fest, dass diese im Rahmen eines Leistungsaustauschs eine gegen Entgelt erbrachte Dienstleistung darstellen kann, wenn der Veranstalter für sie eine von der Platzierung unabhängige Vergütung zahlt.[334] In einem solchen Fall sei die vom Veranstalter geleistete Zahlung die tatsächliche Gegenleistung für die vom Kläger erbrachte Dienstleistung, bei dem Wettbewerb anzutreten. Diese platzierungsunabhängigen Zahlungen für seine Teilnahme an den Spielen habe der Kläger jedoch nicht erhalten.

d) Bewertung der Entscheidungen im Lichte der einkommensteuerrechtlichen Behandlung des Turnierpokers

Die Beurteilung des BFH, zwischen dem potenziellen Preisgeld und der Vergütung für die bloße Turnierteilnahme zu differenzieren, ist im Hinblick und mit Rücksicht auf das „Bastova"-Urteil des EuGH konsequent und zutreffend.

In Bezug auf das Preisgeld erscheint ein Vergleich mit der einkommensteuerrechtlichen Einordnung des Turnierpokerspielers angebracht. Denn sowohl im Einkommensteuerrecht bei der Prüfung des Vorliegens eines Gewerbebetriebs als auch im Umsatzsteuerrecht bei der Frage der Unternehmereigenschaft wird ein Leistungsaustausch gefordert. Bei der einkommensteuerrechtlichen Behandlung von Turnierpokergewinnen hat der BFH den Leistungsaustausch bejaht[335], im Umsatzsteuerrecht aber nicht[336]. Dies mag auf den ersten Blick im Rahmen des deutschen Steuerrechtssystems uneinheitlich erscheinen, da die beiden Merkmale im Wortlaut identisch sind. Der entscheidende Unterschied ist allerdings, dass bei der Beteiligung am allgemeinen wirtschaftlichen Verkehr als Merkmal des Gewerbebetriebs für die Bejahung des Leistungsaustauschs auch ein erfolgsabhängiges Entgelt genügt.[337] Für die Bejahung der Unternehmereigenschaft hingegen wird für den Leistungsaustausch ein unmittelbarer Zusammenhang, d. h. eine tatsächliche Verknüpfung von Leistung und Gegenleistung, benötigt, die bei eben jener Erfolgsabhängigkeit nicht hergestellt wird. Der Leistungsbegriff im Umsatzsteuerrecht ist hinsichtlich der Verknüpfung von Leistung und Gegenleistung somit deutlich enger gefasst, weshalb die zufallsabhängige Erbringung einer Gegenleistung – und dabei ist unerheblich, wie stark oder schwach der Zufall ausgeprägt ist – nicht zu einer Besteuerung nach dem UStG führen kann. Überdies liegen den Vorschriften

334 BFH, Urteil vom 30.08.2017 – XI R 37/14, DB 2017, 2525 ff.
335 BFH, Urteil vom 16.09.2015 – X R 43/12, FR 2016, 134 ff.
336 BFH, Urteil vom 30.08.2017 – XI R 37/14, DB 2017, 2525 ff.
337 Vgl. Drittes Kap. B. I.

des UStG die Bestimmungen der Mehrwertsteuer-Systemrichtlinie zugrunde, die sich „wesentlich von denen des EStG unterscheiden".[338]

In Bezug auf Turnierpoker wurde in der Rechtsprechung teilweise bereits festgestellt, dass es sich bei dieser Form der Austragung des Kartenspiels um ein überwiegendes Geschicklichkeitsspiel handelt.[339] Zweifelsohne ist Turnierpoker ebenfalls als (wenn auch schwächer ausgeprägtes) Glücksspiel zu qualifizieren. Diese Koexistenz von Geschicklichkeits- und Glücksspiel führt dazu, dass selbst ein überdurchschnittlich fähiger Pokerspieler die Siegprämie im Vorfeld des Turniers nie mit Sicherheit beanspruchen können wird. Der Erfolg bleibt auch bei erhöhter Erfolgswahrscheinlichkeit ungewiss.

Der im Umsatzsteuerrecht im Rahmen des Leistungsaustauschs geforderte unmittelbare Zusammenhang lässt sich deshalb bei Turnierpokergewinnen in Bezug auf das Preisgeld nicht herstellen. Ist die Gegenleistung ungewiss, so wird aus dem unmittelbaren Zusammenhang ein theoretischer Zusammenhang, der den Anforderungen des Umsatzsteuerrechts nicht genügt. Eine Besteuerung kommt – im Gegensatz zum Einkommensteuerrecht – mithin nicht in Betracht.

aa) Tragweite der höchstrichterlichen Rechtsprechung

Die Entscheidungen des BFH und EuGH lassen sich allerdings nicht nur auf jene Wettbewerbe übertragen, bei denen Glück und Geschick Hand in Hand gehen. Denn diese „gewissen Unwägbarkeiten", die nach Auffassung des BFH den unmittelbaren Zusammenhang im Rahmen des Leistungsaustauschs zu unterbrechen vermögen, lassen sich selbst bei reinen Geschicklichkeitsspielen wie etwa Golf, Tennis oder auch Darts[340] nicht vollständig eliminieren. Das Geschick des Kontrahenten wird grundsätzlich eine solche Unwägbarkeit darstellen. Selbst wenn – etwa durch repräsentative Ranglisten – im Vorfeld einer Begegnung die Siegchancen zur einen oder anderen Seite tendieren, so lassen sich Faktoren wie die eigene Tagesverfassung, die Form des Gegners oder im Falle der körperlichen Betätigung eine plötzliche Verletzung nie herausrechnen. Der Leistungsaustausch wird in diesen Fällen grundsätzlich zu verneinen sein, weshalb konsequenterweise Preisgeldgewinne aus Geschicklichkeitsspielen ebenfalls von der Umsatzsteuer verschont bleiben müssen.[341]

---

338 Siehe auch BFH, Urteil vom 07.11.2018 – X R 34/16, ECLI:DE:BFH2018:U.071118.XR34.16.0, Rn. 36.

339 Siehe Drittes Kap. B. I. 1.; siehe zur Konkretisierung des Durchschnittsspielers Drittes Kap. B. III.

340 Siehe zu den Wurfspielen *Hambach/Liesching*, in: Streinz/Liesching/Hambach, Glücks- und Gewinnspielrecht, § 284 StGB Rn. 49.

341 Vgl. auch BFH, Urteil vom 30.08.2017 – XI R 37/14 mit Anm. *Michel*, jM 2018, 78 ff.

bb) Umsatzsteuer als „faktische Ertragsteuer"?

Wie auch der BFH feststellte, konnte das FG Münster bei seiner Entscheidungsfindung das EuGH-Urteil nicht berücksichtigen, da es zu der Zeit noch nicht ergangen war.

Allerdings ist die Entscheidung des FG anderweitig auf Kritik gestoßen. Das Gericht soll die Umsatzsteuer im Streitfall systemwidrig als Ertragsteuer angewendet haben.[342] Zunächst sei die Umsatzsteuer nach ganz überwiegender Auffassung eine Verbrauchsteuer. Nach Ansicht des BVerfG erfasse sie die Kaufkraft des Konsumenten und sei darauf angelegt, auf den Endverbraucher abgewälzt zu werden.[343] Auch für den EuGH ist ein entscheidendes Merkmal der Umsatzsteuer, dass sie letztlich vom Verbraucher getragen wird.[344] Eine Abwälzung auf den Endverbraucher, soweit es einen solchen (im Turnierpoker) überhaupt gebe, sei bereits von vornherein ausgeschlossen. Die Besteuerung sei insofern auf eine Belastung des Unternehmers ausgelegt und verstoße damit gegen den Charakter der Umsatzsteuer als allgemeine Verbrauchsteuer.

Da sie allein den Pokerspieler treffe, werde sie systemwidrig angewendet. Das verstoße gegen Art. 3 Abs. 1 GG. Das BVerfG gesteht dem Gesetzgeber zwar in steuerrechtlichen Fragen einen großen Gestaltungsspielraum zu. Eine einmal getroffene Belastungsentscheidung müsse aber folgerichtig im Sinne der Belastungsgleichheit umgesetzt werden, nicht nur durch den Gesetzgeber, sondern auch durch Gesetzesvollzug und Rechtsprechung.[345] Die Auslegung und Anwendung umsatzsteuerrechtlicher Vorschriften müsse folgerichtig so erfolgen, dass den Unternehmern zumindest theoretisch eine Möglichkeit bleibt, die Umsatzsteuer auf den Endverbraucher abzuwälzen. *Frieling/Süß* sehen dabei keine Möglichkeit für den Pokerspieler als Unternehmer, die Umsatzsteuer auf einen etwaigen Endverbraucher abzuwälzen („Unmöglichkeit der Abwälzung"). Immerhin gehe es um die finanzielle Existenz deutscher Pokerspieler, die 19 Prozent ihrer Gewinne rückwirkend an das Finanzamt zahlen müssten, ohne die Möglichkeit zu haben, die vermeintliche „Durchgangssteuer" weiterzugeben.

Der BFH hat die von *Frieling/Süß* aufgeworfene Problematik mit seiner europarechtsfreundlichen Entscheidung umschifft. Damit ist die Kritik von *Frieling/Süß* in Bezug auf Pokergewinne aus Preisgeldern praktisch hinfällig geworden. Da laut BFH jedoch eine Besteuerung für jene Pokergewinne in Betracht kommt, die sich aus der Vergütung für die bloße Teilnahme ergeben (Antrittsgelder), stellt sich nach wie vor die Frage, ob die Umsatzsteuer hier als „faktische Ertragsteuer" missbraucht werden könnte.

---

342 FG Münster, Urteil vom 15.07.2014 – 15 K 798/11 U mit Anm. *Frieling/Süß*, DStR 2014, 2365.

343 BVerfG, Beschluss vom 29.10.1999 – 2 BvR 1264/90, BVerfGE 101, 132 (139).

344 EuGH, Urteil vom 03.10.2006, Rs. C-475/03 (*Banca popolare di Cremona Soc. Coop. arl*), ECLI:EU:C:2006:629, Slg. 2006, I-09373, Rn. 22.

345 BVerfG, Beschluss vom 10.11.1999 – 2 BvR 2861/93, BVerfGE 101, 151 (155).

Nach der hier vertretenen Auffassung spielt es keine Rolle, in welchem Bereich des Turnierpokers der Spieler die Umsatzsteuer zu entrichten hat: Ob er ein Preis- oder Antrittsgeld erhält, ändert nichts an dem Umstand, dass der Pokerspieler keine Gelegenheit dazu bekommt, die Umsatzsteuer weiterzureichen. Unternehmer und Endverbraucher treffen sich damit in der Person des Spielers, was in verfassungs- und europarechtlicher Hinsicht zweifelhaft erscheint. Insofern ist den Ausführungen von *Frieling/Süß* beizupflichten.

Es bleibt nichtsdestotrotz festzuhalten, dass der BFH mit der Differenzierung zwischen Preisgeldern einerseits und Antrittsgeldern andererseits die für Turnierpokerspieler interessanteste Frage nachvollziehbar beantwortet hat, in konkreter Gestalt, ob Turnierpokergewinne, die sich durch Preisgelder ergeben, der Umsatzbesteuerung unterliegen können. Antrittsgagen werden nicht nur im Turnierpoker, sondern auch wettbewerbsübergreifend lediglich in Ausnahmefällen gezahlt, wohingegen Preisgelder regelmäßig ausgeschüttet werden. Die Praxisrelevanz in Bezug auf die Antrittsgelder hält sich im Vergleich dazu in Grenzen.

II. „Cash-Games"

Bei Cash-Games gibt es in Bezug auf die Rahmenbedingungen im Vergleich zum Turnierpoker gravierende Unterschiede. So werden hier keine platzierungsabhängigen Preisgelder vom Veranstalter ausgeschüttet. Die Chips, die man durch das Bezahlen des Buy-Ins erhält, haben bei diesem Spielmodus den Geldwert des geleisteten Einsatzes. So erhält der Spieler mit jeder gewonnenen Hand quasi ein Preisgeld im Wert der eingesetzten Chips seiner Mitspieler. Dieser Austragungsform ist immanent, dass man jederzeit mit den Chips, die man zu dem jeweiligen Zeitpunkt erspielt hat, aus dem Spiel aussteigen kann. Teilweise wird sogar auf Chips verzichtet und unmittelbar um Echtgeld gespielt. Man erhält das Preisgeld somit nicht direkt vom Veranstalter, sondern von seinen Mitspielern. Dabei behält der Veranstalter von jeder gewonnen Hand einen Bruchteil des Gewinns ein.

1. Beteiligung am allgemeinen wirtschaftlichen Verkehr

Bei der Frage, ob Turnierpokergewinne als Einkünfte aus Gewerbebetrieb im Sinne des § 2 Abs. 1 S. 1 Nr. 2 in Verbindung mit § 15 Abs. 1 S. 1 Nr. 1, Abs. 2 EStG einkommensteuerrechtliche Berücksichtigung finden können, wurde im Rahmen des Merkmals der Beteiligung am allgemeinen wirtschaftlichen Verkehr festgehalten, dass es für den Güter- und Leistungsaustausch ausreichend ist, wenn der Pokerspieler seine spielerischen Fähigkeiten darbietet und ihm dafür im Gegenzug vom Veranstalter ein Preisgeld in Aussicht gestellt wird. Bei Gewinnen aus „Cash-Games" stellt sich allerdings die Frage, worin hier der Leistungsaustausch begründet sein soll. Der Spieler bietet auch hier seine spielerischen Fähigkeiten an, im Falle einer gewonnenen Hand erhält er das Preisgeld allerdings nicht direkt vom Veranstalter, sondern unmittelbar von mindestens einem seiner Mitspieler. Weder das FG Köln[346] noch der BFH[347] haben in den dargestellten Entscheidungen auf diese Fragestellung Bezug genommen, da sie sich ausschließlich mit Gewinnen aus Turnierpoker auseinandergesetzt haben. In diesem Kontext wurde allerdings erwähnt, dass die Teilnahme am allgemeinen wirtschaftlichen Verkehr nicht einen Güteraustausch gegen festes Entgelt verlangt, sondern das Entgelt erfolgsabhängig bestimmt werden kann.[348] Im Gegensatz zum Turnierpoker, bei dem die Platzierungen und die dazugehörigen Preisgelder erst am Ende festgestellt bzw. ausgezahlt werden können, erhält der Spieler im Rahmen von Cash-Games bereits nach jeder gewonnenen Hand ein Entgelt. Die Erfolgsabhängigkeit ist bei beiden Austragungsformen gegeben. Überdies spielt der Umstand, ob der Spieler den Gewinn unmittelbar von den Mitspielern oder vom Veranstalter erhält, bei der Frage des Leistungsaustauschs eine untergeordnete Rolle. Bei der Vereinbarung eines erfolgsabhängigen Entgelts ließ der BFH offen, von wem der Betroffene das Entgelt erhalten muss.[349]

Darüber hinaus lässt sich im Rahmen von Cash-Games über eine weitere Möglichkeit nachdenken, einen Leistungsaustausch zwischen Veranstalter und Spieler zu begründen. Bei Cash-Games ist es üblich, dass der Veranstalter sog. „Rakes" einbehält. Darunter ist der Anteil zu verstehen, den der Veranstalter für die Bereitstellung des Spiels nach einer gespielten Hand einbehält.[350] Die Höhe der Rakes bestimmt sich dabei anteilig nach der Höhe des Pots. Wenn der Veranstalter dem Spieler also auf der einen Seite ein erfolgsabhängiges Entgelt verspricht, könnte der Rake, der am Ende einer Runde vom Pot abgeht, als Entgelt des Spielers an den Veranstalter für die Bereitstellung der Gewinnchance zu verstehen sein und einen Leistungsaustausch begründen. Der Leistungsaustausch würde damit faktisch erst bei jeder gewonnen Hand zustande kommen.

Unabhängig davon müssen auch im Bereich der Cash-Games beim Leistungsaustausch Leistung und Gegenleistung miteinander hinreichend verknüpft sein, damit das Merkmal der Beteiligung am allgemeinen wirtschaftlichen Verkehr nicht scheitert. Cash-Games dürften somit keine Spiele sein, die überwiegend vom Zufall abhängig sind. Im Rahmen der Abgrenzung zwischen Glücks- und Geschicklichkeitsspiel ist – wie beim Turnierpoker – auf den Durchschnittsspieler abzustellen. Zwar haben das VG Karlsruhe und das OLG Köln Poker im Allgemeinen als überwiegendes Glücksspiel bezeichnet. Wie bereits dargelegt, sind pauschale Ausführungen zu dem Kartenspiel indes zurückzuweisen.[351] Es kommt vielmehr auf die

346 FG Köln, Urteil vom 31.10.2012 – 12 K 1136/11, EFG 2013, 612 ff.
347 BFH, Urteil vom 16.09.2015 – X R 43/12, FR 2016, 134 ff.
348 BFH, Urteil vom 11.11.1993 – XI R 48/91, BFH/NV 1994, 622(623).
349 Vgl. BFH, Urteil vom 11.11.1993 – XI R 48/91, BFH/NV 1994, 622 (623 f.).
350 https://www.pokerstars.eu/de/poker/room/rake/ (zuletzt abgerufen am 17.06.2020).
351 Vgl. Drittes Kap. B. I. 1. b).

konkreten Fähigkeiten an, die einem Durchschnittsspieler bei Cash-Games abverlangt werden können.[352]

2. Sonstige Voraussetzungen des Gewerbebetriebs

Damit Gewinne aus Cash-Games den Einkünften aus Gewerbebetrieb zugeordnet werden können, müssten die restlichen Voraussetzungen des Gewerbebetriebs gem. § 15 Abs. 2 S. 1 EStG ebenfalls vorliegen.

Das Merkmal der Selbständigkeit ist gegeben, wenn der Spieler in Bezug auf die Tätigkeit, also im Hinblick auf die Teilnahme am Spiel, das Unternehmerrisiko in eigener Verantwortung trägt.[353] Im Rahmen von Cash-Games dürfte dies ebenso wie im Turnierpokerspiel regelmäßig der Fall sein: Der Spieler sitzt während des Spiels stets selbst am Tisch und leistet grundsätzlich seinen eigenen Einsatz. In Bezug auf das Erfordernis der Nachhaltigkeit ist zu sagen, dass sie bereits dann vorliegt, wenn der Steuerpflichtige vorhat, wiederholt bei Cash-Games zu partizipieren. Insofern genügt die bloße Wiederholungsabsicht.[354] Auch das negativ festzustellende Merkmal der Vermögensverwaltung ist zu beachten. Es handelt sich um eine Vermögensverwaltung, wenn sich die Betätigung noch als Nutzung von Vermögen im Sinne einer Fruchtziehung aus zu erhaltenden Substanzwerten darstellt und die Ausnutzung substanzieller Vermögenswerte durch Umschichtung nicht entscheidend in den Vordergrund tritt. Die Gesamtschau der Umstände ist dabei maßgeblich.[355] Im Zweifel richtet sich die Beurteilung danach, ob die Tätigkeit dem Bild entspricht, das nach der Verkehrsanschauung einen Gewerbebetrieb als solchen ausmacht. Darunter werden etwa Händler, Bauunternehmer, Bauträger verstanden.[356] Zwar hilft ein Rückgriff auf die traditionellen Berufsbilder im Bereich des Pokerspiels nicht weiter, da der Beruf des Pokerspielers eine eher junge Erscheinung darstellt. Nichtsdestotrotz erscheint es lebensfern, anzunehmen, die Teilnahme an Cash Games stelle eine Vermögensverwaltung dar. In der

352 Siehe zur Konkretisierung des Durchschnittsspielers im Bereich der Cash-Games Drittes Kap. B. III. 1. c).

353 Vgl. BFH, Urteil vom 27.09.1988 – VIII R 193/83, BStBl. II 1989, 414 (416); Urteil vom 31.07.1990 – I R 173/83, BStBl. II 1991, 66 (67); vgl. auch Urteil vom 22.02.2012 – X R 14/10, BStBl. II 2012, 511 (514 ff.); siehe zum Merkmal der Selbständigkeit auch Zweites Kap. C. III. 2. a) aa).

354 Vgl. BFH, Urteil vom 13.12.1995 – XI R 43/89, BStBl. II 1996, 232 (238); Urteil vom 07.03.1996 – IV R 2/92, BStBl. II 1996, 369 (371); Urteil vom 10.12.1998 – III R 61/97, BStBl. II 1999, 390 (397); siehe zur Nachhaltigkeit auch Zweites Kap. C. III. 2. a) bb).

355 Vgl. BFH, Urteil vom 02.11.1971 – VII R 1/71, BStBl. II 1972, 360 f.; Urteil vom 06.03.1991 – X R 39/88 – BStBl. II 1991, 631 (632 f.); Beschluss vom 03.07.1995 – GrS 1/93, BStBl. II 1995, 617 (618 f.); Beschluss vom 10.12.2001 – GrS 1/98, BStBl. II 2002, 291.

356 BFH, Urteil vom 15.03.2005 – X R 39/03, BStBl. II 05, 817; *Wacker*, in: Schmidt, EStG, § 15 Rn. 46.

Regel geht es im Ausgangspunkt gerade nicht darum, bestehendes Vermögen zu nutzen bzw. zu verwalten, sondern basierend auf geleisteten Einsätzen ein Vermögen aufzubauen und es sukzessiv zu erhöhen. Im Bereich der Cash-Games ist stets im Einzelfall zu bewerten, auf welche Art und mit welchem Umfang der Betroffene der Tätigkeit nachgeht.

3. *Sonstige Einkünfte bei fehlender Gewerblichkeit*

Kommen Einkünfte aus Gewerbebetrieb (etwa bei Gelegenheitspoker) nicht in Betracht, so stellt sich auch bei Cash-Games die Frage, ob sonstige Einkünfte nach § 22 Nr. 3 EStG vorliegen können. Leistung und Gegenleistung zwischen den Teilnehmern ergeben sich wie bei der Gewerblichkeit durch die Darbietung der spielerischen Fähigkeiten und den erfolgsabhängigen Erhalt der Einsätze. Hinsichtlich des Veranlassungszusammenhangs ist von entscheidender Bedeutung, ob dieser durch die Intensität des Zufalls entscheidend unterbrochen wird. An dieser Stelle wird auf die Ausführungen zur Konkretisierung des Durchschnittsspielers verwiesen.[357]

III. Konkretisierung des Durchschnittsspielers

Die aktuelle Rechtslage im Einkommensteuerrecht stellt sich für Pokerspieler als äußerst unbefriedigend dar. Unzähligen nicht-professionellen Pokerspielern darf zwar zugemutet werden, davon auszugehen, dass Pokergewinne unter Umständen versteuert werden müssen. Sie werden jedoch im Unklaren darüber gelassen, unter welchen Voraussetzungen diese Umstände vorliegen. Zwar erscheint es einleuchtend, dass stets nach der Person des Steuerpflichtigen ein Verhalten als steuerbar oder nicht steuerbar zu beurteilen ist. Einzelfallbetrachtungen sind dahingehend unumgänglich. Die Untersuchung der aktuellen Rechtslage hat jedoch ergeben, dass es die Rechtsprechung versäumt hat, abschließend zu klären, was den Durchschnittsspieler im (Turnier-)Pokerspiel auszeichnet. Die daraus resultierenden Rechtsunsicherheiten gilt es zu vermeiden. Der Grund für die unklare Rechtslage könnte im Konstrukt des Durchschnittsspielers selbst bestehen: Obwohl im Rahmen der Abgrenzung zwischen Glücks- und Geschicklichkeitsspiel auf die Fähigkeiten eines Durchschnittsspielers abgestellt wird, hat eine hinreichende Konkretisierung des Durchschnittsspielers im Hinblick auf Turnierpoker, Cash-Games sowie Poker im Internet[358] weder durch den Gesetzgeber noch durch die Rechtsprechung stattgefunden.

Die allgemeine Skizzierung eines Durchschnittsspielers hilft insoweit nicht weiter: Wenn ein Spiel jedermann offen steht, so soll lediglich von einem spielinteressierten Durchschnittsbürger mit normalen Fähigkeiten ausgegangen werden

357 Siehe Drittes Kap. III. 1.

358 Siehe zum Durchschnittsspieler im Online-Poker Drittes Kap. D. I. 4.

können.[359] Dabei gilt als anerkannt, dass es der Durchschnitt der Spieler nach den Spielregeln und dem Ablauf des Spiels selbst in der Hand haben soll, durch sein Geschick den Ausgang des Spiels zu beeinflussen.[360] Bei der Kennzeichnung des Geschicks eines Durchschnittsspielers dienen geistige Fähigkeiten wie eine gute Merkfähigkeit, eine schnelle Kombinationsgabe oder Aufmerksamkeit als Anhaltspunkte,[361] welche sich aber kaum als universeller Schlüssel eignen, um überwiegendes Geschick oder Glück in einem gemischten Spiel ausfindig zu machen.

Demnach ist ein Glücksspiel anzunehmen, wenn die Wahrscheinlichkeit, auf den Ausgang des Spiels durch Geschicklichkeit einzuwirken, für den Durchschnitt der in Betracht kommenden Spieler so gering ist, dass bei der Mehrzahl der Einzelspiele hiermit nicht zu rechnen ist, selbst wenn einzelne Spieler die hierfür erforderliche besondere Geschicklichkeit besitzen. Ausgehend davon sind Profispieler, deren Fähigkeiten über denen eines durchschnittlichen Spielers angesiedelt sind, allein kein Beleg dafür, dass ein Spiel als Geschicklichkeitsspiel zu qualifizieren ist. Insofern erscheint im Rahmen der Konkretisierung des Durchschnittsspielers ein Rückgriff auf ihre Expertise nicht geboten. Wenn der Profispieler aufgrund seiner spielerischen Fähigkeiten die Möglichkeit hat, die Erfolgswahrscheinlichkeit zu maximieren, kann daraus keinesfalls der Rückschluss gezogen werden, der Durchschnittsspieler habe durch sein Geschick nicht ebenfalls die Möglichkeit, die Erfolgswahrscheinlichkeit in seine Richtung zu lenken: Die Geschicklichkeitskomponente muss beim Durchschnittsspieler nicht zwangsläufig hinter der Zufallskomponente zurücktreten.

Vor diesem Hintergrund ist im Interesse der Vermeidung künftiger Rechtsunsicherheiten zu untersuchen, welche Anforderungen an den Durchschnittsspieler im Rahmen von Turnierpoker, Cash-Games und Online-Poker zu stellen sind. So soll eine Antwort auf die Frage gefunden werden, ob diese Konkretisierung(en) bei der Abgrenzung zwischen Glücks- und Geschicklichkeitsspiel tatsächlich behilflich sind.

Dabei hat die Literatur interessante Ansätze geliefert, die auch vom FG Köln[362] in Augenschein genommen wurden. Einen äußerst vielversprechenden Beitrag hat *Holznagel*[363] geliefert, der zunächst auf die allgemein benötigten Fähigkeiten eines Pokerspielers Bezug nimmt und anschließend zwischen den Austragungsformen Turnierpoker und Cash-Games differenziert. Deshalb ist im Folgenden verstärkt auf diesen Beitrag Bezug zu nehmen und ausgehend davon ein Modell

359 BGH, Urteil vom 18.04.1952 – 1 StR 739/51, BGHSt 2, 274 ff.

360 RG, Urteil vom 18.05.1928 – I 977/27, RGSt 62, 163 (166); zum Hütchenspiel BGH, Beschluss vom 11.01.1989 – 2 StR 461/88, BGHSt 36, 74 (80); vgl. *Tröndle*, in: Fischer, StGB, § 284 Rn. 4.

361 BVerwG, Urteil vom 09.12.1975 – I C 14/74, GewArch 1976, 87 f.; vgl. auch Zweites Kap. A. II. 1.

362 FG Köln, Urteil vom 31.10.2012 – 12 K 1136/11, EFG 2013, 612 ff.

363 *Holznagel*, MMR 2008, 439 ff.

zu entwickeln, das die Anforderungen an einen Durchschnittsspieler im Texas Hold'em-Poker darstellt. Da eine alleinige Betrachtung des Spiels losgelöst vom Kontext seiner Veranstaltung wenig sinnvoll erscheint[364], ist die Konkretisierung im Rahmen der jeweiligen Austragungsformen, d. h. Turnierpoker sowie Cash-Games, vorzunehmen. Zuletzt wird untersucht, wie gut der Durchschnittsspieler gegen seine Kontrahenten spielen muss, damit das Spiel den Charakter eines überwiegenden Glücks- oder Geschicklichkeitsspiels haben kann, und ob dieser Ansatz überhaupt sinnvoll ist.

1. *Anforderungen an den Durchschnittsspieler*

a) Allgemein

Holznagel hält es für wichtig, dass ein Pokerspieler die eigene Gewinnchance abschätzen kann.[365] Denn ein Blatt, das einem Spieler den sicheren Gewinn verschaffen könne, gebe es fast nie. Der Spieler könne die ihm zur Verfügung stehenden Informationen nutzen und die Wahrscheinlichkeit seines Gewinns ausrechnen. Die Gemeinschaftskarten, der Wert des Pots, die Höhe der bereits geleisteten Einsätze sowie die Werte der Chips, die die Spieler noch haben, würden zu den wesentlichen Informationen gehören.[366] *Holznagel* geht dabei zwar davon aus, dass die Fähigkeit, Wahrscheinlichkeiten im Kopf exakt zu berechnen, von Durchschnittsspielern nicht zwangsläufig erwartet werden kann. Aber auch ein Spieler mit normalen Fähigkeiten könne in etwa abschätzen, ob ein Blatt erfolgversprechend ist. Die mathematische Komponente des Spiels könne daher auch von Durchschnittsspielern mit Geschick genutzt werden. Darüber hinaus verspreche strategisches Handeln Erfolg bei „Texas Hold'em", da den einzelnen Spielern eine Reihe von Handlungsmöglichkeiten zur Verfügung stünden, um das Spiel zu ihren Gunsten zu beeinflussen. Dazu führt der Autor aus, dass die Spieler zu Beginn des Spiels entscheiden müssen, ob sie ihre Hand überhaupt spielen. Sie müssten Runde für Runde abwägen, ob sie, auch angesichts etwaiger schon geleisteter Einsätze, mitgehen, erhöhen oder aussteigen. Würden Runden mit einem Showdown enden, so gewinne nicht notwendigerweise das höchste Blatt, sondern das höchste der noch im Spiel befindlichen Blätter. Es sei möglich, dass der Spieler mit dem höchsten Blatt vor dem Showdown ausgestiegen ist. Um dies zu provozieren, gebe es geschickte und weniger geschickte Spielzüge. Als Beispiel hierzu nennt der Autor den sog. „Pre-Flop-raise", der eingesetzt werde, wenn ein Spieler ein gutes Startblatt bekomme. Dieser Spieler könne in der ersten Bietrunde, also vor Austeilung der ersten drei Gemeinschaftsarten, sofort den Einsatz erhöhen. Dies habe meist den Effekt, dass Spieler mit schlechten Starthänden sofort aussteigen und somit

---

364 So bereits BGH, Beschluss vom 11.01.1989 – 2 StR 461/88, BGHSt 36, 74 (80).

365 *Holznagel*, MMR 2008, 439 (441 f.).

366 Siehe dazu auch *Borm/v. d. Genugten*, On a measure of skill for games with chance elements, S. 29.

die Möglichkeit, dass sich ihre Erfolgschancen nach Aufdecken des Flops verbessern, ausgeschaltet werde. Die Bedeutung strategischen Handelns zeige sich somit auch darin, dass das Abschneiden eines Spielers sehr stark von seinen Gegnern abhängt.[367] Je besser diese spielen, desto schwieriger werde es, zu gewinnen. Die Strategien im Texas Hold'em-Poker seien insgesamt nicht so kompliziert, dass ein durchschnittlicher Spieler sie nicht schnell erfassen könnte. Auch er könne einfache taktische Überlegungen durchschauen und anwenden, weshalb er nicht völlig auf den Zufall angewiesen sei.

Überdies bilden nach Auffassung von *Holznagel* die psychologischen Aspekte des Spiels einen weiteren Geschicklichkeitsfaktor. Bei der Spielvariante sei es wichtig, die anderen Spieler zu beobachten. Aus dem Gesichtsausdruck und der Reaktionsgeschwindigkeit eines Spielers können demnach Gegner Verhaltensmuster erkennen und gegebenenfalls Vorhersagen treffen. Die Spieler müssten versuchen, möglichst wenig Schlüsse aus dem eigenen Verhalten zu ermöglichen und ein sog. „Poker-Face" aufzusetzen. Sogar längerfristig angelegte psychologische Strategien seien denkbar, bei denen ein Spieler ein bestimmtes Verhaltensmuster über mehrere Runden aufbaut, um es dann bewusst und überraschend abzuändern. Der Spieler könne so versuchen, durch bestimmte Reaktionen den Gegner zu verwirren und zu falschen Schlüssen zu bewegen. Ein vermeintlich vorsichtiger Spieler könne etwa trotz eines schlechten Blattes plötzlich hohe Summen setzen und dadurch den anderen Spielern suggerieren, er habe eine besonders erfolgversprechende Hand. Würde der „Bluff" gelingen, so könne er ohne einen Showdown den Pott gewinnen, was ebenfalls viel Geschick erfordere, da einige Spieler besser deuten oder Gegner besser in die Irre führen können als andere.[368]

Bei Spielen, deren Ausgang wesentlich vom Zufall abhängt, können nach *Holznagel* Spieler nicht entscheidend „besser" werden. Ihre Fähigkeiten würden neben dem Zufall nur eine untergeordnete Rolle spielen. Dies sei bei Geschicklichkeitsspielen anders, weshalb die Möglichkeit des Erlernens ein wichtiger Indikator für Spiele sei, die auf Geschicklichkeit basieren. Beim Texas Hold'em-Poker sei es möglich, geschickte Spielzüge und Taktiken zu erlernen. Auch die Fähigkeit zur Wahrscheinlichkeitsberechnung in Sekunden sowie das Durchschauen anderer Mitspieler oder das Bluffen könne sich mit Übung verbessern. Zahlreiche Pokerschulen würden sonst kaum die Resonanz aufweisen, die sie genießen.[369]

Holznagels Ausführungen ist zuzustimmen. Dem Durchschnittsspieler darf durchaus zugetraut werden, im Rahmen der Einschätzung der eigenen Gewinnchance auf Grundlage mathematischer Erwägungen eine Gewinnprognose zu erstellen. Dabei sind komplizierte Wahrscheinlichkeitsberechnungen vom Durchschnittsspieler nicht zu erwarten: Mithilfe ausreichender Spielerfahrung, d. h. bei einer Vielzahl gespielter Hände, kann sich auch ein Durchschnittsspieler die

---

367 Siehe dazu auch *Dreef/Borm/v. d. Genugten*, MOR, 375 (383).

368 *Holznagel*, MMR 2008, 439 ff.

369 *Holznagel*, MMR 2008, 439 ff.

zumindest groben Gewinnchancen aller Hände merken. Die dem Pokerspieler zur Verfügung stehenden Handlungsmöglichkeiten sind dabei mannigfaltig. Der von *Holznagel* erwähnte Pre-Flop-raise ist insofern nicht die einzige Spielsituation, in der das Geschick des Spielers gefordert ist. Dass dem Texas Hold'em-Poker eine strategisch-taktische Komponente immanent ist und diese auch von Durchschnittsspielern beherrscht werden können, lässt sich anhand weiterer Spielsituationen im Rahmen der vier Spielphasen veranschaulichen: Es gibt die Pre-Flop-Phase, also der Zeitraum vor Austeilung der ersten drei Gemeinschaftskarten, und die Phasen nach dem Flop, Turn und River.[370]

Während der Pre-Flop-Phase ist zunächst die Spielerposition von essenzieller Bedeutung. Hat der Spieler die Position des Big Blinds inne, so wird er dazu gezwungen, den Grundeinsatz zu entrichten. Es erfolgt also ein Einsatz, der nicht mit der Wertigkeit des eigenen Blattes verknüpft ist, was die eigene Hand für Gegenspieler unberechenbar macht. Als schwächste Position am Tisch ist jene hinter dem Big Blind einzustufen, da der Spieler im Rahmen dieser Position (sog. Position „under the gun“) als erster eine Entscheidung darüber zu treffen hat, ob er aussteigt, den Big Blind bezahlt oder den Einsatz erhöht. Dementsprechend lässt sich das Setzverhalten der Mitspieler nicht in die weitere Vorgehensweise einbeziehen. Der Spieler auf der Position des Big Blinds, der im Vergleich dazu im Rahmen des Pre-Flops als letzter eine Entscheidung über sein weiteres Vorgehen zu treffen hat, kann das Setzverhalten aller Mitspieler in sein eigenes einbeziehen, was bei der Erstellung einer Gewinnprognose behilflich sein kann. Des Weiteren ist auf der Grundlage dessen, dass der Spieler seine Gewinnchance in jeder Phase des Spiels abzuschätzen hat, die realistische Einschätzung der Stärke des eigenen Blattes maßgeblich. Die Stärke eines Blattes ergibt sich aus der Gegenüberstellung mit allen anderen Kartenkombinationen, die man erhalten könnte. Dies macht ein einfaches Beispiel deutlich: Einem Spieler werden bei der Texas Hold'em-Variante zu Beginn der Runde zwei persönliche Karten ausgeteilt: Ass und Ass, ein sog. „Pocket Pair“. Diese Kartenkombination hat im Pre-Flop, also bevor die ersten drei Gemeinschaftskarten ausgeteilt werden, von allen möglichen Kartenkombinationen die höchste Wertigkeit. Alle anderen Kontrahenten haben somit zu diesem Zeitpunkt eine schwächere Position, da der Spieler, der die beiden Asse auf der Hand hat, die beste Chance hat, zu gewinnen. In einer Eins-gegen-Eins-Situation liegt die Erfolgswahrscheinlichkeit sogar bei circa 84,9 Prozent.[371] Ist man sich als Spieler mit den beiden Assen dieses Umstandes bewusst, so kann man sein Setzverhalten entsprechend anpassen und seine Gegner durch Setzen von Chips unter Druck setzen.

---

370 Siehe zu den Begrifflichkeiten Drittes Kap B.

371 Siehe zu den Wahrscheinlichkeiten im Poker http://www.mathematik.uni-muenchen.de/~spielth/artikel/Mathematisch_beweisbare_dominante_Pokerstrategien.pdf (zuletzt abgerufen am 17.06.2020).

Nachdem die ersten drei Gemeinschaftskarten ausgeteilt wurden, ist für den Durchschnittsspieler fundamental, dass er die Stärke seiner Hand weiterhin realistisch einschätzt. Dabei muss er nach wie vor das Setzverhalten der Mitspieler, die sich den Flop mit ihm ansehen, berücksichtigen und eine Prognose darüber abgeben können, wie hoch die Chance ist, durch Aufdecken der vierten und fünften Gemeinschaftskarte noch etwas zu „treffen".

Kommt es zum „Turn" und „River", so muss der Spieler neben dem Setzverhalten seiner Mitspieler die sich ändernden Wahrscheinlichkeiten zumindest im Rahmen einer groben Einschätzung einbeziehen. Nach dem „Turn" wird mit dem „River" lediglich eine weitere Gemeinschaftskarte aufgedeckt, was die Wahrscheinlichkeit, noch etwas zu „treffen", schmälert. Nach dem „River" hingegen sind die Blätter „fertiggestellt", weshalb hier erneut die Stärke des vollendeten Bildes und das Setzverhalten der Mitspieler eine zentrale Rolle spielt.

b) Turnierpoker

Turnierpoker[372] zeichnet sich dadurch aus, dass jeder Spieler zu Beginn des Turniers vom Veranstalter ein größeres Budget in Gestalt von Chips zur Verfügung gestellt bekommt und die zu entrichtenden „Blinds" noch sehr niedrig sind. Jeder Spieler erhält eine gleiche Zahl an Chips und die Einsätze der Spieler zu Beginn sind gleich hoch. Es gewinnt der Spieler, der als letzter im Turnier verbleibt. Allerdings ist es nicht unüblich, dass auch Spieler, die nicht den ersten Platz belegen, bei gutem Abschneiden ein Preisgeld erhalten. Zwar gibt es auch im Rahmen der Austragung des Turnierpokers diverse Modifikationen, z. B. unterschiedliche Chipmengen zu Beginn des Turniers oder zügig steigende Blindstufen. Dies ändert allerdings nichts an dem Umstand, dass dem Turnierpokerspieler regelmäßig die Möglichkeit gegeben wird, eine Vielzahl von Händen zu spielen.

Im Turnierpoker, das *Holznagel* als „Spiele in Serien" bezeichnet, tritt nach seiner Auffassung die strategische Komponente in den Vordergrund.[373] Würden alle Spieler mit demselben Startkapital beginnen und werde das Spiel so lange fortgesetzt, bis ein Sieger feststeht, so seien glückliche Spielperioden mit hohen Einzelgewinnen gerade keine Garantie für das lange und erfolgreiche Verbleiben im Turnier. Da von Anfang an feststehe, dass eine Vielzahl von Händen gespielt werden muss, erhalte jeder Spieler im Verlauf zwingend auch Karten, die wenig Aussicht auf einen Gewinn böten. Er müsse sich jeweils entscheiden, diese Hände gar nicht zu spielen oder zumindest einen günstigen Zeitpunkt zu finden, um aus der Runde auszusteigen. Im Falle eines Ausstiegs gewinne er zwar nicht, verliere aber auch nichts, sofern er keinen Blind setzen musste. Habe er hingegen ein aussichtsreiches Blatt, müsse er versuchen, nicht nur die Runde, sondern in der Runde möglichst viele Chips zu gewinnen. *Holznagel* kommt zu dem Ergebnis, dass auch

372 Siehe zu den Spielregeln Drittes Kap. B.
373 *Holznagel*, MMR 2008, 439 (442 f.).

hier strategisch-taktisches Geschick gefordert ist. Denn ein Spieler mit aussichtsreicher Hand profitiere nur wenig vom Gewinn des Pots, wenn die anderen Spieler seine guten Gewinnchancen frühzeitig bemerken, aussteigen und insgesamt nur wenig Einsatz leisten würden. Ein gutes Blatt nütze dem Spieler nicht viel, wenn der gewonnene Pot nicht groß sei. Folgerichtig habe also im Turnier nicht derjenige die besten Aussichten, dem der Zufall oft gute Karten in die Hand spiele, sondern der, der in schlechten Runden seine Verluste minimiere, während er in guten Runden die Gewinne zu maximieren in der Lage sei. Dies hänge maßgeblich vom strategisch-taktischen Verhalten des Spielers ab und damit von dessen Geschick. In der Mehrzahl der Fälle gewinne ein Spieler, ohne dass er seine Karten überhaupt zeigen müsse. Die Entscheidung der Spieler, den Showdown nicht abzuwarten, sondern das Spiel vorher zu verlassen, werde dann zwangsläufig auf der Basis der ihnen ausgeteilten Karten getroffen.[374]

Der Autor vertritt des Weiteren den Standpunkt, dass mit zunehmender Dauer eines solchen Serienspiels die psychologische Komponente an Bedeutung gewinnt. Kleinere Zeichen der Körpersprache würden erst nach und nach für erfahrene Mitspieler deutbar. Umgekehrt würden Spieler über einen längeren Zeitraum ein Verhaltensmuster gezielt „aufbauen", um dann überraschend davon abzuweichen und so erfolgreich den Gegenspieler zu manipulieren. Bestätigt werde diese Einschätzung durch die Tatsache, dass es professionelle Pokerspieler gibt, die mit dem Spielen ihren Lebensunterhalt bestreiten würden. Bei wertender Betrachtung ergebe sich eine vergleichbare strategisch-taktische Gewichtung wie bei einem anderen traditionellen Geschicklichkeitsspiel namens Skat. Die Entscheidung über Gewinnen und Verlieren werde zwar durch die ausgeteilten Karten mitbestimmt. Anschließend komme es aber auf das Geschick eines jeden Spielers an, der aus seinem Blatt „etwas zu machen" habe.[375]

Zwar ist *Holznagels* Erwägungen dahingehend nicht zu widersprechen, dass Fähigkeiten beschrieben werden, die, wenn sie vom Spieler beherrscht werden, für diesen von Vorteil sein können. Allerdings verpasst der Autor es hier, klarer zu skizzieren, ob diese Fähigkeiten noch bei Durchschnittsspielern erwartet werden können. Gerade in Bezug auf die psychologische Komponente erscheint es nicht selbstverständlich, dass ein normaler Spieler „kleinere Zeichen der Körpersprache" selbst sukzessiv zu deuten in der Lage ist. Dass sich *Holznagel* dadurch bestätigt sieht, dass es Profispieler gibt, die mithilfe dieser Fähigkeiten ihren Lebensunterhalt bestreiten können, ist wenig nachvollziehbar. Profispieler grenzen sich von Durchschnittsspielern gerade dadurch ab, dass ihre Fähigkeiten zum Teil weit über der Norm liegen, weshalb diese bei normalen Spielern nicht zugrunde gelegt werden können. Ein gezieltes „Aufbauen" von Verhaltensmustern durch den Spieler und ein anschließendes bewusstes Abweichen davon zwecks Manipulation anderer Spieler überstrapaziert das Anforderungsprofil des Durchschnittsspielers. Es

374 *Holznagel*, MMR 2008, 439 ff.
375 *Holznagel*, MMR 2008, 439 ff.

bedarf keiner Heranziehung eines Profispielers, um jenes Können, das im Rahmen der psychologischen Komponente abverlangt wird, Durchschnittsspielern zumuten zu können. Das Beobachten der Mitspieler, das Deuten von Mimik und Gestik sowie die Beurteilung des Bietverhaltens sind solche Attribute, die für jeden Spieler erlernbar sind. Zweifellos gibt es auch in Bezug auf diese Fähigkeiten noch Spieler, die mehr oder weniger gut etwa das Setzverhalten der Mitspieler beurteilen. Nichtsdestotrotz kann ein Durchschnittsspieler diese Spielweisen erlernen und ist auf keine etwaige „gute Veranlagung" angewiesen. Diese Fähigkeiten sind somit in den Erwartungshorizont des Durchschnittsspielers einzubeziehen.

Überdies hat der Durchschnittsspieler im Turnierpoker weitere Aspekte zu beachten, die auf Geschick basieren. So sollte er unabhängig von den einzelnen Spielsituationen während des Turniers stets die Anzahl seiner verbleibenden Chips („Stack Size") und die Blindstufen im Auge behalten. Je nach Größe seines Stacks und der Höhe der zu entrichtenden „Blinds" muss der Spieler abwägen, ob er seine Hand weiterspielt, d. h. bis zur Austeilung der ersten drei Gemeinschaftskarten die „Blinds" bezahlt und gegebenenfalls mitbietet oder aus der laufenden Runde aussteigt. So lässt sich bei einer im Verhältnis zu den anderen Mitspielern großen Anzahl von eigenen Chips aktiver spielen, wohingegen sich die Handlungsoptionen bei einem geringen Stack reduzieren. Hier sollte der Spieler auf seine Erfahrung zurückgreifen und nur solche Hände spielen, die im Verhältnis zu anderen Blättern als besonders erfolgversprechend einzustufen sind. In dem Entscheidungsprozess sollte ebenfalls die Kalkulation eine Rolle spielen, wie viele Runden verbleiben, bis die Blinds den eigenen Stack endgültig „absorbieren". Wenn der Spieler sich dazu entscheidet, eine erfolgversprechende Hand zu spielen, dann muss er auch in Betracht ziehen, alle verbleibenden Chips zu setzen („All In"),[376] da er für Spieler mit einem signifikant höheren Stack in dieser Lage keine große spielerische Bedrohung darstellt und letztere deshalb dazu neigen, eine Runde bis zum Aufdecken der River-Karte mitzuspielen. Dieses im Turnierpokerspiel typische Verhalten ist von einem Durchschnittsspieler beherrschbar.[377]

---

376 Die Bereitschaft, bei einem niedrigen eigenen Stack und einer erfolgversprechenden Hand alle Chips zu setzen, ist auch bekannt als „push or fold", siehe etwa https://www.pokerstrategy.com/download/content/artikel_daten/charts/ps_chart_push-fold_de.pdf (zuletzt abgerufen am 17.06.2020).

377 Beispiel: Hat der Spieler noch 1000 Chips zur Verfügung, haben seine Gegenspieler demgegenüber im Schnitt 5000 Chips und liegt der Small Blind bei 200, der Big Blind bei 400 Chips, so muss der Spieler mit geringer Stack Size die Erfolgswahrscheinlichkeit seiner Hand im Pre-Flop im Hinblick auf etwaige zukünftige Hände abwägen, die mehr oder weniger erfolgversprechend sein könnten. Wenn er ausgehend von diesem Szenario einen Einsatz leistet, so muss er darauf vorbereitet sein, All In zu gehen, also alle seine Chips zu setzen. Denn seinen durchschnittlichen Gegenspielern ist klar, dass sich ein Spieler mit geringer Stack Size leichter unter Druck setzen lassen kann. Entscheidet sich der Spieler mit einer zu schwachen Hand dazu, in eine All-In-Runde zu gehen, so scheidet er mit erhöhter Wahrscheinlichkeit aus dem

Da man sich beim Turnierpoker gegenübersitzt, ist, wie bereits erwähnt, eine gute Beobachtungsgabe und Merkfähigkeit in Bezug auf das Setzverhalten seiner Mitspieler erforderlich. Daraus leitet sich in Bezug auf das eigene Setzverhalten das Erfordernis ab, dass der Spieler seinen Ruf („Image“) zu beachten hat, den er sich bei den Mitspielern erarbeitet. Trifft ein Spieler etwa in einzelnen Spielsituationen stets die gleichen Entscheidungen, so wird sein Spiel für seine Gegenspieler „durchsichtig“. Daher spielt die Selbstdisziplin des Durchschnittsspielers eine übergeordnete Rolle. Da ein Pokerturnier in der Regel über mehrere Stunden andauert, muss der Spieler es schaffen, die im Poker zu beherrschenden Fähigkeiten konstant anzuwenden. Den Durchschnittsspieler unterscheidet von unterdurchschnittlichen Spielern, dass dieser sich selbst bei zunehmender Turnierdauer nicht aus der Ruhe bringen lässt. Spieler, die zwar aufgrund der Wahrscheinlichkeiten davon ausgehen, ein schwächeres Blatt als das Gegenüber zu haben, aber dennoch die Einsätze in der Hoffnung mitgehen, ihr Blatt „komme schon an“, werden angesichts der geringen Erfolgswahrscheinlichkeiten schon vor der Gewinnausschüttung ausscheiden.

Die Ausführungen zeigen, dass der Durchschnittsspieler das Spielgeschehen überwiegend selbst in der Hand hat. Obwohl das Kartenglück eine Rolle spielt, ergeben sich je nach Hand verschiedene Handlungsoptionen, die bei einer Vielzahl von zu spielenden Händen unabhängig vom Kartenglück zum Erfolg vor allem dann führen können, wenn die „Verhaltensregeln“ verinnerlicht wurden. Ein Durchschnittsspieler jedenfalls ist dazu in der Lage, diese Verhaltensregeln zu erlernen.

Dieses Ergebnis bedeutet für die Besteuerung nach § 2 Abs. 1 S. 1 Nr. 2 in Verbindung mit § 15 Abs. 1 S. 1 Nr. 1, Abs. 2 EStG, dass die positiv festzustellende Beteiligung am allgemeinen wirtschaftlichen Verkehr vorliegt. Der dem Merkmal immanente Leistungsaustausch ist nicht mit dem Argument abzulehnen, dass es sich im Falle des Turnierpokers um ein reines bzw. überwiegendes Glücksspiel handelt und eine hinreichende Verknüpfung damit abzulehnen wäre. Vielmehr handelt es sich beim Turnierpoker um ein überwiegendes Geschicklichkeitsspiel.

Mit denselben Argumenten ist auch der Weg zu einer Besteuerung nach der subsidiären Vorschrift des § 22 Nr. 3 EStG bereitet, wenn eine Gewerblichkeit nicht in Betracht kommt. Der Veranlassungszusammenhang wird aufgrund des Umstands, dass es sich bei Turnierpoker – ausgehend vom Durchschnittsspieler – um ein

---

Turnier aus. Wartet der Spieler zu lange ab in der Hoffnung, eine bessere Hand für sein All-In ausgeteilt zu bekommen, so werden die zu entrichtenden Blinds mit der Zeit die All-In-Situation erzwingen. Allerdings werden dann die Chips des Spielers so stark zusammengeschrumpft sein, dass er selbst im Falle einer gewonnenen Hand nicht mehr viele Chips erhält und sich die Stack Size damit nicht mehr ausreichend ausbauen lässt. So hat der Spieler in einer für ihn ungünstigen Situation die besten Chancen, sich seinen Gegenspielern wieder anzunähern.

überwiegendes Geschicklichkeitsspiel handelt und damit der Zufall eine untergeordnete Rolle spielt, nicht entscheidend unterbrochen.[378]

c) Cash-Games

Cash-Games laufen anders ab als das Pokerspiel im Rahmen von Turnierveranstaltungen.[379] Der Spieler kann zu jeder Zeit in eine laufende Pokerrunde ein- bzw. aus einer laufenden Pokerrunde aussteigen. Wenn er gewinnen will, ist er also im Gegensatz zum Turnierpoker nicht dazu gezwungen, so lange zu spielen, bis kein anderer Pokerspieler mehr in der Runde übrig ist. Allerdings haben Cash-Games sowie Turnierpoker gemeinsam, dass üblicherweise mehrere Hände hintereinander gespielt werden.

Auch zu Cash-Games hat *Holznagel* eine Bewertung vorgenommen. Betrachtet man ausgehend von seiner Einschätzung jedes Einzelspiel für sich, können einige Geschicklichkeitselemente nicht genutzt werden.[380] Auch im Einzelspiel dürfe bei der Ermittlung des Abschneidens eines einzelnen Spielers nicht allein berücksichtigt werden, wer den Pot letztendlich gewonnen habe. Von Bedeutung sei auch, wie hoch dieser Pot und die Verluste der anderen Spieler waren, denn die Höhe der Verluste hänge maßgeblich vom individuellen Verhalten des jeweiligen Spielers ab. Deshalb schneide ein Spieler, dem es trotz schlechter Karten gelinge, seine Verluste zu minimieren, wesentlich besser ab als ein anderer, der wegen guter Karten viel setze, letztendlich aber doch verliere. Beide Spieler hätten verloren, in diesem Fall seien aber die Verluste des Spielers mit den schlechteren Karten wesentlich geringer als die des Spielers mit der besseren Hand.

Es gebe darüber hinaus auch die Spielvariante, in der sich ein Blatt durchsetzen könne, das selbst nach Einschätzung des verantwortlichen Spielers im Falle des Showdowns nicht gewinnen könnte, nämlich den Bluff. Die Ansicht, die diese Konstellation dem Zufall zuschreibt, weil es keine kausale Verknüpfung zwischen einem Bluff und dem Gewinn gebe und die Reaktionen der anderen Mitspieler auf den Bluff selbst wieder nur Zufall seien,[381] weist *Holznagel* zurück. Zwar sei für „psychische Kausalität“ eine „deterministische“ Gesetzmäßigkeit nicht vorhanden. Jedoch sei das Vorhandensein psychischer Kausalitäten in allen Rechtsgebieten anerkannt. Im Strafrecht würden auf dieser Annahme die Rechtsfiguren der Anstiftung und der (psychischen) Beihilfe beruhen.[382] Im Zivilrecht hafte in bestimmten Konstellationen auf Schadensersatz, wer einen anderen zu selbstschädigendem Verhalten

---

378 Siehe aber Drittes Kap. III. 3. c).

379 Siehe auch Drittes Kap. B. II.

380 *Holznagel*, MMR 2008, 439 (443 f.).

381 Öster. UFS, Entscheidung vom 24.07.2007 – RV/0036-W/02, Abschn. 1.6.6, abrufbar unter https://findok.bmf.gv.at/findok/resources/pdf/a71cc7b3-372d-4b26-9c69-4b266ed84bc2/29668.1.1.4.pdf (zuletzt abgerufen am 17.06.2020).

382 Vgl. etwa BGH, Beschluss vom 17.03.1995 – 2 StR 84/95, NStZ 1995, 490 f.; Urteil vom 24.10.2001 – 3 StR 237/01, NStZ 2002, 139 (140 f.).

„herausfordere".[383] Die Annahme, dass derjenige, der durch einen geschickten Bluff den Gegenspieler zum Aussteigen aus dem Spiel provoziert, obgleich dies nach der objektiven Wertigkeit der ausgeteilten Karten „unvernünftig" sei und sich nur den Zufall zunutze mache, sei deshalb nicht haltbar.

Schlussendlich erscheine es auch methodisch fragwürdig, die rechtliche Betrachtung jeweils auf ein Einzelspiel zu reduzieren, wenn in der Realität auch Cash-Games so gut wie immer als eine Reihe von aufeinanderfolgenden Runden gespielt würden. Wer so vorgehe, verlasse den Ausgangspunkt der Untersuchung, nach dem die konkreten Spielverhältnisse zu bewerten seien und nicht Einzelfragmente eines gesamten Spielverlaufs. In der Serie betrachtet würden auch diese Spiele stark dem Turnierpoker ähneln. Von wesentlicher Bedeutung sei deshalb die Frage, ob man der Option, jederzeit in das Spiel aus- und einsteigen zu können, bei der rechtlichen Bewertung das entscheidende Gewicht beimessen möge. Der Spieler entschließe sich mit jeder neuen Hand zu einem neuen Spiel, auch wenn jede zuvor gespielte Hand natürlich die folgenden Hände beeinflusse.

Holznagel ist dahingehend zuzustimmen, dass einige Attribute, die im Turnierpoker von Belang sind, in Cash-Games nicht eingesetzt werden können. So können etwa die eigene Stack Size und die der Gegenspieler kaum berücksichtigt werden, da man im Turnierpoker von Beginn an eine festgeschriebene Anzahl von Chips erhält, während sich der Spieler in Cash-Games jederzeit wieder neu „einkaufen" kann. Letztere Austragungsform setzt in Bezug auf die Teilnahme keine Grenzen: Das dem Spieler zur Verfügung stehende Echtgeld und sein Wille, dieses einzusetzen, sind die einzigen beiden Faktoren, die ihn vom Spielen abhalten können. *Holznagel* sieht darin ein Minus zum Turnierpoker, gelangt aber aufgrund der sonstigen Ähnlichkeit der beiden Austragungsformen zu der Auffassung, auch bei Cash-Games stehe das Geschick im Vordergrund. Nach der hier vertretenen Auffassung liefert der Umstand, der Cash-Games vom Turnierpoker unterscheidet, keinen Grund, das Können der Spieler im Verhältnis zum Kartenglück als weniger bedeutsam erscheinen zu lassen, ganz im Gegenteil: Der Umstand, als Spieler selbst darüber entscheiden zu können, wann man aus dem Spiel aussteigen möchte, kann die Anzahl von zu spielenden Händen um ein Vielfaches erhöhen. Dies gepaart mit den sonstigen im Poker benötigten Fähigkeiten, die zu beherrschen „normale" Spieler imstande sind,[384] macht diese Austragungsform im Hinblick auf Erfolge erst recht attraktiv. Je mehr Hände gespielt werden, desto weniger ist der Spieler auf das Kartenglück angewiesen und desto mehr kann er seine spielerischen Fähigkeiten ins Spiel einbringen.

Nach alledem ist im Bereich der Cash-Games festzuhalten, dass diese Austragungsform des Pokerspiels als überwiegendes Geschicklichkeitsspiel zu qualifizieren ist. Eine pauschale Verneinung des Merkmals der Beteiligung am allgemeinen

---

383 BGH, Urteil vom 13.07.1971 – VI ZR 125/70, BGHZ 57, 25 (30); BGH, Urteil vom 29.10.1974 – VI ZR 168/73, BGHZ 63, 189 (192).

384 Siehe Drittes Kap. B. III. 1. a).

wirtschaftlichen Verkehr bei § 15 EStG oder des Veranlassungszusammenhangs bei § 22 Nr. 3 EStG kommt hier nicht in Betracht.[385]

2. Anforderungen an die Gegenspieler

Zu berücksichtigen ist schließlich, dass der Spieler im Rahmen der Veranstaltungen grundsätzlich gegen andere Spieler antritt und die Entscheidung über den Erfolg von diesem Vergleich abhängt. Zuletzt erscheint es daher geboten, die Fähigkeiten des durchschnittlichen Spielers gegen die Fähigkeiten anderer Spieler abzuwägen. Dabei hat bereits *Bewersdorff* die Frage aufgeworfen, gegen wen der Durchschnittsspieler wie gut spielen müsse, um das Spiel als Geschicklichkeitsspiel erscheinen zu lassen.[386]

Da es allgemein um die Betrachtung „Geschicklichkeitskomponente versus Zufallskomponente" geht, erscheint die Idee, Durchschnittsspieler gegen zufällig agierende Spieler antreten zu lassen und anhand des Spielausgangs eine Beurteilung vorzunehmen, auf den ersten Blick durchaus reizvoll. Insofern postuliert *Hambach* mit seinem Messkonzept ein Aufeinandertreffen des Durchschnittsspielers mit zufällig agierenden Gegenspielern. Gelingt es demnach dem durchschnittlichen Spieler aufgrund seines spielerischen Geschicks, gegen seine Mitspieler in mindestens 50 Prozent der Partien zu gewinnen, so verfügt das Spiel im Schwerpunkt über den Charakter eines überwiegenden Geschicklichkeitsspiels. Ausgehend davon wird bei der Gegenüberstellung eines Durchschnittsspielers mit zufällig agierenden Spielern im Rahmen von Veranstaltungen im Bereich des Turnierpokers und der Cash-Games deutlich, dass ersterer überlegen ist.[387] Dabei ist auf die bereits skizzierten Fähigkeiten eines Durchschnittsspielers zurückzugreifen, welche gegen die zufällig agierenden Spieler entsprechend eingesetzt werden: So werden nur jene Blätter gespielt, die eine hohe Erfolgswahrscheinlichkeit versprechen. Ist dies der Fall und der Spieler befindet sich etwa in der Pre-Flop-Phase, erhält er im Rahmen der ersten Bietrunde die Gelegenheit, den Big Blind zu bezahlen, den Einsatz zu erhöhen oder aus der Runde auszusteigen. Die Gegenspieler lassen sich dabei weder von der Wertigkeit ihres Blattes noch von der eigenen sowie gegnerischen Spielerposition lenken. Da einzig der Zufall ihr Handeln bestimmt, bestimmt auch der Zufall, ob sie mitgehen, erhöhen oder aussteigen. Steigen die Spieler aus, kann der Durchschnittsspieler gegebenenfalls zumindest den Small und Big Blind einstreichen. Gehen sie mit oder sogar All In, so liegt der von Geschicklichkeitsfaktoren geleitete Spieler in Bezug auf die Erfolgswahrscheinlichkeit vorne, da er an der Hand nur partizipiert, wenn die Wertigkeit seines Blattes als hoch genug einzuschätzen ist. Kommt es zu der Situation,

385 Siehe aber Drittes Kap. B. 3. c).

386 *Bewersdorff*, ZfWG 2017, 228 (233).

387 Vgl. dazu auch FG Münster, Urteil vom 18.07.2016 – 14 K 1370/12 E, G, EFG 2016, 1864 ff.

dass die Gemeinschaftskarten aufgedeckt werden, hat der Durchschnittsspieler erneut durch Wahrscheinlichkeitsberechnungen die Möglichkeit, das Spiel zu gestalten oder seine Hand aufzugeben. Gerade mit einer sich erhöhenden Anzahl von gespielten Händen sollte sich der Vorteil des Durchschnittsspielers als signifikant herausstellen, da dadurch der Faktor „Pech" eliminiert oder zumindest auf ein Minimum reduziert wird. Beim Turnierpoker erhält man stets zu Beginn ausreichend Chips, die einem ermöglichen, eine Vielzahl von Händen zu spielen. Selbst bei Turnieren, die darauf ausgerichtet sind, die „Blinds" innerhalb kurzer Zeit sukzessiv zu erhöhen, ist es dieser Pokervariante immanent, viele Hände spielen zu können. Zufällig agierende Spieler können zu keinem Zeitpunkt die eigene Position, die Wertigkeit des Blattes auf der Hand und somit auch nicht die Chance auf Erfolg einschätzen, was zu ihrer Unterlegenheit führt. *Hambach/Hettich/Kruis* sind ebenfalls zu der Überzeugung gelangt, dass Durchschnittsspieler die zufällig handelnden Spieler signifikant schlagen.[388] In Bezug auf Cash-Games könnte sich der Spieler selbst im Falle der Niederlage erneut einkaufen und dafür Sorge tragen, mehrere Blätter mit hoher Wertigkeit zu spielen. Natürlich kann es im Rahmen des Turnierpokers vorkommen, dass der Durchschnittsspieler selbst bei hoher Erfolgswahrscheinlichkeit gegen zufällig agierende Spieler aus dem Turnier ausscheidet. Aber auch hier ist für die Bewertung entscheidend, wie sich der Erfolg an einer Vielzahl von zu spielenden Händen oder sogar Turnieren bemisst.

Mit *Hambachs* Modell wird dem Umstand Rechnung getragen, dass bei gemischten Spielen der Bedarf besteht, zu prüfen, ob der Schwerpunkt bei der Geschicklichkeits- oder Zufallskomponente liegt. Dieser Ansatz wirkt in der Gesamtschau dennoch lebensfern, da mit zufällig agierenden Gegenspielern das Wesen des Pokerspiels als solches verändert würde. Unstreitig ist, dass Geschick im Poker eine Rolle spielt. Da Fähigkeiten wie eine gute Beobachtungsgabe oder mathematische Erwägungen den Austragungsformen Turnierpoker und Cash-Games immanent sind, würden diese mit Einführung des „Zufallsspielers" aus dem Spiel getilgt. Denn zufällig agierende Spieler ließen sich nicht von diesen Attributen beeinflussen. Auch das Bluffen fällt im Rahmen dieses Ansatzes komplett unter den Tisch. Bei einem Mehrpersonenspiel wie Poker spielt der Zufallsfaktor zwar eine Rolle. Doch er manifestiert sich nicht in den Kontrahenten, sondern ergibt sich aus den Regeln und dem Ablauf des Spiels. Postulierte man also Szenarien, in denen menschliche und nicht-menschliche Spieler aufeinanderträfen, so wäre das Ergebnis des überlegenen Durchschnittsspielers wenig aussagekräftig.

Darüber hinaus enthält die von *Bewersdorff* aufgeworfene Frage, gegen wen der Durchschnittsspieler wie gut spielen müsse, bereits einen Widerspruch. Denn der Begriff „Durchschnittsspieler" enthält – ebenso wie die Begriffe „Anfänger" oder „Experte" – bereits eine Einschätzung über die Ausprägung des Geschicks bzw. der Spielerfahrung. Naheliegender erscheint somit die Frage, wer gegen welchen Spielertyp antreten sollte. Dabei sind die zuvor erörterten Attribute, über die ein

388 *Hambach/Hettich/Kruis*, MR-Int 2009, 41 (46).

Spieler verfügen kann, zugrunde zu legen. So sind diese bei Anfängern, durchschnittlichen Spielern und Experten unterschiedlich stark ausgeprägt. Träfen etwa mehrere durchschnittliche Spieler aufeinander, so begegneten sie sich in Bezug auf ihre Fähigkeiten auf Augenhöhe und hätten es nicht mehr länger selbst in der Hand, den Ausgang des Spiels zu beeinflussen, weil ihr Geschick sich gegenseitig aus den Angeln heben würde.[389] Träfe ein durchschnittlicher Spieler auf einen Profispieler, so könnte ersterer den Ausgang des Spiels mit seinem Geschick in der Regel ebenfalls nicht selbst bestimmen, da letzterer überlegen wäre. Würde man den Durchschnittsspieler gegen Spieler antreten lassen, deren Fähigkeiten unter jenen des Durchschnitts liegen, so könnte realistisch davon ausgegangen werden, dass der Ausgang des Spiels zu beeinflussen ist. Die Veranschaulichung des Aufeinandertreffens von Durchschnittsspieler und unterschiedlichen Spielertypen belegt den Charakter des Pokers als überwiegendes Geschicklichkeitsspiel. Würde der Zufall dominieren, so ließe sich keine Hierarchie unter den Spielertypen ausfindig machen. Vermutlich würden dann Begriffe wie „Amateur“ oder „Experte“ sogar ihre Daseinsberechtigung in der jeweiligen Austragungsform verlieren.

Das Aufstellen von Anforderungen an den Gegenspieler eignet sich somit, um aufzuzeigen, dass unterschiedlich begabte Spieler beim Aufeinandertreffen mit durchschnittlichen Spielern unterschiedlich erfolgreich sind, was für ein (überwiegendes) Geschicklichkeitsspiel spricht. Diese Vorgehensweise eignet sich allerdings nicht, um den Durchschnittsspieler als solchen näher zu charakterisieren. Dahingehend ist auch das bislang bestehende Verständnis eines Geschicklichkeitsspiels, wonach es der Durchschnitt der Spieler nach den Spielregeln und dem Ablauf des Spiels selbst in der Hand haben soll, durch Geschicklichkeit den Ausgang des Spiels zu beeinflussen,[390] irreführend. Der Ausgang des Spiels lässt sich faktisch nicht oder kaum beeinflussen, wenn der Gegenspieler spürbar überlegen ist. Dies gilt sowohl für Spiele zwischen Glück und Geschick als auch für reine Geschicklichkeitsspiele. Eine Korrektur dieser Definition sollte dahingehend vorgenommen werden, dass von einem Geschicklichkeitsspiel dann ausgegangen werden kann, wenn der Durchschnitt der Spieler nach den Spielregeln und dem Ablauf des Spiels in einer Weise auf das Spiel einwirken kann, die vorrangig von den Fähigkeiten der Spieler und nicht vom Zufall bestimmt wird. Bei der Bestimmung des Durchschnittsspielers sind insofern besondere Anforderungen an die Gegenspieler nicht zu stellen.

389 Vgl. *Schmidt/Wittig*, JR 2009, 45 (48).

390 Vgl. *Tröndle*, in: Fischer, StGB, § 284 Rn. 4; zum Hütchenspiel RG, Urteil vom 18.05.1928 – I 977/27, RGSt 62, 163 (166); BGH, Beschluss vom 11.01.1989 – 2 StR 461/88, BGHSt 36, 74 (80).

3. *Zweistufiger Aufbau bei Einkünften aus Gewerbebetrieb*

Nachdem der Durchschnittsspieler skizziert wurde, ist dies auf die steuerrechtliche Ebene im Rahmen der Einkünfte aus Gewerbebetrieb zu übertragen. Es empfiehlt sich für diese Einordnung ein zweistufiger Aufbau. Da sich die steuerrechtliche Behandlung von Einkünften aus reinen Glücks- und Geschicklichkeitsspielen nicht als problematisch darstellt, sollen mit diesem Aufbau vor allem Spiele zwischen Glück und Geschick besser erfasst werden.

a) *Abstrakte und konkrete Ebene*

Zunächst sollte auf der ersten Stufe (abstrakte Ebene) festgestellt werden, ob sich der Schwerpunkt des Spiels nach dem Geschick des Spielers oder nach dem Zufall richtet. Bei der Einstufung als (überwiegendes) Glücksspiel scheidet eine Besteuerung sowohl nach § 15 EStG mangels möglicher Beteiligung am allgemeinen wirtschaftlichen Verkehr als auch nach § 22 Nr. 3 EStG mangels Veranlassungszusammenhangs aus. Die Wertung als (überwiegendes) Geschicklichkeitsspiel ergibt sich dabei aus den bereits hier dargelegten Anforderungen, die an einen Spieler gestellt werden können, um dem Zufall allenfalls eine Nebenrolle zukommen zu lassen. An dieser Stelle ist also auf den Durchschnittsspieler abzustellen. Sollte sich herausstellen, dass sich ein Spiel für den Durchschnittsspieler als überwiegendes Geschicklichkeitsspiel darstellt, so wird vermutet, dass Gewinne der Teilnehmer aus diesen Spielen grundsätzlich der Besteuerung zugänglich sind. Auf (konkreter) steuerrechtlicher Ebene erhält jeder betroffene Teilnehmer die Möglichkeit, diese Vermutung zu widerlegen, indem er nachweist, dass seine Fähigkeiten unter denen eines Durchschnittsspielers liegen. Dieser Ansatz verspricht im Grundsatz mehr Rechtssicherheit und bietet im Einzelfall Spielraum für Korrekturen.

Für das Pokerspiel in den angesprochenen Varianten bedeutet dies, dass die Teilnehmer grundsätzlich als *Geschickspieler* zu qualifizieren sind. Muss ein Teilnehmer seine Gewinne versteuern und strebt deshalb an, sich als Glücksspieler auszuweisen, so hat er Folgendes zu beachten: Die Fähigkeiten müssen sich im Spieler nicht von vornherein vereinen, sondern er kann sie sich sukzessiv aneignen. So hatte zuletzt das FG Münster einen Fall zu entscheiden, bei dem der Steuerpflichtige im Turnierpoker im Rahmen eines gewissen Zeitraums zunächst als Anfänger, später allerdings als Profispieler einzustufen war.[391] Hier war das Turnierpokerspiel auf konkreter Ebene für ihn zunächst Glücksspiel, ehe es zum Geschicklichkeitsspiel avancierte. Seine Gewinne blieben zunächst von der Einkommensteuer unberücksichtigt, ehe sie erfasst wurden.

---

391 FG Münster, Urteil vom 12.10.2018 – 14 K 799/11 E, G, EFG 2018, 2019 ff.

b) Hoch- und Herabstufung

Wenn es möglich ist, dass der Steuerpflichtige von „nicht besteuerbar" zu „besteuerbar" hochgestuft werden kann, weil sich sein Pokerspiel verbessert hat, so erscheint es konsequent, die Frage zu stellen, ob er auch wieder von „besteuerbar" zu „nicht besteuerbar" herabgestuft werden kann. Bei dem Steuerpflichtigen, mit dem sich das FG Münster beschäftigt hat, kam es nicht nur auf die Frequenz seines Erfolges an, die ihn ab einem gewissen Zeitpunkt als einen steuerrechtlich zu berücksichtigenden Pokerspieler ausgewiesen hat. Das Gericht hat auch auf die zunehmende Spielerfahrung und Intensität der verfolgten Tätigkeit des Spielers abgestellt. So war ein Anhaltspunkt des Gerichts, dass der Spieler seine Tätigkeit aus nichtselbständiger Arbeit aufgab, um der Tätigkeit als Pokerspieler in Vollzeit nachzugehen.

Ausgehend hiervon ist zwangsläufig auch die Frequenz des Misserfolges als Parameter zugrunde zu legen, die Pokerspieler von der Steuer erneut befreien könnte. Zwar kann (Spiel-)Erfahrung nicht über die Zeit abnehmen, weshalb an eine Herabstufung strengere Kriterien zu stellen sind als an eine Hochstufung. Allerdings muss ein Spieler, um seine spielerische Qualität aufrecht erhalten zu können, der Tätigkeit regelmäßig und intensiv nachgehen. Dies gilt umso mehr, wenn die Tätigkeit als anspruchsvoll gilt. Sollte sich der Spieler etwa in Anlehnung an den vom FG Münster verhandelten Fall dazu entscheiden, der Tätigkeit als Pokerspieler wieder allenfalls nebenberuflich nachzugehen, so wäre dies – neben der Frequenz des Misserfolges – ein Anhaltspunkt für eine Herabstufung. Diese Einordnung erscheint auch im Hinblick auf eine etwaige Abzugsfähigkeit von Aufwendungen im Bereich des Pokerspiels als angemessen.[392]

4. Gelegenheitsspieler im Lichte des § 22 Nr. 3 EStG

Sonstige Einkünfte nach § 22 Nr. 3 EStG gewinnen bei Spielen zwischen Glück und Geschick dann an Relevanz, wenn es an einer Gewerblichkeit fehlt. Dies betrifft insbesondere Gelegenheitsspieler, für die mangels nachhaltiger Ausübung der Tätigkeit eine Besteuerung nach § 15 EStG nicht in Betracht kommt.

Es wurde bereits ausgeführt, dass der Veranlassungszusammenhang nicht entscheidend unterbrochen wird, wenn sich das Spiel für einen Durchschnittsspieler als überwiegendes Geschicklichkeitsspiel darstellt. Nun stellt sich allerdings die Frage, ob ein Gelegenheitsspieler überhaupt grundsätzlich als Durchschnittsspieler betrachtet werden kann. Denn nicht nur im Poker, sondern bei allen Spielen zwischen Glück und Geschick reicht das bloße Vorhandensein von Geschicklichkeitselementen allein nicht aus. Die Spieler müssen auch die zur Aneignung und Konservierung dieser Fähigkeiten erforderliche Zeit aufbringen.[393] Sowohl im

392 Siehe zur Abzugsfähigkeit von Aufwendungen Drittes Kap. E. II.

393 Bei Einkünften aus Gewerbebetrieb ist mit Vorliegen der Nachhaltigkeit von einem ausreichenden Zeitaufwand auszugehen.

Turnierpoker als auch bei Cash-Games[394] reicht es nach der hier vertretenen Auffassung grundsätzlich nicht aus, sich durch gelegentliches Spiel als Durchschnittsspieler auszuweisen.

Würde man den zweistufigen Aufbau bei Einkünften aus Gewerbebetrieb auf § 22 Nr. 3 EStG übertragen, so hätte die Einordnung des Pokers für Gelegenheitsspieler auf abstrakter Ebene zur Konsequenz, dass ihnen die dargelegten Fähigkeiten eines Durchschnittsspielers zunächst unterstellt würden und von einer Besteuerung etwaiger Gewinne ausgegangen würde. Dies erscheint allerdings anhand der obigen Erwägungen nicht praxisgerecht, weshalb im Bereich der Leistungseinkünfte kein Gebrauch vom oben dargestellten zweistufigen Aufbau zu machen ist. Dies hat für Gelegenheitsspieler in steuerrechtlicher Hinsicht zur Konsequenz, dass ihre Gewinne grundsätzlich nicht von § 22 Nr. 3 EStG erfasst werden.

Etwas anderes kann ausnahmsweise dann gelten, wenn Gelegenheitsspieler Poker zuvor als gewerbliche Tätigkeit ausgeübt und damit unter Beweis gestellt haben, dass sie die im Poker benötigten Fähigkeiten aufgrund ihrer umfassenden Spielerfahrung bereits verinnerlicht haben.

IV. Ergebnis

Bei der einkommensteuerrechtlichen Einordnung von Pokergewinnen sind Einkünfte aus Gewerbebetrieb im Sinne der §§ 2 Abs. 1 S. 1 Nr. 2, 15 ff. EStG die maßgebliche Einkunftsart. Im Hinblick auf das Vorliegen eines Gewerbebetriebs nach § 15 Abs. 2 S. 1 EStG stellt sich die Frage, ob der Steuerpflichtige sich am allgemeinen wirtschaftlichen Verkehr beteiligt hat. Voraussetzung ist ein Leistungsaustausch zwischen dem Steuerpflichtigen und seinem Geschäftspartner. Während sich beim Turnierpoker die Leistungen so darstellen, dass der Spieler seine spielerischen Fähigkeiten darbietet und der Veranstalter ein Preisgeld in Aussicht stellt, begründet sich der Leistungsaustausch bei Cash-Games auf andere Weise. Der Spieler erhält bei dieser Austragungsform nicht unmittelbar vom Veranstalter, sondern von seinen Gegenspielern im Falle des Sieges die geleisteten Einsätze. Deshalb ist ein Leistungsaustauch der Spieler untereinander in Betracht zu ziehen.

Leistung und Gegenleistung müssen miteinander hinreichend verknüpft sein. Gibt der Zufall darüber den Ausschlag, ob die Leistungen aufeinander aufbauen, so kann es an dieser Verknüpfung scheitern. In Bezug auf Pokergewinne ist damit entscheidend, ob diese aus einem überwiegenden Glücks- oder Geschicklichkeitsspiel stammen. Bei Spielen zwischen Glück und Geschick bildet das Konstrukt des Durchschnittsspielers das maßgebliche Abgrenzungskriterium. Allerdings lässt die (Finanz-)Rechtsprechung bislang noch detaillierte Ausführungen im Bereich des Turnierpokers vermissen.

Im Rahmen der Konkretisierung des Durchschnittsspielers gibt es in Bezug auf die Spielphasen zahlreiche Spielsituationen, in denen der Spieler zunächst

394 Siehe zu den Anforderungen an den Durchschnittsspieler Drittes Kap. III. 1.

unabhängig von der jeweiligen Austragungsform mittels Geschicks die Erfolgswahrscheinlichkeit in seine Richtung lenken kann, sodass dem Zufall eine untergeordnete Rolle beigemessen wird. Losgelöst von den Spielsituationen hat der Spieler grundsätzlich jene „Basics" zu beherrschen, die erlernbar sind und sich nicht nach dem Zufall richten. Dazu gehört etwa die Einschätzung der Stärke des eigenen Blattes und der gegnerischen Blätter in jeder Phase des Spiels auf der Grundlage von mathematischen Erwägungen. Eine wichtige Rolle spielt, dass dem Spieler bei einer Vielzahl von zu spielenden Händen die Gelegenheit gegeben wird, sein Können unter Beweis zu stellen und den Faktor „Zufall" zu eliminieren oder zumindest auf ein kalkulierbares Minimum zu reduzieren. Sowohl beim Turnierpoker als auch bei Cash-Games ist dies grundsätzlich zu bejahen. Erstere Austragungsform zeichnet sich dadurch aus, dass alle Spieler in der Regel mit einer verhältnismäßig hohen Anzahl von Chips starten und sich die Blindstufen nicht allzu rasch erhöhen. Dadurch eröffnet sich dem Spieler die Möglichkeit, an vielen Runden zu partizipieren. Zwar kann es dem Durchschnittsspieler nicht zugemutet werden, im Laufe des Turniers sämtliche für den Erfolg relevante Informationen zu sammeln und in ein Gesamtbild einzuordnen. Jedoch kann der Durchschnittsspieler Attribute wie das Beobachten des Setzverhaltens seiner Gegenspieler oder das Deuten ihrer Mimik und Gestik erlernen, während er selbst darauf achten kann, unvorhersehbar zu spielen.

Bei Cash-Games können die Teilnehmer jederzeit aus einer Runde aussteigen, was allerdings nichts an dem Umstand ändert, dass der Durchschnittsspieler auch hier dazu in der Lage ist, mithilfe seiner Fähigkeiten dieser Austragungsform den Charakter eines Geschicklichkeitsspiels zu verschaffen. Da es gerade dem Spieler selbst überlassen ist, wann er aus einer Runde aussteigt, kann er in einer Vielzahl von zu spielenden Runden sein Geschick einbringen. Die Konkretisierung des Durchschnittsspielers lässt sich überdies nicht durch konkrete Anforderungen komplettieren, die an seine Gegenspieler zu stellen wären. Dabei ist schon die Frage, wie gut der Durchschnittsspieler gegen wen spielen muss, damit im Schwerpunkt ein Geschicklichkeitsspiel infrage käme, nicht zielführend. Zufällig agierende Pokerspieler würden das Wesen des Pokerspiels als solches verändern, weshalb das Abstellen auf solche Szenarien nicht zu empfehlen ist. Vielmehr sind die Spielregeln, der Ablauf des Spiels und die Fähigkeiten des Spielers, mit denen er auf ein Spiel einwirken kann, von zentraler Bedeutung.

Ausgehend von diesen Erwägungen empfiehlt sich im Steuerrecht mithilfe einer zweistufigen Herangehensweise das Aufstellen einer Vermutung: Ist ein Spiel losgelöst von steuerrechtlichen Erwägungen als (überwiegendes) Geschicklichkeitsspiel einzustufen, so wird vermutet, dass jeder Teilnehmer grundsätzlich über die Fähigkeiten eines Durchschnittsspielers verfügt. Auf diese Weise sind Gewinne aus der Teilnahme am Poker grundsätzlich einer Besteuerung zugänglich. Dem Steuerpflichtigen ist jedoch die Möglichkeit einzuräumen, die Vermutung der Einstufung als *Geschickspieler* zu wiederlegen. Insbesondere bei Spielen zwischen Glück und Geschick verspricht dieser Ansatz nach der hier vertretenen

Auffassung weniger unklare Ergebnisse und mithin mehr Rechtssicherheit für die betroffenen Personen. Zu berücksichtigen ist dabei allerdings, dass insbesondere bei anspruchsvollen Spielen der *Geschickspieler* wieder als Glücksspieler eingestuft werden muss, sobald er den Nachweis darüber erbringen kann, nicht länger über jene Fähigkeiten zu verfügen, die ihn als Durchschnittsspieler haben erscheinen lassen. Nur dieses Vorgehen verspricht eine gerechte Besteuerung im Sinne des Leistungsfähigkeitsprinzips.[395]

Abschließend ist im Hinblick auf eine Besteuerung nach § 22 Nr. 3 EStG zu sagen, dass Gelegenheitsspieler eine Besteuerung grundsätzlich nicht zu befürchten haben, da sie nicht über die im Poker (Turnierpoker und Cash-Games) benötigten Fähigkeiten verfügen. Eine Ausnahme besteht nur dann, wenn sie etwa aufgrund ihrer Spielerfahrung die erforderlichen Attribute derart verinnerlicht haben, dass der erforderliche Zeitaufwand in den Hintergrund tritt.

C. Fernsehshows

Auch im Bereich der Fernsehshows, in welchen es für Kandidaten ein Preisgeld zu gewinnen gibt, hat sich die höchstrichterliche Finanzrechtsprechung mit der einkommensteuerrechtlichen Einordnung von Gewinnen aus Glücks- und Geschicklichkeitsspielen auseinandersetzen müssen.[396] Im Rahmen der Darstellung der wichtigsten Entscheidungen ist die aktuelle Rechtslage zu untersuchen und kritisch zu würdigen.

Vorab ist jedoch im Grundsatz festzuhalten, dass im Hinblick auf die Teilnahme an Fernsehshows weder Einkünfte aus Gewerbebetrieb noch solche aus unselbständiger Arbeit gem. §§ 2 Abs. 1 S. 1 Nr. 4, 19 EStG, in Betracht kommen. Die Partizipation an den Shows stellt für die Teilnehmer regelmäßig keine nachhaltige Tätigkeit dar. Auch zwischen Veranstalter und Kandidaten abgeschlossene „Teilnahmeverträge" genügen vor dem Hintergrund der Beurteilung des Gesamtbilds der Verhältnisse[397] nicht den Anforderungen eines Arbeitsverhältnisses im Sinne des § 19 Abs. 1 S. 1 Nr. 1 EStG.[398]

---

395 Vgl. Zweites Kap. C. II. 1.

396 Zur Teilnahme an einer Datingshow siehe BFH, Urteil vom 28.11.2007 – IX R 39/06, BFHE 220, 67 ff.; zur Teilnahme an der Show „Big Brother" s. BFH, Urteil vom 24.04.2012 – IX R 6/10, BFHE 237, 197 ff.; zur Teilnahme an der Show „Die Farm" siehe BFH, Beschluss vom 16.06.2014 – IX B 22/14, BFH/NV 2014, 1540 f.; vgl. auch *Schmittmann*, ZfWG 2014, 153 ff.

397 BFH, Urteil vom 14.06.1985 – VI R 150/82, BStBl. II 1985, 661 (663).

398 Vgl. dazu *Binnewies*, DStR 2012, 1586.

I. Reality-Shows

1. Datingshows

Nach einer Entscheidung des FG Kiel im Jahr 2006 und der Bestätigung durch den BFH 2007 wurden Preisgelder für die Teilnahme als Kandidat an einer Fernsehshow erstmalig als sonstige Einkünfte nach § 22 Nr. 3 EStG (§ 2 Abs. 1 S. 1 Nr. 7 EStG) eingeordnet und waren insofern zu versteuern.[399]

Bei dem zugrunde liegenden Sachverhalt ging es um eine weibliche Person, die eine Hauptrolle in einer Dating-Show übernahm. Zunächst wurde ihr für die Teilnahme gegen Übertragung ihrer Persönlichkeitsrechte an die Produzenten der Show zur exklusiven Nutzung ein Honorar von 9.000 Euro gewährt. Darüber hinaus sollte sie über den Inhalt sowie Ablauf der Produktion absolutes Stillschweigen bewahren und für Vermarktungsangelegenheiten zur Verfügung stehen. Bei Drehbeginn wurde die spätere Klägerin sodann darüber aufgeklärt, dass ihr Partner für die Show schon feststeht und die Aufgabe der beiden Showteilnehmer darin besteht, ihren Familien glaubwürdig das Entstehen von romantischen Gefühlen während der Show zu vermitteln. Was ihr dabei von den Produzenten verschwiegen wurde, war der Umstand, dass ihr Dating-Partner und dessen „Familie" Schauspieler waren, welche ihr das Leben zur „Hölle machen, sich pausenlos daneben benehmen und keinen Fettnapf auslassen sollten".[400] Bei Erfüllung der vertraglichen Verpflichtungen sollten die Teilnehmerin und ihre Familie jeweils ein Preisgeld in Höhe von 250.000 Euro, also insgesamt 500.000 Euro erhalten. Am Ende der Show wurden Honorar und Preisgelder vereinbarungsgemäß ausgezahlt, was vom Fiskus der Einkommensteuer nach § 22 Nr. 3 EStG unterworfen wurde. Gegen den als Grundlage dienenden Einkommensteuerbescheid erhob die Teilnehmerin Klage.

Hinsichtlich des Preisgeldes, das an die Familie der Klägerin ausbezahlt wurde, hielt das FG Kiel[401] die Klage für begründet. Die an die Familie gezahlten 250.000 Euro, die der Fiskus als Einnahmen deklarierte, seien nach Auffassung des Gerichts keine eigenen Einnahmen. Dabei sei der Begriff der (Betriebs-)Einnahmen gesetzlich nicht definiert. Allerdings sei anerkannt, dass hierunter all jene Wertzugänge in Geld oder Geldeswert fallen, die durch die betriebliche oder sonst steuerrechtlich relevante Tätigkeit veranlasst seien. Dazu würden alle nach objektiven Merkmalen ausdrückbaren Vorteile zählen, die einen wirtschaftlichen Wert besitzen und somit eine objektive Bereicherung des Zahlungsempfängers zur Folge haben würden.[402] Im Rahmen der unmittelbar an die Angehörigen der Familie gezahlten 250.000 Euro sah das Gericht eine Bereicherung der Klägerin als nicht gegeben an. Diese sei nicht erkennbar, weil sie keinerlei eigenen Vermögenszuwachs oder

399 FG Kiel, Urteil vom 28.03.2006 – 5 K 159/05, EFG 2006, 1328 ff.; BFH, Urteil vom 28.11.2007 – IX R 39/06, BFHE 220, 67 ff.; siehe dazu auch *Ismer*, FR 2007, 235 ff.

400 FG Kiel, Urteil vom 28.03.2006 – 5 K 159/05, EFG 2006, 1329 f.

401 FG Kiel, Urteil vom 28.03.2006 – 5 K 159/05, EFG 2006, 1328 ff.

402 Vgl. auch BFH, Urteil vom 26.11.1997 – X R 146/94, BFH/NV 1998, 961 (962).

sonstigen geldwerten Vorteil zu verzeichnen hatte. Das Gericht sah vor dem Hintergrund etwaiger ersparter Aufwendungen keine Anhaltspunkte dafür, dass die Klägerin ihren Angehörigen gegenüber unterhaltspflichtig gewesen wäre. Auch schuldete sie nicht etwas aus sonstigem Rechtsgrund, was sie durch Teilung des Preisgeldes hätte ausgleichen wollen.

In Bezug auf die direkt an die Klägerin gezahlten 259.000 Euro wies das FG Kiel die Klage als unbegründet zurück. Nach § 22 Nr. 3 EStG seien sonstige Einkünfte solche aus Leistungen, die nicht zu den anderen Einkunftsarten und auch nicht zu den Einkünften im Sinne der Nummern 1, 1a, 2 oder 4 der Vorschrift gehören.[403] Dabei sei eine Leistung jedes Tun, Dulden oder Unterlassen, das Gegenstand eines entgeltlichen Vertrags sein könne und das eine Gegenleistung auslöse. Nicht jede Einnahme, die durch eine Tätigkeit ausgelöst werde, führe jedoch auch zu Einkünften im Sinne des § 22 Nr. 3 EStG. Die Norm erfasse das Ergebnis einer Erwerbstätigkeit und setze wie diese die allgemeinen Merkmale des Erzielens von Einkünften nach § 2 Abs. 1 S. 1 EStG voraus. Im Rahmen der Erbringung der Leistung sei ausreichend, dass der Leistende eine im wirtschaftlichen Zusammenhang mit seinem Tun, Dulden oder Unterlassen gewährte Gegenleistung als solche annimmt. Die Gegenleistung muss nach den Ausführungen des Gerichts demnach nicht bereits beim Erbringen der Leistung erwartet werden. So werde das Verhalten der erwerbswirtschaftlich und damit auch steuerrechtlich bedeutsamen Sphäre zugeordnet.[404] Die Voraussetzungen des § 22 Nr. 3 EStG sah das Gericht als erfüllt an. Gewinne aus Preisausschreiben würden hingegen grundsätzlich kein steuerbares Entgelt im Sinne des § 22 Nr. 3 EStG darstellen.[405] Vor diesem Hintergrund argumentierte das Gericht, dass die gelegentliche Teilnahme an einem Rundfunk- oder Fernsehquiz nicht unter § 22 Nr. 3 EStG fällt, der zu beurteilende Fall aber anders gelagert sei. Ansatzpunkt sei die „überzeugende" schauspielerische Leistung der Klägerin, die in zeitlicher Hinsicht deutlich über die übliche Dauer der Teilnahme an einer Quizshow hinausgehe. Unter Berücksichtigung der wirtschaftlichen Bedeutung des Formats für die Produktionsgesellschaft und den Sender kommt ein wirtschaftlicher Zusammenhang nach Ansicht des Gerichts nur dadurch zustande, dass das Preisgeld in Höhe von 250.000 Euro neben den zuerst gezahlten 9.000 Euro als eine Art „Erfolgshonorar" zu betrachten ist, das die Gegenleistung darstelle. Die Ausführungen der Klägerin, wonach eine Reihe von Unsicherheitselementen für das Erreichen des angestrebten Erfolges bestehen würden und das Zufallselement gegenüber dem gesondert vergüteten Leistungselement im Vordergrund gestanden haben solle, wies das Gericht zurück. Unsicherheiten in der Zielerreichung seien ein konstitutives Merkmal jeder erfolgsorientierten Bezahlung. Außerdem gehöre die Aufgabe der Verhaltensbeeinflussung durch geschicktes schauspielerisches

403 Vgl. auch Zweites Kap. C. IV. 4.

404 BFH, Urteil vom 21.09.2004 – IX R 13/02, BStBl. II 2005, 44 (45 f.).

405 Vgl. *Weber-Grellet*, in: Schmidt, EStG, § 22 Rn. 150.

Verhalten zum üblichen schauspielerischen Repertoire, was von der Klägerin „hervorragend" bewältigt worden wäre.

Der BFH hat sich den Ausführungen des schleswig-holsteinischen Gerichts in Bezug auf die direkt an die Klägerin geflossenen 250.000 Euro angeschlossen. Dahingehend wies das Gericht den Hinweis der Klägerin, das erzielte Preisgeld falle ebenso wie Spiel- und Wettgewinne unter keine der in § 2 Abs. 1 S. 1 Nr. 1 bis 7 EStG aufgeführten Einkunftsarten, zurück. Gewinne aus Rennwetten, die nicht in einem gewerblichen oder landwirtschaftlichen Betrieb anfallen, würden in der Tat nicht der Einkommensteuer unterliegen. Denn es fehle ebenso wie bei Spielgewinnen am Verhältnis von Leistung und Gegenleistung, da weder die Spieltätigkeit noch der Spieleinsatz Leistungen darstellen würden, welche durch den Spielgewinn vergütet werden.[406] Das streitige Preisgeld ist nach Auffassung des BFH allerdings anders einzuordnen. Die Klägerin habe mit ihrer Teilnahme an der Fernsehshow eine Leistung gegenüber dem Produzenten bzw. dem Fernsehsender erbracht. Das Preisgeld sei Entgelt für diese Leistung. Unterhaltungssendungen dieser Art sollen insofern auf die Mitwirkung der Kandidaten angewiesen sein. Nur dies veranlasse die Veranstalter dazu, den Kandidaten für ihre Teilnahme eine Chance auf einen Preis einzuräumen. Der BFH habe gewonnene Preise aus der Teilnahme an Pferderennen als Gegenleistung für die Teilnahme an einer Unterhaltungsveranstaltung bereits den Einkünften aus § 22 Nr. 3 EStG zugerechnet.[407] Die Ausführungen der Klägerin, wonach die Teilnahme an Fernsehshows und Radioquizsendungen nicht nach § 22 Nr. 3 EStG steuerbar sein könne, sofern sie nur „gelegentlich"[408] erfolge, lehnte der BFH ebenfalls ab. Dem Einwand könne schon deshalb nicht gefolgt werden, weil der Tatbestand der Vorschrift nach ständiger Rechtsprechung[409] auch bei nur einmaliger Tätigkeit gegeben sei.

Auf Grundlage der höchstrichterlichen Entscheidung hat das Bundesfinanzministerium im Rahmen eines Schreibens diverse Anforderungen aufgestellt, die die Finanzbehörden bei der Beurteilung ähnlich gelagerter Sachverhalte zu beachten haben. Dabei ist allerdings zu berücksichtigen, dass die Kriterien nicht kumulativ vorliegen müssen: Der Produzent hat dem Kandidaten ein bestimmtes Verhaltensmuster oder ähnliches vorzugeben. Neben der Gewinnchance und dem damit verknüpften Preisgeld erhält der Kandidat ein erfolgsunabhängiges Antritts- bzw. Tagegeld. Bei dem Auftritt soll es sich nicht um eine einmalige Angelegenheit handeln, sondern das Format muss von einer solchen Dauer sein, dass der Kandidat für die Teilnahme Urlaub nehmen oder von seiner Arbeit freigestellt werden muss. Zuletzt ist das Preisgeld als Erfolgshonorar zu verstehen, das sich aus einer

406 Vgl. auch BFH, Urteil vom 19.07.1990 – IV R 82/89, BFHE 161, 144 ff.

407 BFH, Urteil vom 13.07.1990 – VI R 109/86, BFHE 161, 144 ff.

408 Vgl. *Weber-Grellet*, in: Schmidt, EStG, § 22 Rn. 150; *Zugmaier*, in: H/H/R, EStG, § 2 Rn. 80.

409 Siehe etwa BFH, Urteil vom 20.04.2004 – IX R 39/01, BFHE 206, 105 (108); Urteil vom 27.06.2006 – IX R 25/05, BFH/NV 2007, 657 (658).

Entlohnung für die Leistung ergibt.[410] Angesichts dieser Anforderungen soll lediglich ein nicht steuerbares Verhalten vorliegen, wenn keines dieser Kriterien erfüllt ist und somit keine Anhaltspunkte vorliegen.[411]

2. *„Big Brother“*

Auch ein Gewinner der Fernsehshow „Big Brother“ kam mit § 22 Nr. 3 EStG in Berührung. Hier hatte der BFH zu entscheiden, ob der an den Gewinner und späteren Kläger ausgeschüttete „Projektgewinn“ in Höhe von einer Million Euro der Einkommensteuer zu unterwerfen war.[412]

Bei Big Brother wurden im Rahmen der in Rede stehenden fünften Staffel 61 Kandidaten „24 Stunden pro Tag in einem ununterbrochen von Kameras beobachteten und von Mikrofonen abgehörten, von der Außenwelt abgeschlossenen Wohngelände untergebracht“. Dabei hatten die Kandidaten mit Ausnahme einer „kamerafreien Stunde pro Tag in den Schlafzimmern“ keine Privatsphäre. Die Anzahl der jeweils im Big Brother-Haus anwesenden Kandidaten war auf maximal 15 Teilnehmer limitiert. Die Länge der Show war auf eine Laufzeit von 367 Tagen begrenzt, konnte aber auch früher enden. Die Anzahl der Kandidaten wurde dadurch sukzessiv kleiner, dass die Zuschauer der Sendung telefonisch oder mittels SMS in jeder Woche darüber abstimmten, wer aus der Show ausscheidet. Allerdings bestimmte das Format der fünften Staffel, dass in den ersten zehn Monaten der Show neue Kandidaten den Platz der ausgeschiedenen Teilnehmer im Big Brother-Haus einnahmen. Erst danach wurde auch die Anzahl der im Haus befindlichen Teilnehmer kleiner. Unabhängig von diesem Prozedere konnten die Kandidaten auch selbst zu jedem Zeitpunkt entscheiden, aus der Show auszusteigen (etwa auch aufgrund gesundheitlicher Probleme); ebenso war es möglich, dass die Kandidaten infolge einer Entscheidung der Produzenten das Fernsehformat verlassen mussten. Im Big Brother-Haus bestand eine Art „Drei-Klassen-Gesellschaft“. Die Veranstalter teilten die Teilnehmer in drei Teams auf: Ein Reichen-Team, ein Normalen-Team und ein „Survivor“-Team. Wie die Namen vermuten lassen, haben sich die Lebensumstände, insbesondere die Wohnqualität, von Team zu Team absteigend verschlechtert. Die Gruppen mussten im Rahmen diverser Herausforderungen gegeneinander antreten, wobei die Sieger belohnt und die Verlierer bestraft wurden.

Der Fiskus unterwarf den Projektgewinn mittels Steuerbescheids der Einkommensteuer, wogegen der Gewinner Klage einreichte. Diese wies die Ausgangsinstanz[413] mit der Begründung zurück, das dem Kläger zugeflossene Preisgeld sei als sonstige Einkünfte im Sinne des § 22 Nr. 3 EStG zu besteuern, da weder andere,

---

410 BMF, Schreiben vom 30.05.2008 – IV C 3 – S 2257/08/10001, DStR 2008, 1138.

411 *Binnewies*, DStR 2012, 1586 (1588).

412 BFH, Urteil vom 24.04.2012 – IX R 6/10, BFHE 237, 197 ff.

413 FG Köln, Urteil vom 29.10.2009 – 15 K 2917/06, EFG 2010, 570 ff.

vorrangigere Einkünfte vorlägen noch das Preisgeld ein nicht steuerbarer Spiel- oder Wettgewinn sei. Die Leistung des Klägers bestehe in der vertragsgemäßen Tätigkeit, sich für die Durchführung einer Fernsehproduktion rund um die Uhr filmen und belauschen zu lassen, Aufzeichnungen zu dulden und entsprechend verwerten zu lassen. Das Gericht bewertete die spezielle Art der Mitwirkung des Klägers an der Unterhaltungssendung als Schritt von einer reinen Spieltätigkeit zu einer steuerrechtlich relevanten Leistung. Die Gegenleistung für dieses Verhalten besteht in der vertraglich eingeräumten Chance auf den Projektgewinn. Auf die Höhe der Gewinnchance komme es nicht an und das Dazwischentreten der Zuschauerabstimmungen als Zufallselement unterbreche nicht den wirtschaftlichen Zusammenhang zwischen Leistung und Gegenleistung. Die Auszahlung des Gewinns stelle sich als Folge der Realisierung der vertraglich zugesagten Gewinnchance dar und sei daher durch die Teilnahme wirtschaftlich veranlasst geblieben.

Der BFH[414] wies die Revision des Klägers als unbegründet zurück. Als sonstige Leistung komme im Rahmen des § 22 Nr. 3 EStG jedes wie auch immer geartete aktive, passive oder nichtwirtschaftliche Verhalten des Steuerpflichtigen in Betracht. Dabei sei unerheblich, ob sich das Verhalten mit oder ohne Mühe ausführen lasse, mit welcher Qualität es erbracht werde, ob eine gute, schlechte oder gar keine schauspielerische Leistung gegeben sei, sozialadäquates oder -untypisches, natürliches, alltägliches oder indifferentes Verhalten vorliege oder ob mit Blick auf das Veranstalterinteresse und das anstehende Publikumsvotum telegenes, taktisches oder sonstiges Verhalten an den Tag gelegt werde. Dauer und Häufigkeit der Leistung seien ebenfalls ohne Bedeutung. Überdies ist nach Auffassung des BFH ein synallagmatisches Verhältnis von Leistung und Gegenleistung nicht erforderlich.[415] Entscheidend sei vielmehr, ob das Entgelt als Gegenleistung durch das Verhalten des Steuerpflichtigen wirtschaftlich veranlasst ist.[416] Dafür genüge, dass die Gegenleistung durch das Verhalten des Steuerpflichtigen ausgelöst wird.[417] Insofern würden auch „Casting-Shows“ oder ähnliche Auslobungsveranstaltungen in Betracht kommen, bei denen für die Vornahme eines menschlichen Tuns oder Unterlassens oder die Herbeiführung eines Erfolges ein Preisgeld ausgesetzt[418] und als solches angenommen werde. Demgegenüber führe nicht jede Einnahme, die durch ein Verhalten ausgelöst werde, zu Einkünften im Sinne des § 22 Nr. 3 EStG. Die BFH-Richter stellten fest, dass die Norm im Rahmen ihres Wortlauts „ergänzend zu den übrigen Einkunftsarten das Ergebnis einer Erwerbstätigkeit

414 BFH, Urteil vom 24.04.2012 – IX R 6/10, BFHE 237, 197 ff.

415 So bereits BFH, Urteil vom 26.05.1993 – X R 108/91, BFHE 171, 500 ff.; Urteil vom 18.12.2001 – IX R 74/98, BFH/NV 2002, 643 ff.

416 Zum Veranlassungszusammenhang siehe Zweites Kap. C. IV. 2.

417 Vgl. auch BFH, Urteil vom 21.09.1982 – VIII R 73/79, BFHE 137, 251 (254); Urteil vom 21.09.2004 – IX R 13/02, BFHE 207, 284 ff.

418 Vgl. *Berger*, in: Erman, BGB, § 657 Rn. 4, 8; *Kotzian-Marggraf*, in: Bamberger/Roth, BGB, § 657 Rn. 1, 10; *Sprau*, in: Palandt, BGB, 657 Rn. 4.

oder Vermögensnutzung" erfasst. Die Vorschrift setze die allgemeinen Voraussetzungen des Erzielens von Einkünften gem. § 2 Abs. 1 S. 1 EStG, d. h. ein erwerbswirtschaftliches Verhalten, voraus.[419] Der Leistende muss nicht davon ausgehen, dass er durch das Erbringen seiner Leistung eine Gegenleistung zu erwarten hat. Sein Verhalten wird nach ständiger Rechtsprechung bereits dann der erwerbswirtschaftlichen und damit auch „steuerrechtlich bedeutsamen Sphäre" zugeordnet, wenn er eine Gegenleistung annimmt, die im wirtschaftlichen Zusammenhang mit seinem Tun, Dulden oder Unterlassen steht.[420]

Vor diesem Hintergrund hat sich der BFH im Ergebnis der Ausgangsinstanz angeschlossen. Das Verhalten des Klägers erfülle insoweit den Tatbestand des § 22 Nr. 3 EStG. Er lasse sich während seines dortigen Aufenthalts ununterbrochen beobachten und belauschen und nehme nach Auswahl auch an Wettbewerben teil. Außerdem habe er für die Aufzeichnungen Verwendungs- und Verwertungsrechte umfänglich an die Produzenten der Fernsehshow abgetreten. Es sei sein aktives wie passives Verhalten, das als Leistung gem. § 22 Nr. 3 EStG zu beurteilen sei, auch wenn sich der Kläger nur bei der Verrichtung alltäglicher Dinge habe filmen und abhören lassen und er somit nur sein bisheriges Leben in anderem Umfeld sozialadäquat weitergelebt haben sollte. Infolgedessen qualifizierte das Gericht das Verhalten des Klägers und den Projektgewinn als Leistung und Gegenleistung, welche im Verhältnis zueinanderstanden.

Den im Rahmen des § 22 Nr. 3 EStG erforderlichen Veranlassungszusammenhang sah das Gericht ebenfalls als gegeben an. Dafür sei ausreichend, dass die Auszahlung des Projektgewinns an den Kläger durch dessen Verhalten im Big Brother-Haus ausgelöst wurde. Die Zufallskomponente „in Gestalt der Publikumsvoten" vermöge den Veranlassungszusammenhang zwischen der Leistung des Klägers und dem an ihn ausgezahlten Projektgewinn nach Überzeugung des Senats nicht entscheidend zu unterbrechen. Zwar sei der Sieg bei dem Big Brother-Projekt in gewissem Umfang von diesen Zufällen abhängig, die Teilnehmer würden aber – anders als bei einem Glücksspiel – durch ihr Verhalten zumindest bedingt und indirekt in nicht unerheblicher Weise auf die Publikumsentscheidungen Einfluss nehmen. Die Gewinnchance sei überdies nicht „extrem gering", sondern im Verhältnis zu Glücksspielen wie Lotto oder Toto verhältnismäßig hoch. Diese Quote habe sich als Folge der Teilnahmeregeln im Big Brother-Projekt mit zunehmender

---

419 Vgl. auch BFH, Urteil vom 14.09.1999 – IX R 88/95, BFHE 189, 424 (426 f.); Urteil vom 21.09.2004 – IX R 13/02, BStBl. II 2005, 44 (45 f.); Urteil vom 25.02.2009 – IX R 33/07, BFH/NV 2009, 1253 (1254).

420 Siehe auch BFH, Urteil vom 21.09.2004 – IX R 13/02, BStBl. II 2005, 44 (45 f.); Urteil vom 25.02.2009 – IX R 33/07, BFH/NV 2009, 1253 (1254); zur Abgrenzung von Einnahmen aus Sportwetten, Lotterie- und anderen Glücksspielen, soweit sie außerhalb einer betrieblichen oder beruflichen Tätigkeit anfallen, siehe BFH, Urteil vom 19.07.1990 – IV R 82/89, BFHE 161, 144 ff. = BStBl. II 1991, 333 ff; Urteil vom 28.11.2007 – IX R 39/06, BFHE 220, 67 ff.

Anwesenheitsdauer erhöht und steige wegen der regelbedingten Verringerung der Anzahl der Teilnehmer in den letzten zwei Monaten bis zum Endvotum in der Schlusssendung noch deutlich an. Darüber hinaus könnten die Veranstalter zumindest bedingt und indirekt durch eigene Auswahl und Platzierung der Aufzeichnungen und Sequenzen in Fernsehen, Internet oder sonstigen Medien Einfluss nehmen. Danach stelle sich die Zufallskomponente als Bestandteil der Show und konkrete Ausgestaltung der vertraglich eingeräumten Gewinnchance dar. Die Komponente „Zufall" sei insofern von vornherein eingeplant.[421] Im ausgekehrten Projektgewinn habe sich dann lediglich die vom Veranstalter eingeräumte Gewinnchance realisiert.

3. „Die Farm"

Auf der Basis der Big Brother-Entscheidungen hat das FG Münster[422] entschieden, dass ein Gewinner der Fernsehproduktion „Die Farm" seine Gewinne nach § 22 Nr. 3 EStG versteuern musste.

Die Fernsehshow basierte auf dem Konzept, dass zwölf Kandidaten auf einen verlassenen Bauernhof in der Wildnis Norwegens ziehen und sich – von einer Grundversorgung abgesehen – mittels Ackerbaus und Viehhaltung selbst versorgen müssen. Im Rahmen von regelmäßig stattfindenden Ausscheidungsspielen, in welchen die Kandidaten in Einer-gegen-Einen-Situationen gegeneinander antreten müssen, wird z. B. durch Axtwerfen, Kuhmelken, Tauziehen und das Beantworten von Wissensfragen entschieden, wer aus dem Bauernhaus ausziehen und somit die Show verlassen muss. Der Gewinner der Sendung erhält einen Projektgewinn. Während der Geschehnisse begleiteten Kameras die Teilnehmer rund um die Uhr, deren Bild- und Tonaufnahmen nach Abschluss der Produktion auf dem Fernsehsender RTL im Jahr 2010 ausgestrahlt wurden.[423]

In der Urteilsbegründung konkretisiert das FG Münster die Leistung des Klägers im Sinne des § 22 Nr. 3 EStG auf eine „Teilnahme an der Fernsehproduktion, seine selbständige Anwesenheit im Bauernhaus, die Teilnahme an den Ausscheidungsspielen sowie die Überlassung der Verwertungsrechte am Bild- und Tonmaterial".[424] Überdies habe der Kläger den Projektgewinn als Gegenleistung für seine Teilnahme an der Show angenommen und ihn damit der erwerbswirtschaftlichen Sphäre zugeordnet. Dabei handle es sich nicht um den Gewinn aus einem Glücksspiel, da sich der Kläger im Rahmen der Ausscheidungsspiele, die Kraft, Geschicklichkeit und Wissen voraussetzen würden, gegen die anderen Teilnehmer durchzusetzen hatte. Insofern habe der Kläger maßgeblich auf den Erhalt der

---

421 Vgl. auch BFH, Urteil vom 25.11.1993 – VI R 45/93, BFHE 173, 65 ff.; Urteil vom 02.09.2008 – X R 25/07, BFHE 223, 35 (37 f.).

422 FG Münster, Urteil vom 15.01.2014 – 4 K 1215/12 E, DStRE 2015, 1111 ff.

423 Vgl. auch *Schmittmann*, ZfWG 2014, 153 (155).

424 FG Münster, Urteil vom 15.01.2014 – 4 K 1215/12 E, DStRE 2015, 1111 (1112).

Gewinnsumme Einfluss genommen. Die Zufallskomponente in solchen Spielen führe nicht dazu, dass der Veranlassungszusammenhang im Verhältnis zwischen Leistung und Gegenleistung unterbrochen wird. Anders als bei einer Lotterie hätte der Kläger ohne eigenen aktiven Einsatz kein einziges Ausscheidungsspiel gewinnen können.[425]

Auch der BFH[426] hatte sich mit dem Fall zu befassen, verwies aber lediglich auf die bestehende höchstrichterliche Rechtsprechung.[427]

II. Quizshows

Demgegenüber ist immer noch nicht abschließend geklärt, ob Teilnehmer von Quizshows eine Besteuerung ihrer Gewinne nach § 22 Nr. 3 EStG zu befürchten haben.

Binnewies geht insofern davon aus, die Finanzverwaltung greife erstaunlicherweise Entgelte aus der Teilnahme an Fernsehshows, denen ein Ratespiel zugrunde liegt, nicht auf. Ausgehend von seinem Standpunkt stellt die Beantwortung von Fragen, also „die Preisgabe des zur Antwort erforderlichen Wissens" des Teilnehmers, eine Leistung im Sinne des § 22 Nr. 3 EStG dar. Eine konkretere synallagmatische Verknüpfung zwischen Erbringung dieser Wissensleistung und dem erhaltenen Entgelt könne es kaum geben, weil sich das zu erzielende Entgelt mit jeder erbrachten Antwort erhöhe. Demnach liegt es allein in der Sphäre des Kandidaten, mithilfe seines Wissens und taktischen Vorgehens eine möglichst hohe Gewinnsumme zu erzielen.[428] Auch *Ismer* geht von denkbaren Konstellationen aus, „in denen der Teilnehmer ein besonderes (Sach-)Wissen oder besondere Fähigkeiten hat, die es ihm erlauben, seine Gewinnchance signifikant zu erhöhen".[429]

Das Finanzministerium Nordrhein-Westfalennahm nahm indes an, die Beantwortung von Wissensfragen sei keine wertadäquate Leistung für die Zahlung eines Gewinns.[430] Das BMF hat sich zwar bereits zur „ertragsteuerlichen Behandlung der Einnahmen prominenter Kandidaten aus Spiel- und Quizshows im Fernsehen" geäußert; dies betraf allerdings nur solche Gewinne, die im Anschluss gespendet werden sollten.[431] Zur gewöhnlichen Teilnahme hat das BMF ausdrücklich noch keine Stellung bezogen, weshalb wohl auf das bereits im Rahmen der Datingshows erörterte Schreiben zurückzugreifen ist, das diverse Kriterien aufgestellt hat.[432]

---

425 Vgl. dazu Argumentation in Big Brother-Entscheidungen, Drittes Kap. C. I. 2.

426 BFH, Beschluss vom 16.06.2014 – IX B 22/14, BFH/NV 2014, 1540 f.

427 Vgl. BFH, Urteil vom 28.11.2007 – IX R 39/06, BFHE 220, 67 ff.; Urteil vom 24.04.2012 – IX R 6/10, BFHE 237, 197 ff.

428 *Binnewies*, DStR 2012, 1586 (1588).

429 *Ismer*, FR 2007, 235 (240).

430 Vgl. FinMin NRW, Schreiben vom 26.01.1972 – 2257-5-VB 2, FR 1972, 93.

431 BMF, Schreiben vom 27.04.2006 – IV B 2 – S 2246, BStBl. I 2006, 342; siehe dazu näher Drittes Kap. C. III.

432 BMF, Schreiben vom 30.05.2008 – IV C 3 – S 2257/08/10001, DStR 2008, 1138.

Dass der Produzent dem Kandidaten ein bestimmtes Verhaltensmuster vorgibt oder der Teilnehmer ein erfolgsunabhängiges Antritts- bzw. Tagegeld erhält, darf hinsichtlich der Quizshows bezweifelt werden. Ohnehin sind die Kriterien in diesem Schreiben zu sperrig, um sie auf Formate wie Quizshows anzuwenden.

III. Kritische Würdigung

Damit eine Besteuerung nach § 22 Nr. 3 EStG stattfinden kann, muss eine Gegenleistung im Rahmen des Veranlassungszusammenhangs durch eine Leistung des Steuerpflichtigen ausgelöst werden. Dieser Zusammenhang kann durch etwaige Zufallselemente, die Leistung und Gegenleistung miteinander verknüpfen, unterbrochen werden. Allerdings ist nach Auffassung des BFH bei der Beurteilung der Frage, ob eine Besteuerung nach § 22 Nr. 3 EStG ausscheidet, maßgeblich, inwieweit der Veranlassungszusammenhang „entscheidend" unterbrochen wird.[433] Dieser Auffassung ist im Grundsatz zu folgen. Es erscheint einleuchtend, dass ein Verhalten des Steuerpflichtigen nicht länger der erwerbswirtschaftlichen Sphäre zugeordnet werden kann, wenn das Zusammenspiel von Leistung und Gegenleistung vorrangig auf Zufall beruht.

Vor diesem Hintergrund sind die Entscheidungen des FG Kiel[434] und des BFH[435] in Bezug auf die Datingshows im Ergebnis zu begrüßen. Zufallselemente sind in der Tat jeder erfolgsorientierten Bezahlung immanent und können allein durch ihr Bestehen den Veranlassungszusammenhang nicht entscheidend unterbrechen. Im Falle der Klägerin, die aufgrund schauspielerischen Geschicks die Gegenleistung in Form des Projektgewinns auslösen konnte und damit den Erhalt der Prämie selbst in der Hand hatte, konnte der Zufall jedenfalls nicht entscheidend in den Vordergrund treten.

Zur Frage der Steuerbarkeit der an die Familienangehörigen der Klägerin ausgezahlten 250.000 Euro lässt sich zunächst ausführen, dass die Familie keine vertraglich vereinbarte Rolle in dem Format gespielt hat. Der Unterhaltungswert der Sendung sollte gerade durch die Reaktionen der unwissenden Familie auf das Verhalten des scheinbaren Partners der Klägerin, der sich „pausenlos daneben benimmt", zustande kommen. Dieser Umstand hatte allerdings zur Konsequenz, dass die Familie der Angeklagten in dem Format mitgefilmt wurde und dies für das Gelingen der Show von zentraler Bedeutung war. Dabei stellt sich die Frage, ob im unbewussten Mitspielen der Familie eine einkommensteuerrechtlich relevante Leistung zu sehen ist, die als Gegenleistung die 250.000 Euro zur Folge hatte. Auch hier spielt der Veranlassungszusammenhang eine wichtige Rolle. Denn zu Recht muss eine Leistung nicht „um des Entgelts willen" erbracht werden, sondern die Gegenleistung muss durch die Leistung lediglich ausgelöst werden.[436] So verhält

433 BFH, Urteil vom 24.04.2012 – IX R 6/10, BFHE 237, 197 (205).
434 FG Kiel, Urteil vom 28.03.2006 – 5 K 159/05, EFG 2006, 1328 ff.
435 BFH, Urteil vom 28.11.2007 – IX R 39/06, BFHE 220, 67 ff.
436 Siehe dazu Zweites Kap. C. IV. 2.

es sich hier. Das die Gegenleistung auslösende Ereignis bestand unter anderem darin, dass die Familienangehörigen zur „Hochzeit" der Klägerin erscheinen. Dass die Angehörigen zu diesem Zeitpunkt noch keine Gegenleistung erwarteten, ist irrelevant. Entscheidend ist, dass sie diese annahmen.[437] Eine Besteuerung nach § 22 Nr. 3 EStG kommt somit in Betracht.

Der Fall um die Fernsehshow „Die Farm" ist wie die zuvor behandelte Datingshow einzuordnen. Die in der Sendung durchgeführten Ausscheidungsspiele, durch deren Überstehen sich die Teilnehmer den Sieg und den Erhalt der Prämie sichern konnten, basierten im Schwerpunkt auf Geschicklichkeit. Infolge der hinreichend möglichen Einflussnahme durch die Teilnehmer konnte auch hier der Veranlassungszusammenhang nicht entscheidend unterbrochen werden.

Was die Reality-Show „Big Brother" angeht, so behauptete das FG Köln[438], im Rahmen des Veranlassungszusammenhangs komme es auf die Höhe der Gewinnchance nicht an. Mit anderen Worten war das Gericht der Ansicht, dass es für den Veranlassungszusammenhang keine Rolle spielt, wie groß der Zufall ist. Die Zuordnung zur erwerbswirtschaftlichen Sphäre sah das Gericht allein in der Auszahlung des Gewinns als Folge der Realisierung der vertraglich zugesagten Gewinnchance begründet. Dass sich das Problem des Glücksspiels im Bereich der sonstigen Leistungen nicht so schlicht umgehen lässt, verdeutlichte die Revisionsinstanz.[439] Sie kam zwar auch zu dem Ergebnis, dass die in der Show enthaltenen Zufallskomponenten nicht ausreichend sind, um den Veranlassungszusammenhang entscheidend zu unterbrechen. Im Umkehrschluss hat diese Aussage jedoch zur Folge, dass Konstellationen denkbar sind, in denen eine entscheidende Unterbrechung vorliegen kann, wodurch das FG Köln subtil in seine Schranken gewiesen wurde. Zur Begründung, warum das Zufallselement in Form der Publikumsvoten den Veranlassungszusammenhang nicht entscheidend unterbrechen konnte, verwies der BFH u. a. darauf, dass die Gewinnchance in der Show im Verhältnis zu Lotto oder Toto verhältnismäßig hoch ist. Allerdings wird nicht ersichtlich, warum Lotto oder Toto als Maßstab zugrunde gelegt werden sollte. Bei der in Rede stehenden Staffel starteten immerhin 61 Kandidaten, was die Chance für den Gewinn der Show zunächst gering erscheinen lässt. Dabei ist nicht von Belang, ob es Formate gibt, in denen ein Sieg sogar noch viel unwahrscheinlicher ist. Das Argument des BFH ist insofern zurückzuweisen. Ohnehin verpasste es der BFH an dieser Stelle, etwaige „Eckpfeiler" aufzustellen, die skizzieren, ab wann der Veranlassungszusammenhang zwischen Leistung und Gegenleistung entscheidend unterbrochen wird. Darüber hinaus ist – und das hat der BFH zutreffend festgestellt – die mögliche Einflussnahme auf die Zuschauer durch das Verhalten der Kandidaten entscheidend. Da dies in der Show zweifellos gegeben war und die Kandidaten auch

437 Vgl. FG Kiel, Urteil vom 28.03.2006 – 5 K 159/05, EFG 2006, 1328 ff.

438 FG Köln, Urteil vom 29.10.2009 – 15 K 2917/06, EFG 2010, 570 (572).

439 BFH, Urteil vom 24.04.2012 – IX R 6/10, BFHE 237, 197 (205).

hier ihr „Schicksal" selbst in der Hand hatten, kann von einer im Vordergrund stehenden Zufallskomponente nicht die Rede sein.[440]

In Bezug auf Quizshows verwundert es, dass Gewinne der Kandidaten nicht als sonstige Leistungen im Sinne des § 22 Nr. 3 EStG erfasst werden. Wie *Binnewies* zu Recht bereits festgestellt hat, ist die Beantwortung der Fragen, also das Wissen der Kandidaten, dafür maßgeblich, die Gegenleistung in Form des Gewinns auszulösen. Zwar weiß der Kandidat im Vorfeld nicht, welche Fragen er gestellt bekommt. Allerdings ist – ausgehend vom Konstrukt des Durchschnittsspielers – die Wissensaneignung jedem durchschnittlichen Teilnehmer im Vorfeld zuzumuten. Jeder Kandidat hat die Möglichkeit, sich auf eine Quizshow umfassend vorzubereiten, weshalb dem Zufall eine untergeordnete Bedeutung zukommt. So kam auch ein AG zu dem Ergebnis, dass ein Wissensquiz im Internet ein Geschicklichkeitsspiel darstellen kann.[441] In dem Fragespiel waren in vorgegebener Zeit diverse Fragen durch Auswahl unter vier vorgegebenen Antworten zu beantworten, weshalb die geistigen Fähigkeiten des Kandidaten ausschlaggebend waren. Auch für *Krey* ist es kein Zufall, ob eine Frage zu beantworten ist, weshalb Gewinne der Kandidaten aus Quiz-Shows wie „Wer wird Millionär" oder „Das Quiz mit Jörg Pilawa" der Besteuerung nach § 22 Nr. 3 EStG unterworfen werden können.[442] Nicht steuerbar sind in Abgrenzung dazu etwa jene Gewinne aus Quizshows, die gespendet werden sollen. Der Kandidat hat hier nicht die tatsächliche Verfügungsgewalt über die erspielten Sach- oder Geldmittel, weshalb bereits ein Zufluss von Einnahmen nach § 2 Abs. 1 EStG nicht vorliegt.[443]

Die unterschiedliche steuerrechtliche Behandlung der Fernsehshows ist im Hinblick auf den Grundsatz der gleichmäßigen Besteuerung zweifelhaft: Im Rahmen des Gleichheitssatzes aus Art. 3 Abs. 1 GG sollen Steuerpflichtige im Steuerrecht „durch ein Steuergesetz rechtlich und tatsächlich gleich belastet werden".[444]

IV. Ergebnis

In Bezug auf die sonstigen Einkünfte gem. § 22 Nr. 3 EStG ist festzuhalten, dass die Abgrenzung zwischen Glück und Geschick im Rahmen des

---

440 A. A. *Krey*, Besteuerung sonstiger Leistungen, S. 283 f., die bei den „Big-Brother"-Projekten einen Grenzfall sieht und zum Ergebnis gelangt, dass eine unmittelbare Beeinflussung durch die Kandidaten angesichts der Zuschauervoten nicht möglich und die Hauptveranlassung in der Zuschauerentscheidung begründet ist, weshalb der Gewinn nicht unter § 22 Nr. 3 EStG fällt; vgl. auch *Binnewies*, DStR 2012, 1586 (1589).

441 AG München, Urteil vom 16.04.2009 – 222 C 2911/08, ITRB 2010, 158 ff.

442 Ebenso *Krey*, Besteuerung sonstiger Leistungen, S. 283.

443 Z. B. das „Wer wird Millionär-Prominenten-Special"; siehe BMF, Schreiben vom 27.04.2006 – IV B 2 – S 2246, BStBl. I 2006, 342.

444 BVerfG, Urteil vom 09.03.2004 – 2 BvL 17/02, BVerfGE 110, 94 = NJW 2004, 1022 (1023 f.).

Veranlassungszusammenhangs zwischen Leistung und Gegenleistung entscheidend ist. Dominiert der Anteil des Zufalls, so kann der Veranlassungszusammenhang auf eine Weise unterbrochen werden, die eine Besteuerung dieser Leistungseinkünfte verhindert. Für Fernsehshows hat diese Einordnung zur Folge, dass die Gewinne der Teilnehmer aus Fernsehshows unter Umständen nach dem EStG versteuert werden müssen, wenn der Veranlassungszusammenhang nicht entscheidend unterbrochen wird. Dies gilt etwa für die Teilnehmer in Bezug auf Shows wie „Die Farm", „Big Brother" oder Datingshows.[445] Demgegenüber sind nach aktueller Rechtslage die Gewinne aus der Teilnahme an Quizshows (noch) keiner Besteuerung unterworfen, was verwundert. Es erscheint nur konsequent, auch die Gewinne der Teilnehmer im Rahmen von Quizshows zu besteuern, da hier der Zufall erst recht eine untergeordnete Rolle spielt. Insofern wäre es wünschenswert, wenn sich die Finanzverwaltung in Bezug auf Quizshows ausdrücklich für eine Besteuerung ausspricht.

D. Digitales Glücksspiel

Die Fortschritte der Technik haben es Nutzern ermöglicht, heutzutage nahezu an jedem Ort und zu jeder Zeit in Deutschland über den Vertriebsweg „Internet" Zugriff auf Produkte und Dienstleistungen zu haben: Verbesserte Datenübertragungsraten aufgrund einer ausgeprägten „IT-Landschaft" und entsprechende Applikationen der Anbieter sorgen dafür, dass auch Spielern mithilfe mobiler Endgeräte auf komfortable Weise entsprechende Angebote zur Verfügung gestellt werden.[446] Die technologischen Fortschritte beeinflussen damit auch die Dynamik des Glücksspielsektors. Viele Anbieter haben das Potenzial der digitalen Welt erkannt und begonnen, es auszuschöpfen. Die Besteuerungsmechanismen sind demgegenüber für diese Spiele noch kaum genutzt worden.

In dem folgenden Abschnitt wird beleuchtet, inwieweit Gewinne der Teilnehmer an digitalen Glücksspielen einkommensteuerpflichtig sein können. Dabei ist der Fokus verstärkt auf Online-Poker und auf sog. „Fantasy Sport Games" zu legen, wobei die letztgenannte Form des Glücksspiels hierzulande zumindest in Bezug auf ihre wirtschaftlichen Dimensionen eine neuartige Erscheinung darstellt.

Wenn im Rahmen der vorliegenden Arbeit von digitalem Glücksspiel die Rede ist, so sind jene Spiele gemeint, die zumindest zwischen Glück und Geschick liegen und über das Internet gespielt werden können.

---

445 Vgl. Drittes Kap. C. I.

446 Vgl. *Handelsblatt Research Institute*, Die Digitalisierung des Glücksspiels, www.research.handelsblatt.com/assets/uploads/Glücksspiel%20Studie2_20171024.pdf, 2017, S. 38 (zuletzt abgerufen am 17.06.2020).

I. Online-Poker

Bis zu dem wegweisenden Urteil des FG Köln[447] und der Bestätigung durch den BFH hatten Pokerspieler in Deutschland im Hinblick auf ihre Gewinne keine Besteuerung zu befürchten. Nun hat sich die Rechtslage geändert, ihre Gewinne können einkommensteuerrechtliche Berücksichtigung finden. Dies wirft die Frage auf, ob auch Pokerspieler, die ihre Gewinne im Internet erzielen, steuerrechtlich erfasst werden können.

1. Aktuelle Rechtslage und Praxisrelevanz

Nach § 4 Abs. 4 GlüStV 2012 ist das Veranstalten und das Vermitteln öffentlicher Glücksspiele im Internet verboten[448] und wird gem. § 284 StGB unter Strafe gestellt. Auch wer sich am unerlaubten Glücksspiel beteiligt, wird gem. § 285 StGB betraft. Zwar ist es nach den §§ 40, 41 AO für die Besteuerung unerheblich, ob der Steuerpflichtige sich durch ein Verhalten strafbar macht.[449] Ausgehend von der Verbotsnorm im GlüStV 2012 und einer etwaigen damit einhergehenden Strafe könnte man allerdings zu der Überzeugung gelangen, die Popularität des Online-Glücksspiels, in konkreter Gestalt die Popularität von Online-Poker[450] halte sich in Deutschland aufgrund von drohender Strafe für die Veranstalter bzw. Spieler in Grenzen. Würde kein nennenswertes Einkommen vorliegen, das von den (erfolgreichen) Teilnehmern generiert wird, wäre die einkommensteuerrechtliche Relevanz von Poker im Internet zu vernachlässigen.

In der Tat stellt sich die Rechtslage in Deutschland für Online-Kasinospieler als recht wirr dar, wobei das Land Schleswig-Holstein eine zentrale Rolle spielt. Zwar sind das Veranstalten und Vermitteln öffentlicher Glücksspiele im Internet sowie die Teilnahme daran nicht erlaubt und können im Rahmen der §§ 284, 285 StGB strafrechtlich sanktioniert werden. Als Schleswig-Holstein allerdings den GlüStV 2012 zunächst ablehnte,[451] galt in dem Land vom 01.01.2012 bis zum 07.01.2013 das Gesetz zur Neuordnung des Glücksspiels (GlSpielG SH).[452] Das Landesministerium für Inneres, ländliche Räume und Integration (MILI) erteilte auf dessen Grundlage Konzessionen[453] für Lotterien, Sportwetten und Online-Kasinospiele, die durch die

---

447 FG Köln, Urteil vom 31.10.2012 – 12 K 1136/11, EFG 2013, 612 ff.

448 Die Länder können zur besseren Erreichung der in § 1 GlüStV 2012 genannten Ziele als Ausnahme zu § 4 Abs. 4 GlüStV 2012 den Eigenvertrieb und die Vermittlung von Lotterien sowie die Veranstaltung und Vermittlung von Sportwetten im Internet unter bestimmten Umständen erlauben, vgl. § 4 Abs. 5 GlüStV 2012.

449 Vgl. auch Zweites Kap. B.

450 Ob es sich bei Online-Poker um Glücksspiel handelt, ist fraglich, vgl. Drittes Kap. D. I.

451 Vgl. Ausführungen zum GlüStV S. 31.

452 GVOBl. SH 2011, 280.

453 Zur Konzessionsabgabe im Rahmen des § 4d GlüStV siehe *Becker*, in: B/H/N/U, Glücksspielregulierung, § 4d Rn. 1 ff.

Aufhebung des GlSpielG SH und den Beitritt zum GlüStV 2012 nicht ihre Rechtswirkung verloren. Für die erteilten Genehmigungen finden die Regelungen des GlSpielG SH nach wie vor Anwendung.[454] Zwar liefen im Jahr 2019 die letzten Konzessionen aus.[455] Der Schleswig-Holsteinische Landtag hat allerdings ein Gesetz beschlossen, auf dessen Grundlage bereits erteilte Genehmigungen für die Veranstaltung und den Vertrieb von Online-Kasinospielen im Sinne des GlSpielG SH für eine Übergangsphase bis zur Erteilung einer sonstigen Erlaubnis auf Grundlage deutschen Rechts mit Geltung für Schleswig-Holstein, längstens bis zum Auslaufen des GlüStV 2012 am 30.06.2021, weiterhin als erteilt gelten.[456]

Vor diesem Hintergrund dürfen die mit einer Genehmigung ausgestatteten Anbieter Online-Kasinospiele legal veranstalten, obwohl dies laut GlüStV 2012 grundsätzlich verboten und in dem Staatsvertrag zumindest in Bezug auf Kasinospiele im Internet keine Ausnahme enthalten ist. Dies hat zur Folge, dass auch die Spieler an den Veranstaltungen der Anbieter mit einer solchen Konzession teilnehmen dürfen. In strafrechtlicher Hinsicht liegt eine Erlaubnis vor, die die §§ 284, 285 StGB bereits tatbestandlich ausscheiden lässt.[457]

Dabei stellt sich allerdings die Frage, ob lediglich Spieler aus Schleswig-Holstein dazu berechtigt sind, an Veranstaltungen der schleswig-holsteinischen Anbieter zu partizipieren, oder ob auch Spieler aus den übrigen Ländern dem Kasinospiel im Internet nachgehen können, ohne dass dies strafrechtliche Konsequenzen nach sich zieht. Dahingehend hat der EuGH klargestellt, dass die Konzessionen, die das Land Schleswig-Holstein auf Grundlage des GlSpielG SH vergeben hat, räumlich wie zeitlich auf dieses Bundesland begrenzt sind.[458] Wenn jedoch bereits darüber diskutiert wird, ob ausländische Genehmigungen, d. h. jene aus EU-Mitgliedstaaten, dazu imstande sind, Legalisierungswirkung in ganz Deutschland zu entfalten,[459] so erscheint es verwunderlich, dass solche Konzessionen, die in Schleswig-Holstein ausgestellt wurden, nicht erst recht Legalisierungswirkung für die übrigen Länder entfalten können.

---

454 Vgl. GlSpielG SH, das zu Beginn folgendes festhält: „Das Glücksspielgesetz findet (...) weiter Anwendung, soweit auf seiner Grundlage bereits Genehmigungen erteilt worden sind."

455 Siehe Schleswig-Holsteinischer Landtag 2019, Plenarprotokoll 19/50, S. 3754 ff., www.landtag.ltsh.de/export/sites/ltsh/infothek/wahl19/plenum/plenprot/2019/19-050_02-19.pdf (zuletzt abgerufen am 17.06.2020).

456 Siehe § 1 des Gesetzes zur Übergangsregelung für Online-Kasinospiele, http://www.landtag.ltsh.de/infothek/wahl19/drucks/01300/drucksache-19-01343.pdf (zuletzt abgerufen am 17.06.2020).

457 *Tröndle*, in: Fischer, StGB, § 284 Rn. 13; § 285 Rn. 2.

458 EuGH, Urteil vom 12.06.2014, Rs. C-156/13 (*Digibet Ltd, Gert Albers*), ECLI:EU:C:2014:1756, Rn 36.

459 *Heine/Hecker* in: Schönke/Schröder, StGB, § 284 Rn. 29; *Tröndle*, in: Fischer, StGB, § 284 Rn. 15a; vgl. auch EuGH, Urteil vom 28.02.2018, Rs. C-3/17 (*Sporting Odds Ltd*), ECLI:EU:C:2018:130, Rn. 41 ff.

Es wäre deshalb nachvollziehbar, wenn die unstrukturierte Rechtslage das Rechtsempfinden der Bürger im Hinblick auf die Legalität bzw. Illegalität des Online-Pokers nicht gravierend geschärft hat.[460] Nichtsdestotrotz verdeutlichen Untersuchungen, dass sich Pokerspieler von dieser digitalen Grauzone nicht abschrecken lassen. Der Online-Glücksspielmarkt gilt als Milliardenmarkt mit einem nicht zu vernachlässigenden Anteil von Online-Pokerspielern. In dem „Jahresreport 2017 der Glücksspielaufsichtsbehörden der Länder" wurde veröffentlicht, dass die Bruttospielerträge des nicht-regulierten Marktes im Jahr 2017 auf 3,2 Milliarden Euro gewachsen sind.[461] Die reinen Spieleinsätze sollen bei 50 Milliarden Euro liegen.[462] Vor diesem Hintergrund ist davon auszugehen, dass ein nicht unerheblicher Anteil auch einkommensteuerrechtliche Relevanz erlangen könnte.

In der Rechtsprechung findet sich bislang (noch) keine Entscheidung, die Online-Pokergewinne einkommensteuerrechtlich einordnet. Da aufgrund höchstrichterlicher Finanzrechtsprechung Gewinne aus nicht-virtuellem Turnierpoker steuerbar sein können, ist davon auszugehen, dass der Fiskus dies zum Anlass nehmen könnte, auch Online-Pokergewinne im Einzelfall der Besteuerung zu unterwerfen, sobald er von etwaigen Gewinnen Kenntnis erlangt. Bei dieser Prüfung werden die Tatbestandsvoraussetzungen des Gewerbebetriebs im Rahmen der Einkünfte aus Gewerbebetrieb im Sinne des § 2 Abs. 1 S. 1 Nr. 2 in Verbindung mit § 15 Abs. 1 S. 1 Nr. 1, Abs. 2 EStG, insbesondere die Beteiligung am allgemeinen wirtschaftlichen Verkehr, erneut eine zentrale Rolle einnehmen. Bei fehlender Gewerblichkeit ist außerdem auf die subsidiäre Vorschrift des § 22 Nr. 3 EStG einzugehen. Dahingehend stellt sich hier die Frage, ob Online-Poker in all seinen Ausgestaltungen ebenfalls dem Bereich des überwiegenden Geschicklichkeitsspiels zugeordnet werden kann. Damit wird wiederum auf die Konkretisierung des Durchschnittsspielers einzugehen sein.[463]

2. *Online-Plattformen als virtueller Veranstaltungsort*

Wenn von „Online-Poker" die Rede ist, geht es nicht um einen einzigen Spielmodus im Internet. Online-Poker ist als Überbegriff der beiden herkömmlichen

---

460 So im Grunde auch *Becker*, ZfWG 2018, Sdbl. 3, 5 (9), der darüber hinaus die Einrichtung einer Bundesanstalt fordert, die das Glücksspielwesen bundesweit zu regeln vermag.

461 Siehe Jahresreport 2017 der Glücksspielaufsichtsbehörden der Länder, S. 12 ff., www.innen.hessen.de/sites/default/files/media/hmdis/jahresreport_2017.pdf (zuletzt abgerufen am 17.06.2020.

462 Siehe Schleswig-Holsteinischer Landtag 2019, Plenarprotokoll 19/50, S. 3763, www.landtag.ltsh.de/export/sites/ltsh/infothek/wahl19/plenum/plenprot/2019/19-050_02-19.pdf (zuletzt abgerufen am 17.06.2020).

463 Vgl. auch Drittes Kap. B. III.

Austragungsformen zu verstehen: Turnierpoker und Cash-Games. Die Möglichkeit, Poker im Internet zu spielen, erhält der Spieler auf Online-Plattformen. Der Anbieter PokerStars gilt dabei als sehr populär. Der Online-Veranstalter hat vom Land Schleswig-Holstein eine Genehmigung erhalten, mit der er Online-Poker im Internet auf legalem Wege austragen kann.[464]

3. *Austragungsformen*

Auf PokerStars existieren für Turnierpoker und Cash-Games diverse Unterformen, die zwar überwiegend an das Texas Hold'em-Poker anknüpfen, aber hinsichtlich der Spielregeln und des Spielablaufs mehr oder weniger divergieren.[465]

„Spin&Go"-Turniere sind eine solche Unterform des Turnierpokers, an denen jeweils nur drei Spieler teilnehmen. Diese Unterform ist deshalb zu erwähnen, da es sich um eine „Extremvariante" des Online-Turnierpokers handelt. „Spin&Gos" zeichnen sich vor allem dadurch aus, dass die Spieler ausgehend von ihrem Buy-In im Falle eines Sieges das zwei- bis 10.000-fache gewinnen können. Die Höhe des Gewinns bestimmt dabei vor Turnierbeginn ein Zufallsgenerator.[466] Die Spieler können sich z. B. bereits für 25 Cent bei einem „Spin&Go"-Turnier einkaufen und im Rahmen von zahlreichen Gewinnstufen Beträge zwischen 50 Cent und 2500 US-Dollar gewinnen. Sie können sich auch für 100 US-Dollar bei einem solchen Turnier einkaufen und Beträge von 200 bis zu einer Million US-Dollar gewinnen. Dabei gilt: Je höher die Gewinnstufe ist, desto niedriger ist die Wahrscheinlichkeit, dass der Zufallsgenerator sie bestimmt. Nicht nur dieser Umstand lockt Spieler an, sondern auch die verhältnismäßig große Wahrscheinlichkeit, das Turnier bei lediglich drei Teilnehmern zu gewinnen. Von herkömmlichen Turnieren unterscheidet sich dieser Wettbewerb vor allem darin, dass er meist nicht von großer Dauer ist: Die Spieler erhalten im Vergleich zu den anfänglichen Blindstufen eine geringe Anzahl von Chips und die Blindstufen steigen zügig. Somit sind die Spieler bereits früh dazu gezwungen, aggressiver zu spielen, da die zu entrichtenden Blinds sonst ihre Stacks absorbieren, was mit mehr Risiko verbunden ist und meist ein schnelles Turnierende zur Folge hat. Insofern ist die Anzahl der zu spielenden Hände bei dieser Austragungsform verhältnismäßig gering.

---

464 Siehe www.schleswig-holstein.de/DE/Themen/G/gluecksspiel.html (zuletzt abgerufen am 17.06.2020).

465 Zu nennen sind hier Varianten wie „Split", siehe https://www.pokerstarsschool.de/article/pokerstars-split-holdem (zuletzt abgerufen am 17.06.2020) und „Zoom", siehe https://www.pokerstars.eu/de/poker/zoom/ (zuletzt abgerufen am 17.06.2020).

466 Der Zufallsgenerator wird durch ein virtuelles „Glücksrad" visualisiert, das sich dreht (englisches Verb: „to spin") und dabei den möglichen Gewinn festlegt.

4. Durchschnittsspieler im Online-Poker

a) Turnierpoker und Cash-Games

Zunächst lässt sich in Bezug auf die Modalitäten von Turnierpoker und Cash-Games im Internet sagen, dass die Spieler sich lediglich im virtuellen Pokerraum gegenübersitzen und nicht unmittelbar wahrnehmen können. Attribute wie das Beobachten von Mimik und Gestik gehen dem Online-Pokerspiel daher abhanden, weshalb Durchschnittsspieler mithilfe dieser Fähigkeit keinen Erfolg haben können.

Dadurch könnte der Rückschluss gezogen werden, dem Kartenspiel fehle die entscheidende Zutat, um als überwiegendes Geschicklichkeitsspiel charakterisiert zu werden, wenn das „Lesen des Gegenspielers“ nicht mehr möglich sei und sich nicht länger in die eigene Spielweise einbauen lasse. In der Tat sind die psychologischen Fähigkeiten eines Pokerspielers auf professioneller „Offline-Ebene“ von entscheidender Bedeutung für den Erfolg.[467] Zu berücksichtigen ist allerdings, was dem Durchschnittsspieler zuzumuten ist. Vor diesem Hintergrund wurde bereits festgestellt, dass keine tiefgreifenden psychologischen Fähigkeiten vonnöten sind, damit der Durchschnittsspieler mittels Geschicks im Turnierpoker und bei Cash-Games Erfolg haben kann.[468] Im Rahmen der Beurteilung des Setzverhaltens der Mitspieler kann ein Teilnehmer auch in virtuellen Pokerräumen eine Fülle an Informationen sammeln. Ob die Spieler den Einsatz mitgehen, erhöhen oder aus der Runde aussteigen, sind Informationen, die unabhängig davon sind, ob die Teilnehmer sich im klassischen oder Online-Poker gegenübersitzen.

Verhalten sich die Spieler ungewöhnlich, etwa weil sie bei jeder Hand die Einsätze mitgehen oder Hände spielen, die aus einer Betrachtung ex ante wenig erfolgversprechend waren und eher hätten „weggeschmissen“ werden müssen, so lassen sich diese Spieler in Anlehnung an PokerStars mithilfe von sog. „Tools“[469] statistisch erfassen. Mit diesen kann sich ein Spieler während des Spiels Notizen über die übrigen Mitspieler machen und auf diesem Wege den Überblick behalten. Basierend auf einer Analyse von 103 Millionen Online-Pokerspielen wurden drei Viertel der Spiele entschieden, ohne, dass es zum Showdown kam. Insofern hat in den einzelnen Runden lediglich die Abgabe der Gebote die Spiele entschieden. Signifikant in Bezug auf die Beurteilung als überwiegendes Glücks- oder Geschicklichkeitsspiel ist dabei, dass im Rahmen dieser Spiele knapp die Hälfte aller Blätter jener Spieler, die zuvor aus der Runde ausgestiegen waren, das bessere Blatt

---

467 Vgl. FG Köln, Urteil vom 31.10.2012 – 12 K 1136/11, EFG 2013, 612 ff.; FG Münster, Urteil vom 18.07.2016 – 14 K 1370/12 E, G, EFG 2016, 1864 ff., deren Kläger ihre Stärken für die psychologische Komponente im Turnierpoker ausnutzten.

468 Vgl. dazu Drittes Kap. B. III. 1.

469 Online-Werkzeuge, mithilfe derer ein Teilnehmer die Möglichkeit hat, sich Statistiken anzuschauen, Notizen zu machen und Gegenspieler farblich zu markieren.

gewesen wäre.[470] Dies verdeutlicht, dass die Spieler, obwohl sie sich nicht unmittelbar gegenübersitzen, durchaus aufeinander Einfluss nehmen können.

Ohnehin spielen dabei die bereits von *Holznagel* erwähnten allgemeinen Faktoren eine Rolle.[471] Vor allem zu nennen ist hier die stetige Einschätzung der eigenen Gewinnchance, was bedeutet, dass der Spieler basierend auf Wahrscheinlichkeiten eine Gewinnprognose erstellt. Ausgehend von den aufgestellten Erfolgswahrscheinlichkeiten kann ein Durchschnittsspieler im Rahmen von Turnierpoker und Cash-Games auch im Internet entscheiden, ob er mitgehen, den Einsatz erhöhen oder aussteigen wird. Dabei ist von zentraler Bedeutung, dass die Austragungsformen im Internet in der Regel so ausgestaltet sind, dass dem Spieler die Möglichkeit eingeräumt wird, eine Vielzahl von Händen zu spielen. Deshalb ist im Hinblick auf Turnierpoker und Cash-Games im Internet festzuhalten, dass auch hier der Durchschnittsspieler dazu in der Lage ist, mittels seiner Fähigkeiten den Zufall in den Hintergrund treten zu lassen. Diese Versionen des Pokerspiels verfügen deshalb im Schwerpunkt über den Charakter eines Geschicklichkeitsspiels.

Dies hat für eine Besteuerung nach § 15 EStG zur Konsequenz, dass die Gewinne der Spieler erfasst werden, da auch Online-Poker in Form von Turnierpoker und Cash-Games als überwiegendes Geschicklichkeitsspiel einzuordnen ist. Folglich würde der Veranlassungszusammenhang im Rahmen des § 22 Nr. 3 EStG ausgehend vom Durchschnittsspieler auch nicht unterbrochen, weshalb eine Besteuerung in Betracht kommt. Allerdings ist hier zu berücksichtigen, dass Gelegenheitsspieler grundsätzlich nicht als *Geschickspieler* zu qualifizieren sind und deshalb auch nicht von § 22 Nr. 3 EStG zu erfassen sind.[472]

b) „Spin&Go"-Turniere

„Spin&Go"-Turniere bilden eine Unterform zum Turnierpoker und zeichnen sich durch eine geringe Chipmenge zu Beginn des Turniers, sich schnell erhöhende Blindstufen und eine geringe Teilnehmerzahl von drei Spielern aus. Die Modalitäten der Variante führen dazu, dass die Spieler im Verhältnis zum gewöhnlichen Turnierpoker oder zu Cash-Games in der Regel wesentlich weniger Hände spielen können. Beim gewöhnlichen Turnierpoker steht dem Spieler in Abgrenzung zu „Spin&Go"-Turnieren ein längerer Zeitraum zur Verfügung, bis er die Stärke seines Blattes als Produkt u. a. aus der Wertigkeit seines Blattes in Kombination mit der Position am Tisch und dem Setzverhalten der Mitspieler als hoch genug einstuft und zum Anlass nimmt, am Spiel zu partizipieren. Bei der Extremvariante hingegen hat der Spieler nicht so viel Zeit, um seine Chancen abzuwägen, und

---

470 *Hope/McCulloch*, Statistical analysis of Texas Hold'em, Cigital Inc. 2009, S. 5, abrufbar unter http://polskafederacjapokera.org/download/HopeMcCulloch.pdf (zuletzt abgerufen am 17.06.2020).

471 Siehe Drittes Kap. III. 1.

472 Siehe Drittes Kap. III. 3. c).

ist dazu gezwungen, ein größeres Risiko einzugehen, bevor ihm die Modalitäten der Variante die Entscheidung abnehmen. Deshalb gilt im Texas Hold'em-Poker: Je weniger Hände im Poker gespielt werden können, desto größer ist die Rolle des Zufalls.[473] Zwar ändert sich nichts an den bereits aufgezeigten Fähigkeiten, die ein Spieler theoretisch in die „Spin&Go"-Veranstaltungen einbringen kann. Es ist die Austragungsform als solche, die es nicht zulässt, dass ein Spieler sein Können frei zur Entfaltung bringen kann. Dem Spieler nützen seine Fähigkeiten nichts, wenn er sie ob der geringen Anzahl von zu spielenden Händen nicht anwenden kann. Somit hängt die Entscheidung über Gewinn oder Verlust überwiegend vom Zufall ab. Diese Unterform des Turnierpokers verdeutlicht insofern sehr anschaulich, was für einen zentralen Platz die Anzahl der zu spielenden Hände einnimmt.

Für die Besteuerung von Einkünften aus Gewerbebetrieb im Sinne des § 15 Abs. 1 S. 1 Nr. 1, Abs. 2 EStG hat diese Einordnung zur Folge, dass der im Rahmen der Beteiligung am allgemeinen wirtschaftlichen Verkehr geforderte Leistungsaustausch nicht zustande kommt und Gewinne aus „Spin&Go"-Turnieren nicht der Einkommensteuer unterliegen, soweit es um Einkünfte aus Gewerbebetrieb geht.[474] Auch der Veranlassungszusammenhang im Rahmen des § 22 Nr. 3 EStG wird damit entscheidend unterbrochen, weshalb hier eine Besteuerung von vornherein nicht in Betracht kommt.

Allerdings hat das FG Münster Spielgewinne, die ein Steuerpflichtiger neben den Gewinnen aus Turnierpokerspiel aus der Teilnahme an sonstigen Kartenspielen wie etwa Black Jack erhält, als steuerbare Betriebseinnahmen erfasst.[475] Black Jack wird als Glücksspiel angesehen.[476] Alle Güter, die in Geld oder Geldeswert bestehen und durch den Betrieb veranlasst sind, sind im Rahmen der § 8 Abs. 1 und § 4 Abs. 4 EStG als Betriebseinnahmen zu qualifizieren.[477] Dabei muss laut BGH der Vermögenszuwachs nicht erst im Betrieb erwirtschaftet werden, damit ein Veranlassungszusammenhang bejaht werden kann. Demzufolge können selbst jene Leistungsfähigkeitssteigerungen einen betrieblichen Gewinn darstellen, die auf Zufall beruhen.[478] Dahingehend sah das FG Münster einen wirtschaftlichen Zusammenhang zwischen den (steuerbaren) Turnierpokergewinnen als Gegenstand der „gewerblichen Erwerbstätigkeit" einerseits und den sonstigen Gewinnen aus reinem Glücksspiel andererseits, die einen sachlichen und örtlichen Zusammenhang aufwiesen. Überträgt man die Ausführungen des Gerichts auf Gewinne, die ein Teilnehmer aus „Spin&Go"-Veranstaltungen generiert, so erscheint deren

473 Vgl. auch *Rock/Fiedler*, ZfWG 2008, 412.

474 Vgl. dazu Drittes Kap. B.

475 FG Münster, Urteil vom 18.07.2016 – 14 K 1370/12 E, G, EFG 2016, 1864 ff.

476 Vgl. BGH, Urteil vom 30.07.1968 – 1 StR 260/68, MDR 1968, 938.

477 Siehe zu den Betriebseinnahmen auch Drittes Kap. A. II.

478 *Kirchhof* sieht einen Zufallsgewinn ebenfalls als steuerbar an, wenn er bei der Nutzung der Erwerbsgrundlage des Steuerpflichtigen absichtslos erzielt wurde, *Kirchhof*, in: Kirchhof, EStG, § 2 Rn. 60.

Einordnung als Betriebseinnahmen, wenn der Spieler als Gegenstand seiner gewerblichen Erwerbsgrundlage betriebliche Gewinne aus steuerbarem Turnierpokerspiel und aus Cash-Games zu verzeichnen hat, nur konsequent. Zwar resultiert die Quelle der Einnahmen nicht aus einem Kasino, sondern die Erwerbstätigkeit spielt sich auf virtueller Ebene in einem Online-Kasino bzw. Online-Pokerraum ab. Es ist allerdings nicht ersichtlich, warum der Umstand, dass die Erwerbstätigkeit auf einer Online-Plattform stattfindet, den Veranlassungszusammenhang zwischen den steuerbaren und sonstigen Gewinnen in sachlicher wie örtlicher Hinsicht unterbrechen sollte.

II. „Fantasy Sport Games"

Eine neue Erscheinung in Deutschland stellen die sog. „Fantasy Sport Games" dar, deren Nutzung hierzulande stetig steigt und die sich bereits in Nordamerika hoher Beliebtheit erfreuen.[479] Die digitalen Sport-Managerspiele bieten in dieser Region mittlerweile einen Milliardenmarkt.[480] Dabei stellt sich nicht die Frage, ob, sondern wann diese Welle Deutschland mit einer ähnlichen Intensität treffen wird.

Bei Fantasy Sport Games schlüpft der Spieler in eine Managerrolle, stellt eine fiktive Mannschaft zusammen und lässt diese in einem kompetitiven Rahmen gegen fiktive Mannschaften anderer Spieler antreten. Der Kader einer fiktiven Mannschaft basiert dabei auf Spielern aus Mannschaften der realen Welt, z. B. professionellen Basketball- oder Fußballteams.

Die rechtliche Einordnung der Fantasy Sport Games steckt wie das Managerspiel selbst in Deutschland noch in den Kinderschuhen: Bislang soll sich jedenfalls daran orientiert werden, dass zwischen „Classic Fantasy Sports" und „Daily Fantasy Sports" zu unterscheiden ist. Classic Fantasy Sports sind Spiele, welche sich über eine ganze Saison erstrecken. Bei den Daily Fantasy Sports handelt es sich um solche Spiele, die stets lediglich auf einen Spieltag ausgerichtet sind. Erstere wurden bislang mehr oder weniger einheitlich als Geschicklichkeitsspiele, letztere als Glücksspiele qualifiziert.[481]

---

479 Im Jahr 2017 sollen in den Vereinigten Staaten und Kanada circa 59 Millionen Menschen Fantasy Sport Games nachgegangen sein, www.fsta.org/research/industry-demographics/ (zuletzt abgerufen am 17.06.2020).

480 The Commonwealth of Massachusetts (*Crosby/Cameron/Macdonald/Sebbings/Zuniga*), White Paper on Daily Fantasy Sports, 2016, S. 3, abrufbar unter https://massgaming.com/wp-content/uploads/MGC-White-Paper-on-Daily-Fantasy-Sports-1-11-16.pdf (zuletzt abgerufen am 17.06.2020).

481 Siehe *Liesching/Hambach/Schippel*, ZfWG 2018, 208 f.; Malta hat im Jahre 2017 durch Verordnung sowohl Classic als auch Daily Fantasy Sports im Grundsatz als Geschicklichkeitsspiele anerkannt, vgl. Verordnung vom 24.01.2017, B 205 ff, B 229, abrufbar unter https://www.mga.org.mt/wp-content/uploads/Skill-Games-Regulations-EN.pdf (zuletzt abgerufen am 17.06.2020).

Bei Fantasy Sport Games können die Teilnehmer zu Beginn des Spiels einen Einsatz leisten und im Falle des Sieges beträchtliche Summen gewinnen. Sobald Teilnehmer bei einem Spiel größere Geldsummen verdienen können, liegt zwangsläufig die Frage nahe, ob diese einkommensteuerrechtlich zu erfassen wären. Bevor allerdings die einschlägige Einkunftsart zu finden ist und die Gewinne aus der Teilnahme an Fantasy Sport Games einkommensteuerrechtlich zu würdigen sind, wird zunächst ein genauerer Blick auf die in dem Wettbewerb wichtigen Begriffe und den Ablauf der einzelnen Spiele geworfen.

1. Begriffe und Ablauf

Was die Begrifflichkeiten angeht, so besteht in Bezug auf die Spieler Verwechslungsgefahr: Zum einen gibt es die potenziell steuerpflichtigen Teilnehmer (im Folgenden als Manager bezeichnet) an den Fantasy Sport Games und die Spieler, die die Manager in ihrer fiktiven Mannschaft (sog. „Line-up") aufstellen und in der Realität tatsächlich existieren. Zwischen menschlichen und nicht-menschlichen Spielern zu unterscheiden, könnte insoweit in die Irre führen, als die virtuell aufgestellten Spieler in der realen Welt anzutreffen sind.[482]

Auch bei den Veranstaltern ist besondere Vorsicht geboten: Nur der Anbieter des jeweiligen Fantasy Sport Games ist als Veranstalter anzusehen. Die verantwortlichen Organisationen der entsprechenden Sportarten (im Rahmen des Fußballs etwa die FIFA bei Weltmeisterschaften oder die UEFA bei der Champions League) gelten nicht als Veranstalter im Bereich des Fantasy Sports.[483] Im Wege der kommerziellen Ausrichtung der Fantasy Sport Games haben Teilnehmer an die Veranstalter in der Regel eine Teilnahmegebühr zu entrichten.

Im Rahmen der Fantasy Sport Games können die Manager in zahlreiche Sportarten und Wettbewerbe eintauchen. Während in Nordamerika die Sportarten American Football, Baseball und Basketball die höchste Frequenz haben, werden in Europa und gerade in Deutschland wohl häufig Fußballmanager anzutreffen sein. Deshalb beschränken sich die weiteren Ausführungen auf Fußball, da die Spielregeln je nach Fantasy Sport Game stark variieren können. Dabei wird sich an den Vorgaben des wohl größten Anbieters „DraftKings" orientiert.

Geht es um die Aufstellung einer fiktiven Mannschaft, so ist das Line-up der Manager nicht zwangsläufig deckungsgleich mit der Aufstellung realer Mannschaften. Während im Fußball elf Spieler aufgestellt werden, hat sich der Teilnehmer als Fußballmanager auf acht Spieler zu beschränken. Darüber hinaus muss der Manager seinen Kader aus Spielern aus mindestens drei Mannschaften

482 So *Liesching/Hambach/*Schippel, ZfWG 2018, 208 f., die zwischen den menschlichen Teilnehmern am Fantasy Sport Game und den Spielern differenzieren, die in virtuellen Mannschaften aufgestellt werden.

483 Vgl. *Liesching/Hambach/*Schippel, ZfWG 2018, 209

zusammenstellen. Dabei wird ihm ein gewisses Budget (fiktives Spielgeld, in der Spielerszene als „salary cap“ bekannt) zur Verfügung gestellt.[484]

Diese Vorgaben sollen ein wettbewerbsmäßiges Gleichgewicht und eine Waffengleichheit unter den Teilnehmern schaffen. Ohne die Begrenzung auf acht Spieler und den Zwang, seinen Kader aus Spielern aus mindestens drei Mannschaften zusammenzustellen, könnte ein Manager schlicht die beste Mannschaft aus der Wirklichkeit auf seinen Fantasy Sports-Kader „kopieren“. Dass die Manager überdies mit einem gewissen Budget haushalten müssen, ist ebenfalls darauf zurückzuführen, dass nicht ausschließlich die vermeintlich besten Spieler aus den besten Mannschaften von einem einzigen Manager „verpflichtet“ werden können. Jeder Spieler verfügt in dem Managerspiel über einen Wert am virtuellen Markt. Dieser entspricht mitunter zwar nicht seinem Marktwert aus der Realität, soll aber im Verhältnis zu den Marktwerten anderer Spieler der Lebenswirklichkeit nachempfunden sein. Die Marktwerte der Spieler in dem Managerspiel werden stetig aktualisiert und von verschiedenen Faktoren, wie etwa Verletzungen (im Spiel oder Training) oder besonders positive bzw. negative Leistungen, beeinflusst. Dieses System hat zur Folge, dass Manager dazu gezwungen sind, auch günstige Spieler zu verpflichten, nachdem sie sich zum Kauf eines kostenintensiven Spielers entschlossen haben. Die erworbenen Spieler müssen zwingend positionsadäquat eingesetzt werden, d. h. der Manager darf etwa einen Torwart nicht als Stürmer einsetzen.

Des Weiteren ist auf eine essenzielle Besonderheit der von DraftKings angebotenen Fantasy Sport Games hinzuweisen: Nach jedem Spieltag muss der Manager seinen Kader neu zusammensetzen und sein fiktives Vermögen dafür erneut aufbringen.

Der Erfolg der Manager bemisst sich am Erfolg der von ihnen aufgestellten Spieler. Bewertungsgrundlage dafür ist ein Punktesystem, das diverse Spielaktionen der Spieler im Positiven wie Negativen würdigt: Für ein geschossenes Tor etwa werden zehn Pluspunkte vergeben. Erhält ein Spieler demgegenüber eine rote Karte, so gibt es einen Minuspunkt.[485] Mithilfe dieser Kriterien lässt sich statistisch recht übersichtlich festhalten, welcher Manager mit seiner Mannschaft an dem jeweiligen Spieltag am besten abgeschnitten hat. Die statistische Auswertung an sich soll durch unabhängige Dienstleister erfolgen, die sich auf eine solche Datenerhebung spezialisiert haben, wodurch etwaigen Spielmanipulationen kein Raum geboten wird.[486]

484 Vgl. *Liesching/Hambach/Schippel*, Fantasy Sport Games, ZfWG 2018, 208 f.

485 Im Einzelnen: Geschossenes Tor plus zehn Punkte, Torvorlage plus sechs Punkte, Torschuss plus ein Punkt, Flanke plus ein Punkt, gehaltener Torschuss des Torwarts plus zwei Punkte, kein Gegentor plus fünf Punkte, ein Gegentor plus zwei Punkte, Sieg plus fünf Punkte, gehaltener Elfmeter plus drei Punkte, rote Karte minus ein Punkt, gelbe Karte minus ein halber Punkt.

486 Vgl. *Liesching/Hambach/Schippel*, Fantasy Sport Games, ZfWG 2018, 208 (210).

2. *Einkünfte aus Gewerbebetrieb*

Die von den Teilnehmern an Fantasy Sport Games erwirtschafteten Gewinne erfahren einkommensteuerrechtliche Berücksichtigung, wenn eine der sieben Einkunftsarten einschlägig ist. Besonderes Augenmerk ist dabei zunächst auf Einkünfte aus Gewerbebetrieb im Sinne der § 2 Abs. 1 S. 1 Nr. 2, 15 ff. EStG zu legen.

Eine Besteuerung der Einkünfte aus Gewerbebetrieb kommt nur in Betracht, wenn die positiven[487] und negativen[488] Voraussetzungen des Begriffs des Gewerbebetriebs nach § 15 Abs. 2 S. 1 EStG festzustellen sind.

a) Beteiligung am allgemeinen wirtschaftlichen Verkehr

Die Tätigkeit des Teilnehmers muss sich als Beteiligung am allgemeinen wirtschaftlichen Verkehr darstellen. Es muss ein Leistungsaustausch unter Inanspruchnahme des allgemeinen Marktes, d. h. gegen Entgelt und für Dritte erkennbar, vorliegen.[489] Für die Bejahung der Beteiligung wird auch ein erfolgsabhängiges Entgelt als ausreichend angesehen.[490]

Im Rahmen des Leistungsaustauschs kommen hier der Einsatz der Teilnehmer auf der einen Seite (bzw. die Darbietung ihrer spielerischen Fähigkeiten als Dienstleistung) und das Versprechen eines platzierungsabhängigen Entgelts durch den Veranstalter auf der anderen Seite in Betracht. Da jeder Interessierte auf den entsprechenden Plattformen der Veranstalter das Verhältnis mit den Teilnehmern potenziell im Internet nachvollziehen könnte, ist der Leistungsaustausch auch für Dritte erkennbar.

Jedoch ist an dieser Stelle erneut darauf zu hinzuweisen, dass das Anbieten einer Tätigkeit gegen Entgelt und somit auch der Leistungsaustausch in der höchstrichterlichen Finanzrechtsprechung bei reinen Glücksspielen verneint wurde.[491] Um Fantasy Sport Games einkommensteuerrechtlich beurteilen zu können, muss also zunächst überprüft werden, ob es sich bei den in Rede stehenden Spielen um überwiegende Glücks- oder Geschicklichkeitsspiele handelt. Sowohl Rechtsprechung als auch Literatur haben sich mit dieser Frage auseinandergesetzt.

---

487 Selbständigkeit, Nachhaltigkeit, Beteiligung am allgemeinen wirtschaftlichen Verkehr und Gewinnerzielungsabsicht.

488 Keine Land- und Fortwirtschaft, keine selbständige Arbeit und keine private Vermögensverwaltung.

489 Zum Merkmal der Beteiligung am allgemeinen wirtschaftlichen Verkehr siehe Zweites Kap. C. III. 2. a) dd).

490 Vgl. BFH, Urteil vom 11.11.1993 – XI R 48/91, BFH/NV 1994, 622 (623).

491 RFH, Urteil vom 30.06.1927 – VI A 261/27, RFHE 21, 244; Urteil vom 14.03.1928 – VI A783/27, RStBl. 1928, 181 f.; BFH, Urteil vom 24.10.1969 – IV R 139/68, BFHE 98, 494 (496); Urteil vom 16.09.1970 – I R 133/68, BFHE 100, 199 ff.; vgl. auch *Meier*, FR 2016, 359 (361).

aa) Rechtsprechung des BVerwG

So hat das BVerwG bereits im Jahr 2013 im Rahmen eines Urteils die Frage erörtert, ob es sich bei einem Fußballmanagerspiel um ein Glücksspiel im Sinne des § 3 Abs. 1 S. 1 GlüStV 2012 handelt.[492] Dies hat das Gericht verneint. Dabei war allerdings nicht ausschlaggebend, ob die Entscheidung über den Gewinn ganz oder überwiegend vom Zufall abhängt. Im Fokus stand vielmehr der erste Halbsatz des § 3 Abs. 1 S. 1 GlüStV 2012, der zur Bejahung des Glücksspiels „für den Erwerb einer Gewinnchance ein Entgelt verlangt". Der zugrunde liegende Fall behandelte einen Anbieter, der vor Beginn des Spiels von den Teilnehmern die Zahlung eines Geldbetrages verlangte. Dieser Geldbetrag wurde vom Gericht als „Teilnahmegebühr" und nicht als Entgelt im Sinne der ordnungsrechtlichen Vorschrift gewürdigt.

Zur Begründung führte das BVerwG zunächst aus, das Tatbestandsmerkmal des Entgelts für den Erwerb einer Gewinnchance gem. § 3 Abs. 1 S. 1 GlüStV 2012 decke sich insoweit mit dem des Einsatzes für ein Glücksspiel im Sinne des § 284 StGB, als verlangt werde, dass die Gewinnchance gerade aus dem Entgelt erwächst. Dabei genüge es, wenn ein unmittelbarer Zusammenhang zwischen Entgelt und Gewinnchance bestehe. Das Gericht merkte an, die Gewinnchance und nicht der Gewinn selbst müsse sich dazu gerade aus der Entgeltzahlung ergeben. Nach Auffassung der Richter fehlt es an diesem unmittelbaren Zusammenhang, wenn mit der Zahlung des Entgelts lediglich die Berechtigung zur Teilnahme erworben wird. Dann handle es sich nur um eine Teilnahmegebühr mit der Folge, dass kein Glücksspiel im Sinne des § 3 Abs. 1 S. 1 GlüStV 2012 vorliegt.

Vor diesem Hintergrund verwiesen die Leipziger Richter ausdrücklich auf einen systematischen Zusammenhang der glücksspielrechtlichen Regelung mit der Vorschrift des § 33h Nr. 3 GewO, die ihrerseits auf § 284 StGB Bezug nimmt. Sie entspreche dahingehend dem Sinn und Zweck des § 3 Abs. 1 S. 1 GlüStV 2012 und sei mit dessen Wortlaut und der Entstehungsgeschichte vereinbar. Da der Landesgesetzgeber den ordnungsrechtlichen Begriff des Glücksspiels nicht weiter fassen dürfe als der Bundesgesetzgeber den Glücksspielbegriff des § 284 StGB, dürfe das Merkmal des Verlangens des Entgelts für den Erwerb einer Gewinnchance auch nicht weiter gefasst werden als der Begriff des Einsatzes[493], „der Bestandteil der Definition des Glücksspiels im Sinne des § 284 StGB ist". Daraus soll sich für den ordnungsrechtlichen Glücksspielbegriff ergeben, dass das Entgelt zur Erlangung einer Gewinnchance nicht vorliegt, „wenn erst weitere Umstände wie etwa das Verhalten von Mitspielern oder Aktivitäten des Spielteilnehmers selbst die Gewinnchance oder Verlustmöglichkeit entstehen lassen".

---

492 BVerwG, Urteil vom 16.10.2013 – 8 C 21/12, BVerwGE 148, 146 ff. = NVwZ 2014, 889 ff.

493 Zum Begriff des Einsatzes siehe Zweites Kap. A. II. 1.

bb) Schrifttum

Die Literatur scheint sich bislang über die Einordnung von Fantasy Sport Games noch nicht endgültig einig geworden zu sein. Ein Teil der Literatur hält Daily Fantasy Sports für Glücksspiele, Classic Fantasy Sports hingegen nicht.[494] Im Hinblick auf Classic Fantasy Sports wird sich dabei der höchstrichterlichen Verwaltungsrechtsprechung angeschlossen und auf die fehlende Entgeltabhängigkeit abgestellt. Dies scheint bei Daily Fantasy Sports demgegenüber unproblematisch, hatte sich das BVerwG doch nur mit Classic Fantasy Sports auseinanderzusetzen.[495] Anders als bei der letztgenannten Spielart werde das Entgelt bei Daily Fantasy Sports gerade dafür gezahlt, um kurzfristig einen Gewinn zu realisieren bzw. um zumindest die Möglichkeit auf einen solchen zu haben. Ausgehend davon wird sodann auf die Zufallsabhängigkeit abgestellt. Da das Spielverhalten der aufgestellten Spieler für den Mitspieler unberechenbar im Sinne von „zufällig" sei, dürften Daily Fantasy Sports nach deutschem Glücksspielrecht unzulässig sein.

Ein anderer Teil der Literatur[496] verweist, anknüpfend an die Intensität des Zufalls, auf ein Gutachten, das sich mit dem Charakter der Fantasy Sport Games in Form des sog. „Daily Fantasy Soccer" auseinandersetzt.[497] Ausgangspunkt war dabei eine Studie über das Fußballmanagerspiel auf Grundlage der englischen Premier League und der Champions League. Dabei waren die Probanden der Versuchsstudie unterteilt in professionelle Teilnehmer, Durchschnittsspieler sowie Anfänger. Das Gutachten kam zu dem Ergebnis, dass die professionellen und durchschnittlichen Spieler in ihrer Aufstellung fiktiver Mannschaften erfolgreicher waren als die Anfängergruppe. Zudem stelle sich mit einer häufigeren Teilnahme eine zunehmende Erfahrung mit größerem Spielerfolg bei allen Teilnehmern, insbesondere aber bei Durchschnittsspielern ein. Das Element des Glücks werde im Rahmen mathematisch-stochastischer Erkenntnisse von guten Kenntnissen der Teilnehmer sowie Geschick bei der Zusammenstellung des Line-Ups nachhaltig verdrängt. Auch die festgestellte Lernphase der Teilnehmer wird als besonders relevant hervorgehoben,[498] wohingegen bei überwiegenden oder reinen Glücksspielen keine Lernphase möglich sei. Anlehnend an die sog. „Zentro-Roulette"-Entscheidung des BVerwG[499] soll es bei Mehrspielerspielen (wie etwa den Fantasy Sport Games) nicht darum gehen, absolut erfolgreich zu sein, d. h. ein konkretes Ziel zwingend zu erreichen. Der Spieler soll vielmehr lediglich relativ, also im Verhältnis zu den anderen Spielern, gut abschneiden, um zu gewinnen. Dieser Umstand

494 *Cropp*, ZfWG 2016, 412 (417).

495 *Cropp*, ZfWG 2016, 412 (414).

496 *Liesching/Hambach/Schippel*, ZfWG 2018, 208 ff.

497 *Henze*, Gutachten über den Charakter des Spiels Daily Fantasy Soccer vom 16.06.2016, S. 1 ff.

498 *Henze*, Gutachten über den Charakter des Spiels Daily Fantasy Soccer vom 16.06.2016, S. 9.

499 BVerwG, Urteil vom 09.10.1984 – 1 C 20/82, NVwZ 1985, 829 (830 f.).

in Kombination mit den Geschicklichkeitselementen des Spiels soll deshalb das Spielglück überlagern.[500]

Im Hinblick auf die Geschicklichkeitselemente des Spiels werden Vorkenntnisse zu den Mannschaften und den kommenden Spielpaarungen als relative Grundlage zur Auswahlentscheidung einer fiktiven Mannschaft angesehen.[501] Argumentiert wird hier etwa mit dem Beispiel des Torwarts, der in einer Partie kein Gegentor hinnehmen musste. Dieser Umstand sei nicht zwangsläufig auf gute Paraden zurückzuführen, da auch die Verteidiger aufgrund guten Abwehrverhaltens verhindern könnten, dass Schüsse auf das Tor des Torwarts abgegeben werden. Diese trügerische makellose Bilanz könnte den Manager dazu veranlassen, den Torhüter in seinem Line-Up zu berücksichtigen, obwohl er mit zusätzlichem Wissen eventuell einen erfolgversprechenderen Schlussmann aufgestellt hätte. Außerdem könne erfolgreich nur sein, wer durch strategische und taktische Überlegungen zu den Spielern und Spielpaarungen eine schlagkräftige Mannschaft zusammenstelle. Vor dem Hintergrund, dass jeder Manager im Rahmen der Aufstellung der Spieler das ihm verfügbare Budget zu beachten hat, gilt es als anerkannt gute Strategie, wenn das Line-Up aus „Top-Spielern zu hohen Preisen und Newcomern zu niedrigen Preisen“ zusammengestellt wird.[502]

cc) Kritische Würdigung

Das BVerwG hat dem Fantasy Sport Game nicht deshalb den Charakter als Glücksspiel abgesprochen, weil es ganz oder überwiegend als vom Geschick bestimmt einzustufen wäre. Vielmehr sah das Gericht das Merkmal des § 3 Abs. 1 S. 1 GlüStV 2012, „Verlangen eines Entgelts für den Erwerb einer Gewinnchance“, als nicht gegeben an, da eine bloße Teilnahmegebühr nicht ausreichen soll, um die Gewinnchance aus dem Entgelt erwachsen zu lassen.[503] Die Annahme der Richter, eine Gewinnchance eröffne sich nicht schon bei der entgeltlichen Registrierung, sondern erst mit der Entscheidung des Spielers, sich in das Spielgeschehen einzubringen und den in der Spielsaison erforderlichen zeitlichen Aufwand zu investieren[504], basiert auf einer fehlerhaften Prämisse. Alle Spieler fangen nach Entrichtung der Teilnahmegebühr bei „Null“ an. Zu diesem Zeitpunkt verteilen sich die Gewinnchancen auf die Spieler in gleichem Maße. Würde kein Spieler tätig, so schlösse jeder Teilnehmer die Saison auf dem vordersten bzw. hintersten Rang ab. Die

500 *Liesching/Hambach/Schippel*, ZfWG 2018, 208 (213).
501 *Liesching/Hambach/Schippel*, ZfWG 2018, 208 (212).
502 *Hambach/Scicluna*, Timelaw Newsletter 1/2017, 4, (8), abrufbar unter www.timelaw.de/wordpress/wp-content/uploads/2017/01/TLN-01-2017.pdf (zuletzt abgerufen am 17.06.2020).
503 Vgl. auch BVerwG, Urteil vom 22.01.2014 – 8 C 26/12, NJW 2014, 2299 (2300 f.).
504 BVerwG, Urteil vom 16.10.2013 – 8 C 21/12, BVerwGE 148, 146 (155) = NVwZ 2014, 889 (892).

Gewinne würden somit zu gleichen Teilen ausgezahlt.[505] Die einzige Konstellation, in denen ein Teilnehmer nach Entrichtung der Gebühr keine Chance hätte zu gewinnen, wäre diejenige, dass sich mindestens ein anderer Spieler bereits dazu entschlossen hätte, seine Gewinnchance durch aktives Eingreifen in das Spielgeschehen zu erhöhen. Allerdings wird nicht ersichtlich, warum anzunehmen sein sollte, dass sich ein Spieler nicht ins Spielgeschehen einbringt, mindestens ein anderer hingegen schon. Von einem solchen Szenario ist das Leipziger Gericht aber offenbar ausgegangen. Zutreffender erkannte hingegen das VG Halle, dass mit der Entrichtung einer Teilnahmegebühr für den Spieler bereits der „Weg zu erheblichen Gewinnen" eröffnet sein kann.[506] Diese Entscheidung wurde allerdings vom BVerwG aufgehoben. Zwar konsequent, aber ebenso misslich hat die (Sprung-) Revisionsinstanz entschieden, dass die Entrichtung einer Teilnahmegebühr beim Turnierpoker für § 3 Abs. 1 S. 1 GlüStV 2012 ebenfalls nicht ausreicht[507]. Im Rahmen seiner Argumentation hat das Gericht dabei auf die entsprechenden Passagen der Entscheidung zum Fußballmanagerspiel verwiesen. Insofern ist auch dieser Entscheidung entgegenzutreten.

Es bleibt zu hoffen, dass das BVerwG diesen fehlgeleiteten Standpunkt in Zukunft aufgeben und praxisnäher argumentieren wird. Aufgrund des hier dargestellten und vertretenen Standpunktes sind Teilnahmegebühren ebenfalls unter die Definition des Einsatzes im Sinne des § 284 StGB bzw. unter das von § 3 Abs. 1 S. 1 GlüStV 2012 geforderte Entgelt zu subsumieren. Die Einordnung der Teilnahmegebühr als Einsatz hat zur Folge, dass diese zwecks Abgrenzung zum bloßen Unterhaltungsspiel nicht ganz unbeträchtlich sein darf.[508] Zwar wurden die Grenzen dahingehend, ab wann ein Einsatz als beträchtlich bzw. unbeträchtlich einzustufen ist, nicht klar abgesteckt. Zumindest wird bei einer Wertgrenze bis unter 10 Euro von einem unerheblichen Einsatz ausgegangen.[509] Da jedoch die Höhe des Gewinns regelmäßig von der Höhe des Einsatzes abhängt[510] und sowohl Einsätze als auch Gewinne bei Fantasy Sport Games mitunter hoch ausfallen, ist bei der vorliegenden steuerrechtlichen Untersuchung lediglich an solche Einsätze anzuknüpfen, die nicht unbeträchtlich sind.

In Bezug auf die Haltung der Literatur ist zu differenzieren. Der Standpunkt, der Fantasy Sport Games bereits aufgrund mangelnder Entgeltabhängigkeit im

505 Dass die Gewinne aufgrund mehrerer Sieger entsprechend gering ausfielen, ist für die Beurteilung, ob aus der Teilnahmegebühr eine Gewinnchance erwachsen kann, nicht von Belang.

506 VG Halle, Urteil vom 11.06.2012 – 3 A 124/11, ECLI:DE:VGHALLE: 2013:0731.5A2 87.12.0A.

507 BVerwG, Urteil vom 22.01.2014 – 8 C 26/12, NJW 2014, 2299 (2300 f.).

508 Siehe BGH, Beschluss vom 29.09.1986 – 4 StR 148/86, BGHSt 34, 171 (176 f.); *Tröndle*, in: Fischer, StGB, § 282 Rn. 3; siehe auch Zweites Kap. A. II. 1.

509 BGH, Urteil vom 08.08.2017 – 1 StR 519/15, NStZ 2018, 335 (336); vgl. Zweites Kap. A. II. 1.

510 Siehe *Schmidt*, StGB, § 284 Rn. 4 f.

Sinne des GlüStV 2012 nicht als Glücksspiel betrachtet, ist als ebenso fehlgeleitet anzusehen wie der des BVerwG. Diejenigen, die in Daily Fantasy Sports aufgrund der vermeintlich überwiegenden Zufallskomponente ein Glücksspiel begründet sehen, unterschätzen die den Managern zur Verfügung stehenden Möglichkeiten, um die Erfolgswahrscheinlichkeit zu erhöhen. Es ist zunächst essenziell, sich entsprechende Hintergrundinformationen zu den aufstellbaren Spielern und den bevorstehenden Gegnern unter Berücksichtigung des verbleibenden Budgets anzueignen. Um sich im Rahmen dieser Recherche das erforderliche Wissen aneignen zu können, bedarf es bei den Managern nicht solcher Fähigkeiten, die den normalen Teilnehmern abhanden gehen könnten. Da nicht davon auszugehen ist, dass die Fülle und die Komplexität der für ein gutes Abschneiden bei Fantasy Sport Games benötigten Informationen jenseits des regelmäßig Zumutbaren liegen, sind das Beziehen und Speichern von Informationen jedem Mitspieler gleichermaßen möglich. Mithin eröffnet sich auch dem Durchschnittsspieler die Möglichkeit, die erforderlichen Informationen zu sammeln.[511]

Es bestehen zwischen Daily Fantasy und Classic Fantasy Sports keine Unterschiede von solcher Art und solchem Gewicht, dass eine unterschiedliche Klassifizierung als überwiegendes Glücks- oder Geschicklichkeitsspiel gerechtfertigt werden könnte. Ob der Manager die Spieler beim erstgenannten Modus einmalig aufstellt oder seine Mannschaft beim zweitgenannten Modus mehrfach zusammenstellen muss, spielt für die Notwendigkeit des Einsatzes von Können, um zu gewinnen, zunächst keine Rolle. Nicht zu vergessen ist dabei, dass – anders als etwa bei der Sportwette – kein singuläres Ereignis – Sieg oder Niederlage – für den Erfolg maßgeblich ist, sondern auf die Leistung aller elf aufgestellten Spieler, die vorab im Rahmen „strategischer und taktischer Überlegungen" ausgesucht wurden, abzustellen ist.[512]

dd) Ergebnis

Fantasy Sport Games verlieren somit nicht den Charakter eines Glückspiels, weil ihre Entgeltabhängigkeit fehlt. Sie verlieren ihn aber deshalb, weil der Zufall sowohl bei Daily Fantasy als auch Classic Fantasy Sports nicht dominiert. Es ist daher festzuhalten, dass im Bereich der Fantasy Sport Games überwiegend das Geschick den Ausschlag gibt. Die Tätigkeit stellt sich demnach als eine Beteiligung am allgemeinen wirtschaftlichen Verkehr dar.

b) Selbständigkeit und Nachhaltigkeit

Selbständig handelt, wer die Tätigkeit auf eigene Rechnung und in eigener Verantwortung ausübt.[513] Der Teilnehmer der Fantasy Sport Games zahlt die

---

511 Siehe näher zum Durchschnittsspieler Drittes Kap. B. III.

512 *Liesching/Hambach/Schippel*, ZfWG 2018, 208 (212).

513 BFH, Urteil vom 27.09.1988 – VIII R 193/83, BStBl. II 1989, 414 (416); Urteil vom 31.07.1990 – I R 173/83, BStBl. II 1991, 66 (67).

Teilnahmegebühr in der Regel selbst, handelt eigenverantwortlich und somit selbständig.

Im Hinblick auf das Merkmal der Nachhaltigkeit ist der Tätigkeit nicht nur über eine bestimmte Dauer nachzugehen, sondern die Tätigkeit sollte auch regelmäßig auf Wiederholung angelegt sein.[514] Dahingehend ist eine Nachhaltigkeit unproblematisch zu bejahen, wenn bei der verfolgten Tätigkeit Wiederholungsabsicht vorliegt, der Steuerpflichtige also gedenkt, sie zu wiederholen.[515] In Bezug auf Classic Fantasy Sports liegt es bereits in der Natur der Spielart, dass dem Spiel für eine bestimmte Dauer nachgegangen wird. Ein Spiel erstreckt sich über die komplette Saison. Dabei kann der Zeitraum je nach Sportart zwar divergieren, allerdings kann zumindest von einem halben Jahr ausgegangen werden. Problematischer erscheint das Merkmal der Nachhaltigkeit bei Daily Fantasy Sports. Hier erstreckt sich ein Spiel lediglich über einen Spieltag, d. h. in der Regel über ein Wochenende. Auszuklammern wären somit solche Spieler, die nur einmalig oder sehr unregelmäßig an den Spielen teilnehmen. Insoweit wird anhand des Einzelfalls zu prüfen sein, ob eine nachhaltige Tätigkeit positiv festgestellt werden kann.

c) Gewinnerzielungsabsicht

Damit von einem Gewerbebetrieb ausgegangen werden kann, muss die Tätigkeit des Steuerpflichtigen außerdem von einer Gewinnerzielungsabsicht getragen sein, die das Streben nach Betriebsvermögensmehrung in Gestalt eines Totalgewinns darstellt.[516] Die Gewinnerzielungsabsicht kann zwar auch einen bloßen Nebenzweck darstellen. Wenn der Tätigkeit allerdings nur aus privaten Gründen nachgegangen wird, so handelt es sich um einen nicht steuerbaren Fall der Liebhaberei.

Die vorliegende Arbeit bezieht sich lediglich auf solche Plattformen,[517] bei denen aufgrund hoher Einsätze hohe Gewinne zu erzielen sind. Hier ist das Streben der Teilnehmer danach, einen Totalgewinn zu erzielen, zumindest als Nebenzweck zu unterstellen. Solche Fantasy Sport Games, bei denen die Teilnahme kostenlos ist und in der Regel in einem privaten Rahmen stattfindet,[518] sind mangels Vorliegens einer Gewinnerzielungsabsicht steuerrechtlich irrelevant.

---

514 Zur Umsatzsteuer vgl. auch BFH, Urteil vom 18.07.1991 – V R 86/87, BStBl. II 1991, 776 f.; Urteil vom 27.10.1993 – XI R 86/90, BStBl. II 1994, 274 ff.; Urteil vom 18.01.1995 – XI R 71/93, BStBl. II 1995, 559 (561).

515 BFH, Urteil vom 13.12.1995 – XI R 43/89, BStBl. II 1996, 232 (238); Urteil vom 07.03.1996 – IV R 2/92, BStBl. II 1996, 369 (371); Urteil vom 10.12.1998 – III R 61/97, BStBl. II 1999, 390 (397).

516 BFH, Beschluss vom 25.06.1984 – GrS 4/82, BStBl. II 1984, 751 (766); vgl. auch Zweites Kap. C. II. 4.

517 Z. B. „DraftKings".

518 Z. B. „Comunio".

d) Negative Tatbestandsmerkmale

Im Rahmen der restlichen, negativ festzustellenden Voraussetzungen darf die ausgeübte Tätigkeit des Steuerpflichtigen nicht im Bereich der Land- und Forstwirtschaft liegen, keine selbständige Arbeit darstellen und muss außerhalb privater Vermögensverwaltung stattfinden. Die beiden erstgenannten Merkmale dürften im Hinblick auf Fantasy Sport Games regelmäßig keine Rolle spielen.

Beim Negativerfordernis der Vermögensverwaltung darf die bloße Verwaltung von eigenem Vermögen nicht im Fokus stehen.[519] Tritt nach dem Gesamtbild der Betätigung und unter Berücksichtigung der Verkehrsauffassung die Ausnutzung substanzieller Vermögenswerte durch Umschichtung gegenüber der Nutzung im Sinne einer Fruchtziehung aus zu erhaltenden Substanzwerten entscheidend in den Vordergrund, ist die Grenze zwischen privater Vermögensverwaltung und gewerblicher Betätigung überschritten.[520] In Zweifelsfällen soll maßgeblich sein, ob die ausgeübte Tätigkeit nach der Verkehrsanschauung dem Bild eines Gewerbebetriebs entspricht und einer privaten Vermögensverwaltung fremd ist. Aufgrund „langjähriger und gefestigter Rechtsprechungstradition" wird sich unmittelbar an Berufsbildern der Lebenswirklichkeit orientiert, zu welchen die selbständig und nachhaltig ausgeübten Tätigkeiten der Produzenten, der Dienstleister und der Händler gehören sollen.[521]

Ein Fantasy Sports-Teilnehmer dürfte demzufolge – ebenso wie der Pokerspieler – üblicherweise nicht den traditionellen Berufsbildern der Gewerbetreibenden entsprechen. Zu berücksichtigen ist dabei aber, dass die Tradition auf eine Zeit zurückgeht, in der Gewinne noch nicht über das Internet erwirtschaftet wurden. Der Rückgriff auf diese Berufsbilder ist außerdem lediglich als Hilfestellung bei der mitunter schwierig vorzunehmenden Abgrenzung zwischen privater Vermögensverwaltung und der Ausübung eines Gewerbebetriebs zu verstehen. Da es allerdings durchaus solche Teilnehmer geben wird, die diesen Spielen trotz Gewinnerzielungsabsicht lediglich als Hobby nachgehen, wird im Einzelfall festzustellen sein, ob der Hobbybereich bereits überschritten wurde und die Tätigkeit außerhalb der privaten Vermögensverwaltung ausgeübt wird. Nichtsdestotrotz darf davon ausgegangen werden, dass Spieler bei den hier in Rede stehenden Spielen mit hohen Einsätzen und hohen Gewinnen oftmals mehr als nur einem Hobby nachgehen.

---

519 R 15.7 Abs. 1 S. 1 EStR.

520 Siehe näher zum Merkmal der privaten Vermögensverwaltung Zweites Kap. C. III. 2. b) cc).

521 FG Köln, Urteil vom 31.10.2012 – 12 K 1136/11, EFG 2013, 612 ff.; vgl. auch BFH, Urteil vom 15.03.2005 – X R 39/03, BFHE 209, 320 (326); vgl. Drittes Kap. B. I. 1. d).

e) Ergebnis

Mithin lässt sich feststellen, dass Gewinne aus der Teilnahme an Fantasy Sport Games als Einkünfte aus Gewerbebetrieb qualifiziert werden und der Besteuerung unterliegen können. Im Hinblick auf die Nachhaltigkeit der Tätigkeit ist zwischen Classic und Daily Fantasy Sports zu differenzieren. Im Hinblick auf Daily Fantasy Sport kann eine Besteuerung gewerblicher Einkünfte ausscheiden.

3. Sonstige Einkünfte

Die Gewinne, die Teilnehmer aus Fantasy Sport Games erwirtschaften, könnten darüber hinaus den sonstigen Einkünften im Sinne des § 22 Nr. 3 in Verbindung mit § 2 Abs. 1 S. 1 Nr. 7 EStG zuzuordnen sein. Der Veranlassungszusammenhang kann im Rahmen von Leistung und Gegenleistung durch das Dazwischentreten etwaiger Zufallselemente entscheidend unterbrochen werden.[522] Wie bereits dargelegt wurde, sind Fantasy Sport Games als überwiegende Geschicklichkeitsspiele zu qualifizieren.

Unabhängig von diesen Überlegungen werden allerdings nur solche Einkünfte aus Leistungen im Sinne des § 22 Nr. 3 EStG erfasst, die weder zu den anderen Einkunftsarten noch zu den Einkünften aus § 22 Nr. 1, 1a, 2 oder 4 EStG gehören.[523] Dahingehend wurde zuvor festgestellt, dass Gewinne der Teilnehmer, die aus Fantasy Sport Games herrühren, als Einkünfte aus Gewerbebetrieb besteuert werden können. In den Fällen, in denen die Voraussetzungen des Gewerbebetriebs nach § 15 Abs. 2 S. 1 EStG vorliegen, treten die Leistungseinkünfte zurück. Maßgebliches Abgrenzungskriterium ist dabei das Merkmal der Nachhaltigkeit bei den gewerblichen Einkünften. Liegt eine Wiederholungsabsicht des Steuerpflichtigen vor, so kommen Einkünfte aus Gewerbebetrieb in Betracht.

Bei einmalig oder nur gelegentlich vorgenommenen Tätigkeiten können demgegenüber Leistungseinkünfte einschlägig sein.[524] Daily Fantasy Sports betreffend könnte es sich durchaus lediglich um eine einmalig vorgenommene Tätigkeit handeln. Auch hier stellen der Einsatz des Teilnehmers und das platzierungsabhängige Entgelt die sich gegenüberstehenden Leistungen dar. Der Veranlassungszusammenhang wird nicht unterbrochen, weil es sich auch bei Classic und Daily Fantasy Sports um überwiegende Geschicklichkeitsspiele handelt. Gewinne können damit von § 22 Nr. 3 EStG erfasst werden, sofern die Vorschrift nicht als subsidiär zurücktritt.

---

522 Vgl. Drittes Kap. C.

523 Siehe zur Subsidiarität des § 22 Nr. 3 EStG auch Zweites Kap. C. IV. 4.

524 Vgl. BFH, Urteil vom 10.07.2008 – IX R 47/07, BFH/NV 2008, 2001; vgl. auch Zweites Kap. C. IV.

III. Ergebnis

Eine Besteuerung von Online-Pokergewinnen als Einkünfte aus Gewerbebetrieb kommt grundsätzlich in Betracht. Denn Turnierpoker und Cash-Games im Internet sind wie die nicht-digitalen Formen des Pokerspiels als überwiegende Geschicklichkeitsspiele einzuordnen, obwohl die Spieler sich nicht unmittelbar gegenübersitzen und Mimik sowie Gestik deuten können. Zwar verschafft diese Komponente gerade Profispielern einen enormen Vorteil. Diese psychologischen Fähigkeiten sind Durchschnittsspielern im Rahmen ihres Anforderungsprofils jedoch nicht zuzumuten und auch nicht vonnöten. Die übrigen im Texas Hold'em-Poker benötigten Fähigkeiten können dem Spieler auf virtueller Ebene nach wie vor abverlangt werden. Dies und der Umstand, dass bei beiden Austragungsformen viele Hände gespielt werden können, belegt bei beiden Spielformen den Charakter des überwiegenden Geschicklichkeitsspiels. Demgegenüber sind Gewinne von Gelegenheitsspielern grundsätzlich keiner Besteuerung unterworfen. Eine Ausnahme als Unterform des Turnierpokers bilden die „Spin&Go"-Turniere, bei denen ein Durchschnittsspieler nach der hier vertretenen Auffassung seine Fähigkeiten nicht auf eine Weise einbringen kann, die das Geschick gegenüber dem Glück überwiegen lässt. Als Gründe hierfür sind vor allem die begrenzte Anzahl von zu spielenden Händen, die geringe Chipmenge zu Beginn des Turniers sowie die zügig steigenden Blindstufen zu nennen. Nichtsdestotrotz können Gewinne, die im Rahmen von „Spin&Go"-Veranstaltungen generiert werden, ihren Weg in die Steuerbarkeit dadurch erfahren, dass sie als Betriebseinnahmen erfasst werden. Dies würde allerdings steuerbare Gewinne des Spielers verlangen, die in einem Veranlassungszusammenhang zu seinen sonstigen Gewinnen stehen.

Hinsichtlich der Fantasy Sport Games handelt es sich entgegen der Auffassung der höchstrichterlichen Verwaltungsrechtsprechung um (überwiegende) Geschicklichkeitsspiele. Diese Einordnung hat in einkommensteuerrechtlicher Hinsicht zur Konsequenz, dass die sich daraus ergebenden Gewinne der Teilnehmer als Einkünfte aus Gewerbebetrieb oder als sonstige Einkünfte der Besteuerung unterliegen können.

E. Auswirkungen

Auf Grundlage der bisherigen Ergebnisse ist zu untersuchen, welche Auswirkungen diese auf die Praxis haben bzw. haben werden. Dabei ist besonderes Augenmerk auf die Erfassung der Pokergewinne sowie die potenzielle Abzugsfähigkeit von in diesem Zusammenhang getätigten Aufwendungen zu legen.

I. Erfassung der Pokergewinne

1. Grundsatz der Gleichmäßigkeit der Besteuerung

Im Rahmen einer etwaigen ungleichen Erfassung von Pokergewinnen melden sich erste kritische Stimmen aus der Literatur. *Meier* etwa hat in dieser Hinsicht bereits Bedenken zur praktischen Durchführung der Besteuerung geäußert.[525] Es würden sich aufgrund der fehlenden Dokumentationspflicht der Gewinne erhebliche Schwierigkeiten bei der Feststellung der steuerpflichtigen Einkünfte ergeben. Dabei sei fraglich, ob bei anschließender Besteuerung überhaupt noch der Grundsatz der Gleichmäßigkeit der Besteuerung gewahrt sei. Diese Frage ist laut *Meier* insbesondere dann zu stellen, wenn nur diejenigen Pokerspieler, die an von der Öffentlichkeit verfolgten Turnieren partizipieren, von den Finanzämtern erfasst werden und im Gegensatz dazu die Gewinne der übrigen Spieler mangels einer „hinreichend genauen Ermittlungsmöglichkeit" nicht nachvollzogen werden können. Dahingehend wird befürchtet, dass die daraus resultierende fehlende Durchsetzbarkeit des Besteuerungsvollzugs zu einer starken Ungleichbehandlung der Steuerpflichtigen und somit zur Unvereinbarkeit mit dem Grundsatz der Gleichmäßigkeit der Besteuerung führen könnte.

Der Grundsatz der gleichmäßigen Besteuerung ist Ausfluss des allgemeinen Gleichheitssatzes aus Art. 3 Abs. 1 GG. In diesem Kontext müssen die Steuerpflichtigen durch ein Steuergesetz rechtlich und tatsächlich gleich belastet werden. Bei Missachtung dieses Grundsatzes kann es zur Verfassungswidrigkeit der gesetzlichen Besteuerungsgrundlage kommen.[526] Der Grundsatz der Gleichmäßigkeit der Besteuerung kommt auch einfachgesetzlich zum Ausdruck: Nach § 85 S. 1 AO haben die Finanzbehörden die Steuern nach Maßgabe der Gesetze gleichmäßig festzusetzen und zu erheben, sog. Rechtsanwendungsgleichheit.[527]

2. *Einfluss des GwG*

Zu berücksichtigen ist ebenfalls das am 26.06.2017 in Kraft getretene GwG, das Geldwäsche im Sinne des § 261 StGB (§ 1 Abs. 1 GwG) und Terrorismusfinanzierung (vgl. § 1 Abs. 2 GwG) verhindern soll. Die Stärkung des risikobasierten Ansatzes,[528] die Einrichtung eines elektronischen Transparenzregisters der wirtschaftlich Berechtigten und die Harmonisierung der Bußgeldbewehrung von Verstößen gegen geldwäscherechtliche Vorschriften bilden die zentralen Regelungen.[529]

525 *Meier*, FR 2016, 359 (364).

526 BVerfG, Urteil vom 27.06.1991 – 2 BvR 1493/89, BVerfGE 84, 239 ff. = FR 1991, 375 ff.; Beschluss vom 10.04.1997 – 2 BvL 77/92, BVerfGE 96, 1 (5 ff.); vgl. auch BVerfG, Urteil vom 09.03.2004 – 2 BvL 17/02 mit Anm. *Jacob/Vieten*, FR 2004, 82 ff. für die Durchsetzbarkeit des Besteuerungsvollzugs bei privaten Spekulationsgeschäften bezüglich Wertpapieren.

527 *Tipke/Lang*, Steuerrecht, § 21 Rn. 1.

528 Demnach müssen die geldwäscherechtlich Verpflichteten über ein in Bezug auf ihre Geschäftstätigkeit angemessenes Risikomanagement verfügen. Dieses sieht vor, dass die Verpflichteten ihr jeweiliges Risiko der Geldwäsche und Terrorismusfinanzierung prüfen und ihre Maßnahmen zur Minderung des Risikos danach ausrichten.

529 BT-Drucks. 18/11555, S. 1 f.

Zur Erreichung dieser Ziele verpflichtet das GwG diverse Personengruppen. Zu den Verpflichteten im Sinne des GwG zählen gem. § 2 Abs. 1 GwG insbesondere Kreditinstitute nach § 1 Abs. 1 des Kreditwesengesetzes (KWG)[530] und im Inland gelegene Zweigstellen und Zweigniederlassungen von Kreditinstituten mit Sitz im Ausland (Nr. 1) sowie die Veranstalter und Vermittler von Glücksspielen (Nr. 15).

Der Kreis der Verpflichteten erstreckt sich nicht nur auf Spielbanken sowie Veranstalter und Vermittler von Glücksspielen im Internet, sondern wurde auf sämtliche Veranstalter und Vermittler von Glücksspielen erweitert.[531] Der Gesetzgeber hat dabei zum Ausdruck gebracht, dass es für das Vorliegen der Eigenschaft als Verpflichteter nicht darauf ankommt, ob der Veranstalter oder Vermittler von Glücksspielen über eine behördliche Erlaubnis verfügt.[532]

Inhaltlich verlangt wird die Ergreifung diverser Maßnahmen durch die Verpflichteten gegenüber ihren Vertragspartnern, um die Erreichung der Ziele des GwG zu gewährleisten.[533]

Damit ist die Frage aufzuwerfen, ob die (Finanz-)Behörden aufgrund geldwäscherechtlicher Vorschriften von Gewinnen der Spieler erfahren und diese versteuern können, weil Kreditinstitute sowie Veranstalter und Vermittler von Glücksspielen als Verpflichtete etwaige Meldungen machen müssen. Um sich der Beantwortung dieser Frage anzunähern, ist auf die einschlägigen geldwäscherechtlichen Normen einzugehen.

a) Begriffsbestimmungen

Das GwG liefert mit § 1 Abs. 8 eine Legaldefinition des Glücksspiels. Danach gilt jedes Spiel als Glücksspiel, bei dem ein Spieler für den Erwerb einer Gewinnchance ein Entgelt entrichtet und der Eintritt von Gewinn und Verlust ganz oder überwiegend vom Zufall abhängt. Obwohl der Wortlaut von § 1 Abs. 8 GwG nicht mit dem des § 3 Abs. 1 S. 1 GlüStV 2012 deckungsgleich ist, stehen sich die beiden Definitionen inhaltlich in nichts nach.[534]

Unter einer Geschäftsbeziehung versteht das GwG gem. § 1 Abs. 4 jede Beziehung, die unmittelbar in Verbindung mit den gewerblichen oder beruflichen Aktivitäten der Verpflichteten steht und bei der beim Zustandekommen des Kontakts davon ausgegangen wird, dass sie von gewisser Dauer sein wird. Dabei geht sie über die einzelne Transaktion hinaus und ist in der Regel auf Langfristigkeit ausgelegt.[535] Transaktion ist oder sind eine, oder soweit zwischen ihnen eine Verbindung

530 § 2 Abs. 1 Nr. 3 bis 8 KWG nennt als Ausnahme Unternehmen, die vom GwG nicht verpflichtet werden.

531 Vgl. BT-Drucks. 18/11555, S. 87; § 2 Abs. 1 Nr. 15 KWG sieht gleichwohl diverse Ausnahmen vor, etwa für die Betreiber von Geldspielgeräten, § 2 Abs. 1 Nr. 15 a) KWG.

532 BT-Drucks. 18/11555, S. 107.

533 Vgl. etwa §§ 8, 10 ff. und 18 ff. GwG.

534 Siehe dazu Zweites Kap. A. II. 4.

535 BT-Drucks. 18/11555, S. 101.

zu bestehen scheint, mehrere Handlungen, die eine Geldbewegung oder eine sonstige Vermögensverschiebung bezweckt oder bezwecken oder bewirkt oder bewirken, § 1 Abs. 5 GwG.

b) Allgemeine Sorgfaltspflichten

Das im Rahmen des risikobasierten Ansatzes verlangte wirksame Risikomanagement schlägt sich im GwG nieder: Die Verpflichteten müssen demnach zur Verhinderung von Geldwäsche und Terrorismusfinanzierung über ein wirksames Risikomanagement verfügen, das im Hinblick auf Art und Umfang ihrer Geschäftstätigkeit angemessen ist, § 4 Abs. 1 GwG. Das GwG bestimmt diverse Maßnahmen, die die Verpflichteten zu ergreifen haben. Glücksspielanbieter müssen etwa nach § 6 Abs. 4 GwG Datenverarbeitungssysteme betreiben, mithilfe derer sie bestimmte Geschäftsbeziehungen und einzelne Transaktionen im Spielbetrieb und über ein Spielerkonto nach § 16 GwG erkennen können. Der Sinn und Zweck der Datenverarbeitungssysteme, die in regelmäßigen Abständen zu aktualisieren sind, besteht laut Gesetz im Erkennen von zweifelhaften oder ungewöhnlichen Geschäftsbeziehungen oder Transaktionen, vgl. § 6 Abs. 4 S. 1 GwG. Darüber hinaus haben Verpflichtete im Sinne des § 6 Abs. 6 S. 1 GwG Vorkehrungen zu treffen, um auf Anfrage der Zentralstelle für Finanztransaktionsuntersuchungen oder auf Anfrage anderer zuständiger Behörden Auskunft darüber geben zu können, ob sie während eines Zeitraums von fünf Jahren vor der Anfrage mit bestimmten Personen eine Geschäftsbeziehung unterhalten haben und welcher Art diese Geschäftsbeziehung war. Den zu treffenden Maßnahmen wird durch § 8 GwG ein entsprechender Rahmen gegeben. Danach müssen die Verpflichteten personenbezogene Daten wie Angaben und Informationen ihrer Vertragspartner aufzeichnen. Die Daten dürfen allerdings ausschließlich für die Verhinderung von Geldwäsche und Terrorismusfinanzierung verwendet werden gem. § 58 GwG.[536]

Oberstes Anliegen des Gesetzgebers im Rahmen der Geldwäscheprävention ist die aktive Mithilfe der Verpflichteten. Diese treffen im Verhältnis mit ihren Kunden allgemeine Sorgfaltspflichten.[537] In § 10 Abs. 1, 2 und 3 GwG geht es im Kern darum, „was in welchem Umfang wann zu tun ist".[538] § 10 Abs. 1 GwG katalogisiert die allgemeinen Sorgfaltspflichten.

> „Die allgemeinen Sorgfaltspflichten sind:
> *1. die Identifizierung des Vertragspartners und gegebenenfalls der für ihn auftretenden Person (...) sowie die Prüfung, ob die für den Vertragspartner auftretende Person hierzu berechtigt ist.*
> *(...)*

536 Vgl. BT-Drucks. 18/11928, S. 166.
537 So ausdrücklich zum Glücksspiel BT-Drucks. 18/11928, S. 33.
538 *Reeckmann*, ZfWG 2018, 15 (17).

3. die Einholung und Bewertung von Informationen über den Zweck und die angestrebte Art der Geschäftsbeziehung, soweit sich diese Informationen im Einzelfall nicht bereits zweifelsfrei aus der Geschäftsbeziehung ergeben.
(...)
5. die kontinuierliche Überwachung der Geschäftsbeziehung einschließlich der Transaktionen, die in ihrem Verlauf durchgeführt werden, zur Sicherstellung, dass diese Transaktionen übereinstimmen

a) mit den beim Verpflichteten vorhandenen Dokumenten und Informationen über den Vertragspartner (...), über deren Geschäftstätigkeit und Kundenprofil und,
b) soweit erforderlich, mit den beim Verpflichteten vorhandenen Informationen über die Herkunft der Vermögenswerte.

Im Rahmen des Glücksspiels ist erwähnenswert, dass Glücksspielanbieter nach § 10 Abs. 5 S. 1 GwG die allgemeinen Sorgfaltspflichten bei Gewinnen oder Einsätzen eines Spielers in Höhe von 2.000 Euro oder mehr zu erfüllen haben, soweit das Glücksspiel nicht im Internet angeboten oder vermittelt wird. In Bezug auf Glücksspiel im Internet regelt § 16 GwG die Einrichtung von Spielerkonten, das Verbot der Annahme von Einlagen und anderen rückzahlbaren Geldern von Spielern, das Verbot der Verzinsung, Vorgaben zu Zahlungswegen, die Kennzeichnung des Verwendungszwecks von Transaktionen sowie die Möglichkeit der vorläufigen Identifizierung.[539]

c) Zentralstelle für Finanztransaktionsuntersuchungen

Im Hinblick auf die Frage, ob Finanzbehörden zumindest mittelbar über Vorschriften des GwG an besteuerungserhebliche Informationen der Steuerpflichtigen gelangen können, kommt der sog. Zentralstelle für Finanztransaktionsuntersuchungen eine Schlüsselrolle zu. Ihr Aufgabenbereich ist in den §§ 28 ff. GwG näher ausgestaltet. Nach § 28 Abs. 1 S. 1 GwG hat die Zentralstelle für Finanztransaktionsuntersuchungen die Aufgabe der Erhebung und Analyse von Informationen im Zusammenhang mit Geldwäsche oder Terrorismusfinanzierung und der Weitergabe dieser Informationen an die zuständigen inländischen öffentlichen Stellen zum Zwecke der Aufklärung, Verhinderung oder Verfolgung solcher Taten.

Werden ihr im Rahmen der Wahrnehmung dieser Aufgaben Sachverhalte bekannt, die keinen Bezug zu Geldwäsche oder Terrorismusfinanzierung aufweisen, so muss sie diese Sachverhalte weiterbearbeiten. In diesen Fällen informiert die Zentralstelle für Finanztransaktionsuntersuchungen die für das Besteuerungsverfahren oder den Schutz der sozialen Sicherungssysteme zuständigen Behörden über Sachverhalte, die ihr bei der Wahrnehmung ihrer Aufgaben bekannt werden und die sie nicht an eine andere zuständige staatliche Stelle übermittelt hat, soweit dies erforderlich ist, § 28 Abs. 4 GwG. Auch aus § 28 Abs. 1 S. 2 Nr. 6 GwG

539 Siehe *Reeckmann*, ZfWG 2018, 15 ff. m.w.N.

geht bereits hervor, dass an inländische öffentliche Stellen entsprechende Informationen zu übermitteln sind. Die Gesetzesbegründung zu § 28 Abs. 1 S. 2 Nr. 6 GwG erwähnt dabei ausdrücklich die Finanzbehörden, die aufgrund der Informationen ein Besteuerungsverfahren durchführen könnten.[540] Die Befugnisnorm zur Wahrnehmung der Aufgaben liefert § 32 Abs. 3 S. 2 Nr. 1 GwG. Diese Datenübermittlungsverpflichtung sieht vor, dass die Zentralstelle für Finanztransaktionsuntersuchungen von Amts wegen oder auf Ersuchen personenbezogene Daten an zuständige inländische Stellen zu übermitteln hat, soweit dies für das Besteuerungsverfahren erforderlich ist.[541]

Die Kompetenzen, die der Finanzstelle für Transaktionsuntersuchungen eingeräumt wurden, werden von der Literatur kritisch bewertet. So kann die Beurteilung, ob ein Sachverhalt für ein Besteuerungsverfahren von Bedeutung ist, von der Behörde in der Regel kaum vorgenommen werden. Denn für eine fachspezifische Würdigung sei die Beiziehung der kompletten Steuerakten bzw. die Kenntnis der darin enthaltenen Informationen erforderlich.[542]

d) Digitales Glücksspiel

Gem. § 2 Abs. 1 Nr. 15 GwG sind Veranstalter und Vermittler von Glücksspielen grundsätzlich als Verpflichtete anzusehen.[543] Diese trifft nach § 16 Abs. 5 GwG eine Informationspflicht. Demnach hat der Verpflichtete die Aufsichtsbehörde unverzüglich[544] über die Eröffnung und Schließung eines Zahlungskontos nach § 1 Abs. 3 des Zahlungsdiensteaufsichtsgesetzes (ZAG), das auf seinen eigenen Namen bei einem Verpflichteten nach § 2 Abs. 1 Nr. 1 bis 3 GwG eingerichtet ist und auf dem Gelder eines Spielers zur Teilnahme an Glücksspielen im Internet entgegen genommen werden, zu informieren. Aus § 50 Nr. 8 GwG ergibt sich die Informationspflicht gegenüber der zuständigen Glücksspielaufsichtsbehörde. Mittels dieser Normenkette soll der zuständigen Behörde die Überwachung der legalen oder illegalen Finanzströme aus dem Online-Glücksspiel erleichtert werden.[545] § 51 Abs. 7 GwG erweitert die Befugnisse der Glücksspielaufsichtsbehörde. Sie kann für Verpflichtete nach § 2 Abs. 1 Nr. 15 GwG zur Erfüllung ihrer Aufgaben im Einzelfall bei einem Verpflichteten nach § 2 Abs. 1 Nr. 1 bis 3 GwG Auskünfte zu Zahlungskonten nach § 1 Abs. 3 ZAG und zu darüber ausgeführten Zahlungsvorgängen eines Veranstalters oder Vermittlers von Glücksspielen im Internet (Nr. 1) sowie eines Spielers (Nr. 2) einholen.

---

540 Vgl. BT-Drucks. 18/11555, S. 138.

541 Mit § 32 Abs. 3 S. 2 GwG wurde Art. 32 Abs. 4 S. 2 der Vierten Geldwäscherichtlinie umgesetzt, vgl. BT-Drucks. 18/11555, S. 145.

542 *Barreto da Rosa*, in: Herzog, GwG, § 28 Rn. 28, § 32 Rn. 14.

543 Zu den Ausnahmen siehe § 2 Abs. 1 Nr. 15 a) bis d) KWG.

544 Ohne schuldhaftes Zögern, § 121 Abs. 1 S. 1 BGB.

545 Vgl. BT-Drucks. 17/10745, S. 16.

Vor diesem Hintergrund stellt sich die Frage, ob die aus der Überwachung gewonnen Informationen, sollten diese steuererheblich sein, an die zuständigen Finanzbehörden weitergeleitet werden dürfen. Dabei hilft ein Blick auf die Vorschrift des § 55 Abs. 1 S. 1 GwG. Demnach arbeiten die Aufsichtsbehörden zur Verhinderung von Geldwäsche und von Terrorismusfinanzierung bei der Wahrnehmung ihrer Aufgaben nach § 51 GwG untereinander sowie mit den in § 54 Abs. 3 GwG genannten Stellen umfassend zusammen. § 54 Abs. 3 Nr. 3 GwG nennt wiederum die Zentralstelle für Finanztransaktionsuntersuchungen, deren Befugnis, Informationen an Finanzbehörden weiterzuleiten, aus § 32 GwG folgt.

e) Zwischenergebnis

Aus den Vorschriften des GwG ergibt sich, dass eine Finanzbehörde Online-Gewinne eines Pokerspielers erfassen kann, wenn auch über Umwege. Die zuständige Glücksspielaufsichtsbehörde könnte Informationen vom Glücksspielanbieter oder Finanzdienstleister einholen und diese an die Zentralstelle für Finanztransaktionsuntersuchungen weiterleiten, ehe diese die Daten der jeweiligen Finanzbehörde übermittelt. Dass diese verworrene Konstellation in der Praxis für Umsetzungsprobleme sorgen dürfte, stellt wohl keine Überraschung dar.

3. Grenzüberschreitende Gewinne im Poker

Weiterhin gilt es zu erörtern, inwieweit sich die Einordnung des Pokers in den entsprechenden Austragungsformen als überwiegendes Geschicklichkeitsspiel auf jene Gewinne der Pokerspieler auswirkt, die grenzüberschreitend erzielt werden. Dies ist für nicht-virtuelles Poker und Online-Poker gesondert zu überprüfen.

Ausgangspunkt ist hierbei § 1 Abs. 1 S. 1 EStG, wonach natürliche Personen, die im Inland einen Wohnsitz oder ihren gewöhnlichen Aufenthalt haben, unbeschränkt einkommensteuerpflichtig sind. Natürliche Personen, die im Inland weder einen Wohnsitz noch ihren gewöhnlichen Aufenthalt haben, sind (vorbehaltlich der Absätze 2 und 3 des § 1 EStG sowie des § 1a EStG) beschränkt einkommensteuerpflichtig, wenn sie inländische Einkünfte im Sinne des § 49 EStG haben. Bei der beschränkten Steuerpflicht gilt grundsätzlich das objektive Nettoprinzip.[546] Im Gegensatz zur unbeschränkten Steuerpflicht, bei der auf Grundlage des Welteinkommensprinzips das Einkommen unabhängig davon besteuert wird, wo die Einkünfte erzielt wurden, wird bei der beschränkten Steuerpflicht auf das Territorialitätsprinzip zurückgegriffen. Hier werden nur solche Einkünfte mit wirtschaftlichem Anknüpfungspunkt im Inland erfasst.[547] Unter Inland versteht man das gesamte Staatsgebiet der Bundesrepublik Deutschland einschließlich des zugehörigen Festlandsockels.[548]

---

546 *Schaumburg*, DB 2005, 1129 f.
547 Vgl. *Rauch*, in: Blümich, EStG, § 1 Rn. 275.
548 *Stöber*, in: Lademann, EStG, § 49 Rn. 321.

a) *Vorrang von Völkerrecht*

Im Rahmen von grenzüberschreitenden Steuersachverhalten stellt sich regelmäßig die Frage, welchem Staat ein Besteuerungsrecht zukommt. Um eine Doppelbesteuerung zu vermeiden, existieren zwischen den Mitgliedstaaten der OECD[549] sog. Doppelbesteuerungsabkommen (DBA). Nach § 2 Abs. 1 AO gehen Verträge mit anderen Staaten im Sinne des Art. 59 Abs. 2 S. 1 GG über die Besteuerung, soweit sie unmittelbar anwendbares innerstaatliches Recht geworden sind, den Steuergesetzen vor. Unter Umständen kann somit durch DBA die beschränkte Steuerpflicht nach deutschem Recht ausgeschlossen oder begrenzt werden[550]

In einem ersten Schritt ist anhand des einschlägigen DBA zu prüfen, ob überhaupt ein deutsches Besteuerungsrecht besteht. Dafür ist zunächst eine abkommensrechtliche Qualifikation der Einkünfte vorzunehmen. Soweit eine Qualifikation als Unternehmensgewinne vorgenommen werden kann, ist in einem zweiten Schritt entscheidend, ob eine inländische Betriebsstätte im abkommensrechtlichen Sinne existiert. Nur wenn dies zutrifft, besteht ein deutsches Besteuerungsrecht.

Erst dann wäre im Anschluss anhand des EStG zu prüfen, ob eine (beschränkte) Steuerpflicht besteht.

b) *Nicht-virtuelles Poker*

Im Rahmen des nicht-virtuellen Pokers kann ein in Deutschland ansässiger Turnierspieler im Ausland an Turnieren teilnehmen. Umgekehrt kann ein im Ausland ansässiger Spieler in Deutschland an einem Turnier teilnehmen.

Vorab ist für beide Konstellationen die abkommensrechtliche Qualifikation vorzunehmen. Pokerspieler, die ihrer Tätigkeit gewerblich nachgehen, also in der Terminologie des deutschen EStG Einkünfte aus Gewerbebetrieb erwirtschaften, treten als Unternehmer auf. Deshalb ist Art. 7 Abs. 1 des Musterabkommens der OECD (OECD-MA) heranzuziehen. Unter Zugrundelegung des Betriebsstättenprinzips können Gewinne eines Unternehmers eines Vertragsstaats nur in diesem Staat besteuert werden, es sei denn, das Unternehmen übt seine Geschäftstätigkeit im anderen Staat durch eine dort belegene Betriebsstätte aus.

Bei Pokerspielern, die an nicht-virtuellen Veranstaltungen teilnehmen, stellt sich die Frage, ob diese überhaupt über eine Betriebsstätte im abkommensrechtlichen Sinne verfügen. Nach Art. 5 Abs. 1 OECD-MA ist Betriebsstätte eine feste Geschäftseinrichtung, durch die die Geschäftstätigkeit eines Unternehmers ganz oder teilweise ausgeübt wird.

---

549 Zu den 36 Mitgliedstaaten der OECD gehören etwa Australien, Österreich, Belgien, Dänemark, Frankreich, Deutschland, Italien, Japan, Niederlande, Spanien, Schweiz, Großbritannien und die Vereinigten Staaten, https://www.oecd.org/newsroom/2482717.pdf (zuletzt abgerufen am 17.06.2020).

550 *Stöber*, in: Lademann, EStG, § 49 Rn. 251.

Hinsichtlich der Veranstaltungsorte, zu denen sich die Spieler zwecks Turnierteilnahme begeben müssen, ist war anzumerken, dass die Spieler hier ihre Geschäftstätigkeit – das Pokerspiel – ausüben. Allerdings variieren nicht nur die Austragungsorte von Turnier zu Turnier. Zudem halten sich die Spieler an diesen lediglich über mehrere Stunden oder Tage auf. Es darf bezweifelt werden, dass hierunter eine „feste" Geschäftseinrichtung im abkommensrechtlichen Sinne zu verstehen ist; denn hierfür ist erforderlich, dass die Geschäftseinrichtung von einer gewissen Dauerhaftigkeit ist und nicht nur vorübergehend besteht.[551]

Art. 5 Abs. 2 OECD-MA listet beispielhaft mögliche Betriebsstätten auf, darunter den Ort der Leitung (a)).[552] Da Pokerspieler in der Regel nicht über eigene Geschäftsräume verfügen, kann unter dem Ort der Leitung bei Pokerspielern allenfalls ihr Wohnsitz in Betracht kommen, von dem aus die Spieler ihre Reisen planen, ihre Finanzen verwalten oder andere begleitende Tätigkeiten ausüben. Das Pokerspiel selbst üben sie hier allerdings nicht aus. Dabei ist auf Art. 5 Abs. 4 e) OECD-MA zurückzugreifen, wonach ungeachtet der vorstehenden Bestimmungen eine feste Geschäftseinrichtung, die ausschließlich zu dem Zweck unterhalten wird, für das Unternehmen andere Tätigkeiten auszuüben, die vorbereitender Art sind oder eine Hilfstätigkeit darstellen, nicht als Betriebsstätte gilt. Somit kommt auch der Wohnsitz des Spielers nicht als Betriebsstätte in Betracht.

Dies hat zur Konsequenz, dass Spieler im Rahmen von nicht-virtuellem Poker grundsätzlich über keine Betriebsstätte im abkommensrechtlichen Sinne verfügen. Nach Art. 7 Abs. 1 OECD-MA können die Gewinne des Spielers eines Vertragsstaats somit nur in diesem Vertragsstaat besteuert werden. Für im Ausland ansässige Spieler, die im Inland Einkünfte erzielen, greift folglich kein deutsches Besteuerungsrecht ein.

Für im Inland ansässige Turnierspieler, die im Ausland Einkünfte erzielen, kommt aus den vorstehenden Gründen ein deutsches Besteuerungsrecht zur Anwendung. Bei dieser Konstellation besteht mithin eine unbeschränkte Einkommensteuerpflicht, weshalb das Welteinkommensprinzip gilt.[553]

c) Online-Poker

Beim gewerblichen Online-Poker ist im Rahmen der abkommensrechtlichen Qualifikation der Einkünfte erneut auf Art. 7 Abs. 1 OECD-MA (Unternehmensgewinne) abzustellen. Ausgehend hiervon stellt sich die Frage, ob Pokerspieler ihre Geschäftstätigkeit durch eine im Ausland belegene Betriebsstätte ausüben. In diesem Fall käme eine Besteuerung der Gewinne in dem Staat in Betracht, in dem die Betriebsstätte belegen ist.

551 *Wassermeyer/Kaeser*, in: Wassermeyer, DBA, Art. 5 OECD-MA 2017 Rn. 37a.

552 Als weitere mögliche Betriebsstätten ist etwa eine Zweigniederlassung (b)), eine Geschäftsstelle (c)), eine Fabrikationsstelle (d)) oder eine Werkstätte (e))

553 Vgl. *Rauch*, in: Blümich, EStG, § 1 Rn. 275.

Die im Internet stattfindenden Veranstaltungen werden über (Web-)Server der Anbieter ermöglicht. Hierbei ist auf den Begriff der sog. „Server-Betriebsstätte" einzugehen. Eine Server-Betriebsstätte kann unter Art. 5 OECD-MA fallen, wenn die folgenden Voraussetzungen erfüllt sind: Es muss sich um eine feste Geschäftseinrichtung handeln, d. h. die Server-Betriebsstätte muss materiell bestehen und in örtlicher Hinsicht dauerhaft fest verankert sein.[554] Außerdem muss der Server dem Zweck der Unternehmenstätigkeit dienen.[555] Zuletzt muss das Unternehmen die rechtliche und wirtschaftliche Verfügungsmacht innehaben.[556]

Zunächst ist zu erwähnen, dass die gängigen Poker-Anbieter ihren Sitz nicht in Deutschland haben,[557] weshalb die Server stets im Ausland aufgestellt sind. Die Konstellation, dass ein im Ausland ansässiger Pokerspieler seine Tätigkeit durch eine in Deutschland belegene Betriebsstätte ausübt, ist somit hier nicht einschlägig.

Der Anbieter PokerStars hat etwa seinen Sitz auf Malta und dort seine Server aufgestellt.[558] Diese Server sind materieller Art und örtlich dauerhaft fest verankert. Klarzustellen ist dabei, dass dem Anbieter die rechtliche und wirtschaftliche Verfügungsmacht zukommt, nicht jedoch dem die Software und die Server nutzenden Spieler. Als Konsequenz ergibt sich, dass die Poker-Anbieter im Sinne des Art. 7 Abs. 1 OECD-MA ihre Tätigkeit durch Server-Betriebsstätten ausüben, jedoch nicht die Teilnehmer. Da eine andere Form der Betriebsstätte für Online-Spieler nicht in Betracht kommt, können die Gewinne eines Unternehmens eines Vertragsstaats nur in diesem Staat besteuert werden. Für in Deutschland ansässige Unternehmen ist dies Deutschland, weshalb hier deutsches Besteuerungsrecht Anwendung findet.

Ausgehend von § 1 Abs. 1 S. 1 EStG sind im Inland ansässige Online-Spieler damit unbeschränkt einkommensteuerpflichtig.

II. Zur Abzugsfähigkeit von Aufwendungen

Nachdem erörtert wurde, dass Pokergewinne als Einkünfte aus Gewerbebetrieb qualifiziert werden können, muss sich nun konsequenterweise die Frage stellen, inwieweit in diesem Zusammenhang getätigte Aufwendungen den Gewinn mindern dürfen. Da eine Besteuerung der Einkünfte von Pokerspielern nur dann stattfinden kann, wenn sich das Pokerspiel als überwiegendes Geschicklichkeitsspiel

554 *Jacobs*, Internationale Unternehmensbesteuerung, S. 338.

555 *Jacobs*, Internationale Unternehmensbesteuerung, S. 339 f.

556 *Jacobs*, Internationale Unternehmensbesteuerung, S. 339.

557 Als Beispiele sind etwa die Anbieter PokerStars (Malta), https://www.pokerstars.eu/de/tos/alt/ (zuletzt abgerufen am 17.06.2020), und partypoker (Isle of Man), https://www.partypoker.com/de/p/about-us (zuletzt abgerufen am 17.06.2020) zu nennen.

558 https://www.pokerstars.eu/de/tos/alt/ (zuletzt abgerufen am 17.06.2020).

darstellt,[559] kommt zwangsläufig der Abzug von Aufwendungen grundsätzlich nur für solche *Geschickspieler* in Betracht.

Dabei ist zunächst auf jene Aufwendungsarten einzugehen, die den Gewinn mindern können.

1. Aufwendungsarten im EStG

Das EStG kennt vier verschiedene Arten von abzugsfähigen Aufwendungen: Betriebsausgaben (§ 4 Abs. 4) und Werbungskosten (§ 9) als Ausdruck des objektiven Nettoprinzips sowie Sonderausgaben (§ 10) und außergewöhnliche Belastungen (§ 33), in denen sich das subjektive Nettoprinzip widerspiegelt.[560]

Betriebsausgaben sind gem. § 4 Abs. 4 EStG die Aufwendungen, die durch den Betrieb veranlasst sind. Sie können im Rahmen der Gewinneinkunftsarten, also der Einkünfte aus Land- und Forstwirtschaft, Gewerbebetrieb oder selbständiger Arbeit anfallen. Als Betrieb kann im Allgemeinen „die auf die Erreichung eines arbeits- bzw. produktionstechnischen Zwecks gerichtete organisatorische Zusammenfassung personeller, sachlicher und anderer Arbeitsmittel zu einer selbständigen Einheit aufgefasst werden“.[561] Dabei wird mit ihm die Erzielung von Gewinn intendiert.[562] Wenn Aufwendungen objektiv mit dem Betrieb zusammenhängen und diesem subjektiv dienen sollen, so gelten sie als veranlasst.[563] Daraus ergibt sich, dass es zunächst eine untergeordnete Rolle spielt, ob die Aufwendungen notwendig, angemessen oder zweckmäßig sind. Gleichwohl sind in § 4 Abs. 5 S. 1 diverse Betriebsausgaben geregelt, die den Gewinn nicht mindern dürfen.[564]

Werbungskosten können bei den übrigen (nichtbetrieblichen) Überschusseinkunftsarten zum Tragen kommen. Sie sind gem. § 9 Abs. 1 S. 1 EStG Aufwendungen zur Erwerbung, Sicherung und Erhaltung der Einnahmen. Sie sind bei der Einkunftsart abzuziehen, bei der sie erwachsen sind, Satz 2. Betriebsausgaben sind inhaltlich von Werbungskosten kaum zu unterscheiden.[565]

Als Sonderausgaben werden nach § 10 Abs. 1 EStG solche Aufwendungen bezeichnet, die weder Betriebsausgaben noch Werbungskosten sind. Die Vorschriften der §§ 10 ff. EStG enthalten dabei eine ausführliche Auflistung der

---

559 Vgl. Ausführungen zur Konkretisierung des Durchschnittsspielers, Drittes Kap. B. III.

560 Vgl. *Kratzsch*, in: Frotscher/Geurts, EStG, § 12 Rn. 7 ff.; siehe zum subjektiven und objektiven Nettoprinzip auch Zweites Kap. C. II.

561 BFH, Urteil vom 13.10.1988 – IV R 136/85, BStBl. II 1989, 7 (8).

562 Vgl. *Tipke/Lang*, Steuerrecht, § 8 Rn. 208 f.

563 BFH, Beschluss vom 21.11.1983 – GrS 2/82, BFHE 140, 50 (55) = NJW 1984, 1054 (1055 f.); Beschluss vom 04.07.1990 – GrS 2/88, BFHE 161, 290 (301 ff.); *Wacker*, in: Blümich, EStG, § 4 Rn. 252.

564 Siehe zum Abzugsverbot nach § 4 Abs. 5 S. 1 Nr. 1 EStG auch Viertes Kap. B. IV.

565 Vgl. BFH, Urteil vom 28.11.1980 – VI R 193/77, BFHE 132, 431 ff.; *Drenseck*, in: Schmidt, EStG § 9 Rn. 20.

verschiedenen Sonderausgaben und treffen spezielle Regelungen darüber, unter welchen Umständen diese abzugsfähig sind.[566]

Erwachsen einem Steuerpflichtigen nach § 33 Abs. 1 EStG zwangsläufig größere Aufwendungen als der überwiegenden Mehrzahl der Steuerpflichtigen gleicher Einkommensverhältnisse, gleicher Vermögensverhältnisse und gleichen Familienstands, so ist von außergewöhnlichen Belastungen die Rede.

2. *Aufwendungen als Betriebsausgaben*

In Bezug auf Pokergewinne sind folglich Betriebsausgaben im Sinne des § 4 Abs. 4 EStG die in Betracht kommende Aufwendungsart.

Sind Gewinne von Gelegenheitsspielern nicht zu besteuern,[567] so können ihre Aufwendungen auch nicht zum Abzug gebracht werden. Sollte eine Besteuerung ausnahmsweise doch in Betracht kommen,[568] so handelt es sich bei ihren Aufwendungen um Werbungskosten nach § 9 EStG. In diesem Fall gelten die folgenden Ausführungen zu Betriebsausgaben für Werbungskosten entsprechend.

Da Aufwendungen als Merkmal der betrieblichen Veranlassung objektiv mit dem Betrieb zusammenhängen und diesem subjektiv dienen sollen, ist zunächst festzuhalten, welche Kosten im Rahmen des Pokerspiels auf den Steuerpflichtigen zukommen können und wie diese zu behandeln sind. Dahingehend ist besonderes Augenmerk auf Reisekosten und die Teilnahmegebühren für Turniere und Cash-Games (Buy-Ins) zu legen.

a) Buy-Ins

Die Buy-Ins, d. h. die Teilnahmegebühren der Spieler, sind als betrieblich veranlasste Aufwendungen einzustufen. Nur wenn die Spieler das Entgelt an die Turnierveranstalter entrichten, können sie an diesen teilnehmen, es sei denn, sie haben sich vorab für das Turnier qualifiziert. Damit hängen die Buy-Ins objektiv unmittelbar mit dem Betrieb des Steuerpflichtigen, also mit der Betätigung als Pokerspieler, zusammen. Diese sollen seinem Betrieb auch subjektiv dienen, da die Turnierteilnahme und das Bezahlen der Gebühr stets vom Willen des Pokerspielers zur Gewinnerzielung getragen werden. Dementsprechend handelt es sich um abzugsfähige Betriebsausgaben.

---

566 Insbesondere Vorsorgeaufwendungen können zum Abzug gebracht werden, vgl. § 10 Abs. 2 S. 1 EStG.

567 Siehe Drittes Kap. B. III. 4.

568 Ausnahmsweise können die Gewinne der Gelegenheitsspieler besteuert werden, wenn sie das Pokerspiel zuvor gewerblich ausgeübt und damit unter Beweis gestellt haben, über die Fähigkeiten eines Durchschnittsspielers zu verfügen.

b) Reisekosten

Reisekosten spielen bei Pokerspielern, die den Hobbybereich verlassen haben, eine nicht unerhebliche Rolle. Während Pokerspieler auf klassischem Wege Veranstaltungen verschiedenster Größen im In- oder Ausland besuchen, können sich die Online-Spieler bei Online-Turnieren für nicht-virtuelle Turniere qualifizieren, was ebenfalls Reisekosten anfallen lässt, sofern diese nicht bereits im Qualifikationserfolg enthalten sind.

Ausgehend hiervon ist zunächst auf § 12 Nr. 1 S. 2 EStG einzugehen. Nach dieser Vorschrift dürfen Aufwendungen für die Lebensführung, die die wirtschaftliche oder gesellschaftliche Stellung des Steuerpflichtigen mit sich bringt, auch wenn sie zur Förderung des Berufs oder der Tätigkeit des Steuerpflichtigen erfolgen, bei den einzelnen Einkunftsarten nicht abgezogen werden. Im Rahmen dieses Abzugsverbots hat der BFH lange Zeit zugleich ein Aufteilungs- und Abzugsverbot für gemischt veranlasste Aufwendungen angenommen. Unter gemischt veranlassten Aufwendungen versteht man Aufwendungen, die sowohl in einem beruflichen als auch in einem privaten Bereich getätigt werden.[569] Dies hatte zur Folge, dass auch Reisekosten, sollten sie sowohl privat als auch beruflich veranlasst sein, unter Umständen nicht zum Abzug gebracht werden konnten. Eine Reise könne dahingehend nur insgesamt als Einheit, also nicht isoliert betrachtet werden.[570] Die höchstrichterliche Finanzrechtsprechung hat sich jedoch mittlerweile vom Aufteilungs- und Abzugsverbot hinsichtlich der Reisekosten verabschiedet. Der BFH vertritt nun die Auffassung, Aufwendungen für die (Hin- und Rück-)Reise könnten grundsätzlich in abziehbare Betriebsausgaben (oder Werbungskosten) und nicht abziehbare Aufwendungen für die private Lebensführung aufgeteilt werden, wenn die beruflich veranlassten Zeitanteile feststehen und nicht von untergeordneter Bedeutung sind.[571] Von untergeordneten Bedeutung und damit im vollen Umfang nicht abzugsfähig sind die beruflich veranlassten Zeitanteile, wenn sie kleiner als 10 Prozent sind.[572]

Das vom BFH gesetzte Erfordernis für die Aufteilung von abzugsfähigen und nicht abzugsfähigen Aufwendungen ist für die Bewertung des Turnierpokers nicht unproblematisch. Denn dem Turnierpoker ist immanent, dass der Spieler in jeder Phase des Turniers ausscheiden kann. Somit steht die beruflich veranlasste Zeit für einen Turnierpokerspieler niemals fest. Ein Turnier beansprucht im Regelfall mehrere Stunden bzw. Tage. Selbst wenn sich die Rückreise unmittelbar an das Ende des Turniers anschließt, kann es vorkommen, dass der Spieler gleich zu Beginn des Turniers ausscheidet. In diesem Fall wäre der berufliche Teil

569 Siehe grundlegend dazu BFH, Beschluss vom 19.10.1970 – GrS 2/70, BFHE 100, 309 ff. = DB 1971, 77 ff.; siehe zu den Ausnahmen etwa BFH, Urteil vom 09.10.1953 – IV 536/52 U, BFHE 58, 120 ff.; Urteil vom 19.12.1977 – VI R 198/76, BFHE 124, 428 ff.

570 BFH, Beschluss vom 27.11.1978 – GrS 8/77, BStBl. II 1979, 213 (219).

571 BFH, Beschluss vom 21.09.2009 – GrS 1/06, BFHE 227, 1 ff. = NJW 2010, 891.

572 BMF, Schreiben vom 06.07.2010 – IV C 3 – S 2227/07/10003:002, BStBl. I 2010, 614 f.

seiner Reise abgeschlossen, weshalb die restliche Zeit des Aufenthalts im privaten Bereich anzusiedeln wäre. Unter Umständen könnte die privat beanspruchte Zeit im Rahmen der Reise überwiegen, weshalb bei strenger Auslegung der Rechtsprechung die getätigten Aufwendungen nicht mehr aufzuteilen und somit nicht mehr abzugsfähig wären. Dieses Ergebnis ist als unbillig einzustufen, da es der Risikotypizität des Pokerspielers entspricht, in Turnieren früh auszuscheiden. Somit würde eine Wirklichkeit geschaffen, in der nur die (verhältnismäßig) erfolgreichen Pokerspieler ihre Verluste zum Abzug bringen können. Bei der Einstufung als Glücks- oder *Geschickspieler* wird allerdings der Qualität des Abschneidens des Spielers bereits Rechnung getragen, weshalb diese Würdigung auf Ebene der Gewinn- und Verlustermittlung faktisch nicht erneut vorgenommen werden muss.

Da der *Geschickspieler* im Turnier das bestmögliche Abschneiden anvisiert, bietet sich vielmehr an, jene beruflich veranlasste Zeit als feststehend anzusehen, die bei Ende der Veranstaltung festzustellen ist. Nur so würdigt man die Tätigkeit des berufsmäßigen Pokerspielers auf steuerrechtlich angemessene Weise.

c) Berücksichtigung einer Herabstufung

Wie im Rahmen der Konkretisierung des Durchschnittsspielers bereits dargelegt, erscheint es nur konsequent, den Status der Spieler von „*Geschickspieler*" zu „Glücksspieler" zu verändern, wenn sie nicht mehr die für das Pokerspiel erforderlichen Fähigkeiten mitbringen. Somit käme eine Besteuerung ihrer Einkünfte nicht länger in Betracht.[573] Dies hätte zwangsläufig zur Folge, dass sie ihre Verluste in Gestalt der Reisekosten und Buy-Ins nicht länger geltend machen können.

d) Verlustabzug nach § 10d EStG

Erzielt der Spieler in einem Veranlagungszeitraum nach Abzug der Aufwendungen von den Spielgewinnen negative Einkünfte, stellt sich die Frage, inwieweit die Möglichkeit zur Verrechnung mit positiven anderen Einkunftsarten sowie zur periodenübergreifenden Verrechnung besteht.

An dieser Stelle ist auf § 10d EStG Bezug zu nehmen. Nach § 10d Abs. 1 S. 1 EStG sind negative Einkünfte, die bei der Ermittlung des Gesamtbetrags der Einkünfte nicht ausgeglichen werden, vom Gesamtbetrag der Einkünfte des unmittelbar vorangegangenen Veranlagungszeitraums vorrangig vor Sonderausgaben, außergewöhnlichen Belastungen und sonstigen Abzugsbeträgen abzuziehen (Verlustrücktrag). Nach § 10d Abs. 2 S. 1 EStG sind nicht ausgeglichene negative Einkünfte, die nicht nach § 10d Abs. 1 EStG abgezogen worden sind, in den folgenden Veranlagungszeiträumen vorrangig vor Sonderausgaben, außergewöhnlichen Belastungen und sonstigen Abzugsbeträgen abzuziehen (Verlustvortrag).

573 Siehe zur Herabstufung des Pokerspielers Drittes Kap. B. III. 3.

In Bezug auf Einkünfte der Pokerspieler aus Gewerbebetrieb ist der Verlustabzug nach § 10d EStG möglich.[574] Hinsichtlich der sonstigen Einkünfte nach § 22 Nr. 3 EStG gelten Einschränkungen. Übersteigen gem. § 22 Nr. 3 S. 3 EStG die Werbungskosten die Einnahmen, so darf der übersteigende Betrag bei Ermittlung des Einkommens nicht ausgeglichen werden und auch nicht nach § 10d EStG abgezogen werden. Die Verluste mindern jedoch nach Maßgabe des § 10d EStG die Einkünfte, die der Steuerpflichtige in dem unmittelbar vorangegangenen Veranlagungszeitraum aus Leistungen im Sinne des § 22 Nr. 3 S. 1 EStG erzielt hat oder erzielt (§ 22 Nr. 3 S. 4 EStG).

III. Gewerbesteuer

Außerdem ist bei Einkünften aus Gewerbebetrieb die Gewerbesteuer näher zu beleuchten. Diese wird gem. Art. 106 Abs. 6 S. 1 GG, § 1 GewStG von den Gemeinden erhoben. Die Gewerbesteuer gilt als Ertragsteuer.[575] Ihr unterliegt als Steuergegenstand gem. § 2 Abs. 1 S. 1 GewStG jeder stehende Gewerbebetrieb, soweit er im Inland betrieben wird. Unter Gewerbebetrieb ist ein gewerbliches Unternehmen im Sinne des EStG zu verstehen, § 2 Abs. 1 S. 2 GewStG.[576] Nach § 2 Abs. 1 S. 3 GewStG wird ein Gewerbebetrieb im Inland betrieben, soweit für ihn im Inland eine Betriebsstätte unterhalten wird.

Während der Unternehmer gem. § 5 Abs. 1 S. 1 GewStG als Steuerschuldner anzusehen ist, dient im Rahmen des § 6 GewStG der Gewerbeertrag als Besteuerungsgrundlage. Im Sinne des § 7 S. 1 GewStG setzt sich der Gewerbeertrag aus dem nach den Vorschriften des EStG oder des KStG zu ermittelnden Gewinn aus dem Gewerbebetrieb zusammen.

Ob bei Pokerspielern, die ihre Einkünfte im Inland erzielen, ein „stehender Gewerbebetrieb" vorliegt, ist für nicht-virtuelles Poker und Online-Poker gesondert zu untersuchen.

1. Nicht-virtuelles Poker

Das GewStG enthält keine Definition über den „stehenden Gewerbebetrieb". § 1 GewStDV führt allerdings aus, dass stehender Gewerbebetrieb jeder Gewerbebetrieb ist, der kein Reisegewerbebetrieb im Sinne des § 35a Abs. 2 GewStG ist. Angesichts dieser Negativdefinition erscheint es angebracht, einen näheren Blick auf § 35a GewStG zu werfen, da sich Pokerspieler zur Teilnahme stets zu den nicht-virtuellen Veranstaltungen hinbegeben müssen, um Einkünfte generieren zu

574 Die in den §§ 15 Abs. 4, 15a, 15b EStG gemachten Einschränkungen betreffen die Verluste des Pokerspielers nicht.

575 Vgl. *Tipke/Lang*, Steuerrecht, § 12 Rn. 1.

576 Vgl. auch Zweites Kap. C. III.

können. Deshalb stellt sich die Frage, ob die Spieler dadurch ein Reisegewerbe betreiben.

Nach § 35a Abs. 2 S. 1 GewStG ist Reisegewerbebetrieb ein Gewerbebetrieb, dessen Inhaber nach den Vorschriften der GewO und den dazugehörigen Ausführungsbestimmungen einer Reisegewerbekarte bedarf. Dabei bedarf der Reisekarte, wer ein Reisegewerbe betreibt, § 55 Abs. 2 GewO. Ein Reisegewerbe betreibt gem. § 55 Abs. 1 GewO, wer gewerbsmäßig ohne vorhergehende Bestellung außerhalb seiner gewerblichen Niederlassung oder ohne eine solche zu haben Waren feilbietet oder Bestellungen aufsucht oder ankauft, Leistungen anbietet oder Bestellungen auf Leistungen aufsucht (Nr. 1) oder unterhaltende Tätigkeiten als Schausteller oder nach Schaustellerart ausübt (Nr. 2). Eine (gewerbliche) Niederlassung besteht, wenn eine selbständige gewerbsmäßige Tätigkeit auf unbestimmte Zeit und mittels einer festen Einrichtung von dieser aus tatsächlich ausgeübt wird, § 4 Abs. 3 GewO.

Wie bereits erwähnt, müssen die Spieler sich zwecks Teilnahme stets zu den jeweiligen Veranstaltungsorten begeben, weshalb sie nicht über eine gewerbliche Niederlassung im Sinne des § 4 Abs. 3 GewO verfügen. Im Rahmen des § 55 Abs. 1 Nr. 1 GewO ist der Blick auf das Merkmal „Anbieten von Leistungen“ richten. Allerdings ist hier zu berücksichtigen, dass der Teilnehmer seine spielerischen Fähigkeiten – sofern diese überhaupt als eine Leistung im Sinne der GewO zu sehen sind – nicht anbietet, sondern darbietet. Wäre überdies in der Darbietung der spielerischen Fähigkeiten eine unterhaltende Tätigkeit zu sehen, so wäre § 55 Abs. 1 Nr. 1 GewO ohnehin nicht anzuwenden. Dies ergibt sich aus einem Umkehrschluss aus § 55 Abs. 1 Nr. 2 GewO, welcher die Ausübung unterhaltender Tätigkeiten ausdrücklich der Nr. 1 und damit auch dem Merkmal des Anbietens der Leistung gegenüberstellt. § 55 Abs. 1 Nr. 2 GewO ist indes nicht einschlägig, da hier nur Tätigkeiten als Schausteller oder nach Schaustellerart erfasst sind. Pokerspieler, die ihre gewerblichen Einkünfte im Rahmen von nicht-virtuellen Veranstaltungen erzielen, betreiben mithin keinen Reisegewerbebetrieb.

Im Lichte des § 1 GewStDV betreiben die Pokerspieler damit einen stehenden Gewerbebetrieb. Damit allerdings eine Besteuerung nach dem GewStG stattfinden kann, muss der Gewerbebetrieb im Inland betrieben werden. Dies ist nur der Fall, soweit für ihn im Inland eine Betriebsstätte unterhalten wird, § 2 Abs. 1 S. 3 GewStG. Der Begriff der Betriebsstätte ist im GewStG nicht eigenständig geregelt, ergibt sich aber aus § 12 S. 1 AO.[577] Demnach ist Betriebsstätte jede feste Geschäftseinrichtung oder Anlage, die der Tätigkeit eines Unternehmens dient.[578] Der Unternehmer muss darin seine gewerbliche Tätigkeit ausüben,[579] eine gewisse, nicht nur vorübergehende Verfügungsmacht über diese Einrichtung haben,[580] und diese muss auf eine gewisse Dauer angelegt

577 Siehe R 2.9 Abs. 1 S. 1 GewStR 2009, die auf § 12 AO abstellt.

578 Siehe auch Drittes Kap. E. 3.

579 BFH, Urteil vom 10.02.1988 – VIII R 159/84, BStBl. II 1988, 653 f.

580 BFH, Urteil vom 11.10.1989 – I R 77/88, BStBl. II 1990, 166 f.

sein.[581] Damit ist der abgabenrechtliche Begriff der Betriebsstätte dem abkommensrechtlichen Begriff nach Art. 5 OECD-MA nicht unähnlich.[582] Allerdings hat der BFH bereits klargestellt, dass sich der nach § 9 Nr. 3 GewStG verwendete Begriff der Betriebsstätte nicht nach der Definition des jeweils einschlägigen DBA richtet, sondern nach innerstaatlichem Recht.[583]

Im Hinblick auf die jeweiligen Veranstaltungsorte, an denen der Teilnehmer seiner Tätigkeit nachgeht, kommt eine Betriebsstätte nicht in Betracht: Der Spieler hat weder Verfügungsmacht über die Räumlichkeiten, in denen Turnierpoker oder Cash-Games stattfinden, noch ist die Tätigkeit von gewisser Dauer, da die Dauer der einzelnen Veranstaltungen auf Stunden und Tage, keinesfalls aber auf mehrere Wochen zu bemessen ist.

Allerdings ist in § 12 S. 2 AO ein nicht abschließender Katalog aufgelistet, der beispielhaft Betriebsstätten aufzählt. Erwähnenswert erscheint hier § 12 S. 2 Nr. 1 AO, wonach als Betriebsstätte die Stätte der Geschäftsleitung anzusehen ist. Die Geschäftsleitung ist gem. § 10 AO der Mittelpunkt der geschäftlichen Oberleitung. Dies ist der Ort, an dem der für die Geschäftsführung maßgebende Wille gebildet wird, an dem auf Dauer gesehen die für die Geschäftsführung notwendigen Maßnahmen von einiger Wichtigkeit getroffen werden.[584] Der Ort der Geschäftsleitung kann auch der Wohnsitz des Geschäftsführers sein.[585] Da für den (nicht-virtuellen) Pokerspieler grundsätzlich keine Notwendigkeit besteht, außerhalb seines Wohnsitzes über eigene oder fremde Büroräume zu verfügen, kommt einzig sein Wohnsitz als Betriebsstätte der Geschäftsleitung nach § 12 S. 2 Nr. 1 AO in Betracht. Dabei wird selbst eine Arbeitsecke im Wohnzimmer als ausreichend angesehen.[586] Entscheidend ist, dass sich dort der Mittelpunkt der beruflichen Tätigkeit befindet und dort die geschäftlichen Planungen erfolgen.[587] So hat der BFH bereits den Wohnsitz eines Berufssportlers als eine Geschäftsleitungsbetriebsstätte angesehen, da von diesem aus die geschäftlichen Planungen vorgenommen wurden.[588]

Dies kann im Einzelfall ebenso für im Inland ansässige Pokerspieler gelten, die von ihrem Wohnsitz aus sämtliche Reisen zu den Turnieren planen, ihre Finanzen regeln oder sich auf sonstige Weise auf die bevorstehenden Veranstaltungen vorbereiten. Deshalb kann unter Umständen eine Geschäftsleitungsbetriebsstätte der

581 Der BFH geht von einer Dauer von mehr als 6 Monaten aus, vgl. BFH, Urteil vom 19.05.1993 – I R 80/92, BStBl. II, 655.

582 Siehe zum abkommensrechtlichen Begriff der Betriebsstätte Drittes Kap. E. I. 3.

583 BFH, Urteil vom 20.07.2016 – I R 50/15, BStBl. II 2017, 230.

584 *Musil*, in: Hübschmann/Hepp/Spitaler, AO/FGO, § 12 Rn. 26.

585 *Gersch*, in: Klein, AO, § 12 Rn. 10.

586 BFH, Urteil vom 15.07.1986 – VIII R 134/83, BStBl. II 1986, 744

587 BFH, Urteil vom 28.07.1993 – I R 15/93, BStBl. II 1994, 148.

588 BFH, Urteil vom 19.12.2007 – I R 19/06, DStRE 2008, 401.

nicht-virtuellen Pokerspieler angenommen werden mit der Folge, dass der Teilnehmer Gewerbesteuer zu entrichten hat nach § 2 Abs. 1 S. 1 GewStG.

2. Online-Poker

Bei Online-Poker handelt es sich aus den vorstehenden Gründen ebenfalls um ein stehendes Gewerbe. Hier stellt sich wie beim nicht-virtuellen Poker die Frage, ob dieses im Inland betrieben wird. Denn die Online-Veranstaltungen werden von ausländischen Servern gehostet. Die Spieler üben jedoch ihre Tätigkeit nicht durch eine (eigene) Server-Betriebsstätte aus.[589] Da sie außerdem in der Regel sämtliche Entscheidungen in Bezug auf das Online-Pokerspiel von ihrem Wohnsitz aus treffen, kann es sich auch hier um eine Geschäftsleitungsbetriebsstätte im Sinne des § 12 S. 2 Nr. 1 AO handeln. Auch Online-Spieler hätten somit Gewerbesteuer zu entrichten.

IV. Ergebnis

Die Untersuchung der Auswirkungen ausgehend von der aktuellen Rechtslage lässt sich sowohl für die Erfassung der Pokergewinne als auch für die Abzugsfähigkeit von Aufwendungen wie folgt zusammenfassen:

In Bezug auf die Erfassung der Pokergewinne muss angesichts des Grundsatzes der Gleichmäßigkeit der Besteuerung auf eine gerechte Besteuerung der Steuerpflichtigen geachtet werden. Dabei ist mit dem GwG ein Gesetz in Kraft getreten, das Finanzbehörden unter gewissen Umständen die Möglichkeit eröffnet, Kenntnis von den Gewinnen der Online-Spieler zu erlangen.

Bei grenzüberschreitenden Gewinnen im Poker sind die völkerrechtlichen Regelungen, insbesondere die Regelungen eines DBA, vorrangig zu berücksichtigen. Sowohl für nicht-virtuelles Poker als auch für Online-Poker existieren keine abkommensrechtlichen Betriebsstätten der Spieler im Sinne des Art. 5 OECD-MA. Für die abkommensrechtliche Qualifikation nach Art. 7 Abs. 1 OECD-MA hat dies zur Folge, dass die Gewinne eines Spielers eines Vertragsstaats nur in diesem Staat besteuert werden können.

Hinsichtlich der spielbezogenen Aufwendungen von Pokerspielern ist festzuhalten, dass diese grundsätzlich als Betriebsausgaben zum Abzug gebracht werden können. Diese Beurteilung gestaltet sich bei Buy-Ins weniger problematisch als bei den Reisekosten. Im Ergebnis sind nach der hier vertretenen Auffassung auch Reisekosten der Pokerspieler als abzugsfähige Betriebsausgaben anzusehen, wenn die beruflich veranlassten Anteile zeitlich nicht von den privat veranlassten verdrängt werden. Dabei ergibt sich die beruflich veranlasste Zeit aus Turnierbeginn und -ende. Demgegenüber können Verluste nicht mehr geltend gemacht werden, sobald sich das Spiel für den Teilnehmer als (überwiegendes) Glücksspiel darstellt.

---

589 Siehe zur Server-Betriebsstätte Drittes Kap. E. 3. c).

Pokerspieler können darüber hinaus ihre Verluste im Rahmen des § 10d EStG geltend machen. Allerdings gelten bezogen auf sonstige Einkünfte nach Maßgabe der § 22 Nr. 3 S. 3 und 4 EStG Einschränkungen.

Zuletzt können Pokerspieler – analog wie virtuell – von der Gewerbesteuerpflicht gem. § 2 Abs. 1 S. 1 GewStG betroffen sein, wenn es sich bei ihrem Wohnsitz um eine Geschäftsleitungsbetriebsstätte nach § 12 S. 2 Nr. 1 AO handelt und sie somit ein stehendes Gewerbe im Inland betreiben.

Viertes Kapitel: Ertragsteuerrechtliche Behandlung der Veranstalter

Im abschließenden Kapitel soll untersucht werden, inwieweit die Veranstalter von Glücksspielen ertragsteuerrechtlich erfasst werden. Dabei ist zwischen Veranstaltungen zu unterscheiden, die für die Teilnahme einen Einsatz verlangen, und solchen, an denen Spieler kostenfrei partizipieren können.

A. Veranstaltungen mit Einsatz

I. Zum Veranstalterkreis

Als Veranstalter von Glücksspielen gelten etwa öffentliche Spielbanken, Spielhallenbetreiber, staatliche und private Lotterieunternehmen[590] sowie Betreiber von Speise- oder Schankwirtschaften, die Geldspielgeräte[591] aufgestellt haben.

1. Sonderstellung öffentlicher Spielbanken

Bei einem Blick auf die steuerrechtliche Lage der öffentlichen Spielbanken zeigt sich schnell, dass diesen in Bezug auf Abgaben eine Sonderstellung zukommt. In Art. 106 Abs. 2 Nr. 5 GG findet die sog. „Spielbankabgabe" explizite Erwähnung. Danach steht das Aufkommen infolge der Spielbankabgabe den Ländern zu.

Vor diesem Hintergrund vertritt die höchstrichterliche Finanzrechtsprechung die Ansicht, dass durch den Betrieb einer Spielbank regelmäßig die Möglichkeit zur Erzielung sehr hoher Gewinne eröffnet wird. Diese Gewinne sollen demnach zugunsten des Staatshaushalts möglichst weitgehend bis zur Wirtschaftsgrenze abgeschöpft werden. Dem Unternehmer soll durch die Spielbankabgabe danach lediglich ein angemessener Gewinn verbleiben.[592]

Auf bundesrechtlicher Ebene verfügt das Spielbankenrecht bereits über eine lange Tradition. Eine zentrale Rolle nimmt dabei die Vorschrift des § 6 Abs. 1 der bis heute geltenden Spielbankverordnung 1938[593] (1938) ein, die ausführt:

---

590 Siehe zu den staatlichen Lotterieunternehmen Viertes Kap. A. III. 4.

591 Gem. § 1 Abs. 1 der Verordnung über Spiele und andere Spiele mit Gewinnmöglichkeit (SpielV) handelt es sich bei einem Geldspielgerät um ein Spielgerät, bei dem der Gewinn in Geld besteht.

592 BFH, Beschluss vom 30.10.2014 – IV R 2/11, BStBl. II 2015, 565 (566 f.); vgl. auch BFH, Urteil vom 08.03.1995 – II R 10/93, BFHE 177, 276 (285); Beschluss vom 29.03.2001 – III B 80/00, BFH/NV 2001, 1294 (1296).

593 Verordnung über öffentliche Spielbanken vom 27.07.1938, RGBl. I 1938, 955.

„Der Spielbankunternehmer ist für den Betrieb der Spielbank von den laufenden Steuern des Reichs, die vom Einkommen, vom Vermögen und vom Umsatz erhoben werden, sowie von der Lotteriesteuer und von der Gesellschaftssteuer befreit."

Gem. § 3 Nr. 1 GewStG sind die zugelassenen öffentlichen Spielbanken mit ihren der Spielbankabgabe unterliegenden Tätigkeiten von der Gewerbesteuer befreit.[594]

Auf landesrechtlicher Ebene existieren ebenfalls Vorschriften, die über die bundesrechtlichen Regelungen hinaus Steuerbefreiungen aussprechen. Nach § 11 Abs. 3 Spielbankgesetz des Landes Mecklenburg-Vorpommern etwa ist der Betreiber für den Betrieb der Spielbank von der Zahlung derjenigen Steuern befreit, die der Gesetzgebung des Landes unterliegen und im unmittelbaren Zusammenhang mit dem Betrieb einer Spielbank stehen. Die Vorschriften der anderen Länder sind im Wortlaut sehr ähnlich.[595] Auch hier sollen der Sinn und Zweck der jeweiligen Spielbankgesetze der Länder darin bestehen, dass zu hohe Gewinne der Betreiber von Spielbanken vermieden werden. Dabei soll den Veranstaltern neben den Mitteln für die Bezahlung der Beschäftigten lediglich ein angemessener Unternehmergewinn verbleiben.[596]

Die bundes- und landesrechtlichen Regelungen haben also zur Folge, dass Spielbanken von den üblichen Steuern – und damit den Ertragsteuern – befreit sind. Eine Ausnahme gilt dahingehend für die Umsatzsteuer.[597] Der BFH hat jedoch eingeräumt, dass von der Abgeltungswirkung der Spielbankabgabe nur jene Einnahmen aus Tätigkeiten erfasst werden, die in einem unmittelbaren Zusammenhang mit dem Betrieb der Spielbank stehen. Die Konzession räume dem Spielbankbetreiber lediglich eine Sonderstellung hinsichtlich des Spielbetriebs ein. In Bezug auf einen Gaststättenbetrieb etwa komme die Einräumung einer derartigen Sonderstellung nicht in Betracht.[598]

---

594 Siehe näher dazu Viertes Kap. A. IV.

595 Vgl. § 10 SpielbG SH; § 11 Abs. 3 SpielbG MV; § 5 Abs. 6 SpielbG HH; § 8 SpielbG HB; § 8 SpielbG Nds; § 17 SpielbG LSA; § 11 Abs. 4 SpielbG Bbg; § 7 SpBG Bln; § 12 SpielbG Sachs; § 7 ThürSpbkG; § 7 Abs. 2 SpielbG Hess; § 18 SpielbG NRW; § 19 SpielbG Saar; § 8a SpielbkG RP; § 39 LGlüG BaWü; Art. 9 SpielbG Bay.

596 Siehe *Gebhardt/Korte*, Glücksspiel, S. 500.

597 Im Rahmen der Umsatzsteuer wurde diese Befreiung der SpielbkV 1938 zunächst durch § 4 Nr. 9a S. 1 UStG 1967 als jüngeres und spezielleres Gesetz verdrängt, wonach eine Steuerfreiheit für „die Umsätze der zugelassenen öffentlichen Spielbanken, die durch den Betrieb der Spielbank bedingt sind", angeordnet wurde, vgl. *Huschens*, in: Schwarz/Widmann/Radeisen, UStG, § 4 Nr. 9 Rn. 153; diese im UStG 1967 geregelte Steuerfreiheit für Spielbanken wurde dann infolge der Neuregelung des § 4 Nr. 9a UStG durch Art. 2 und 4 des Gesetzes zur Eindämmung missbräuchlicher Steuergestaltungen vom 28.04.2006 (BGBl. I 2006, 1095) mit Wirkung ab dem 06.05.2006 abgeschafft; vgl. auch BFH, Urteil vom 10.11.2010 – XI R 79/07, BFHE 231, 373 ff.; Beschluss vom 14.07.2016 – V B 17/16, BFH/NV 2016, 1593.

598 BFH, Beschluss vom 30.10.2014 – IV R 2/11, BStBl. II 2015, 565 (566 f.).

2. *Glücksspielgewinne als Betriebseinnahmen*

Für Betreiber von Speise- oder Schankwirtschaften, die Geldspielgeräte aufgestellt haben, können sich dadurch generierte Glücksspielgewinne als steuerbare Betriebseinnahmen darstellen. Im Sinne der §§ 8 Abs. 1, 4 Abs. 4 EStG gelten als Betriebseinnahmen alle Güter, die in Geld oder Geldeswert bestehen und durch den Betrieb veranlasst sind.[599] Durch die Aufstellung der Geräte in den Speise- oder Schankräumen besteht ein hinreichender Zusammenhang.

II. Einkommensteuer

Klammert man die spezielle Stellung der Spielbanken aus, ist zu prüfen, ob bei den übrigen Veranstaltungen mit Einsatz Ertragsteuern anfallen können. Dabei ist auf die einkommensteuerrechtliche Seite einzugehen, in konkreter Gestalt auf etwaige Einkünfte aus Gewerbebetrieb, selbständiger Arbeit und sonstige Einkünfte.

1. *Einkünfte aus Gewerbebetrieb*

Ein Veranstalter von Glücksspielen mit Einsatz erwirtschaftet Einkünfte aus Gewerbebetrieb gem. §§ 2 Abs. 1 S. 1 Nr. 2, 15 ff. EStG, wenn die entsprechenden Voraussetzungen nach § 15 Abs. 2 S. 1 EStG vorliegen.[600]

a) Selbständigkeit und Nachhaltigkeit

Zur Untersuchung des Merkmals der Selbständigkeit, wonach die Tätigkeit auf eigene Rechnung und in eigener Verantwortung ausgeübt wird, ist ein Blick auf die Definition des Veranstalters zielführend. Veranstalter soll derjenige sein, der den Teilnehmern ein Angebot macht und sich diesen gegenüber im Falle ihres Gewinns zur Leistung verpflichtet. Er soll die Durchführung des Glücksspiels einleiten und als „treibende Kraft" gelten.[601] Somit wird grundsätzlich beim Veranstalter, der das Unternehmerrisiko trägt, die Selbständigkeit indiziert, weshalb dieses Merkmal als unproblematisch einzustufen ist.[602]

Die innere Voraussetzung der Nachhaltigkeit ist zu bejahen, wenn die verfolgte Tätigkeit von einer Wiederholungsabsicht des Steuerpflichtigen getragen wird. Objektiver Anknüpfungspunkt ist dabei die tatsächliche Wiederholung der entsprechenden Tätigkeit. *Koch* differenziert im Rahmen des Merkmals der Nachhaltigkeit zwischen Einkünften, die ein Steuerpflichtiger nur aus der Veranstaltung von Glücksspielen erzielt, und solchen, die er im Hinblick auf eine weitere Tätigkeit, die einem Gewerbebetrieb entspricht, veranstaltet.[603] Demnach könne

599 Vgl. Dittes Kap. A. II.
600 Siehe zu den Begriffserklärungen der Merkmale im Einzelnen Zweites Kap. C. III. 2.
601 *Koch*, Gewinnspiele im Steuerrecht, S. 113; vgl. auch Zweites Kap. A. IV.
602 Vgl. *Koch*, Gewinnspiele im Steuerrecht, S. 136.
603 *Koch*, Gewinnspiele im Steuerrecht, S. 138 f.

Nachhaltigkeit im ersten Fall angenommen werden, wenn der Veranstalter mehrere Glücksspiele innerhalb eines überschaubaren Zeitraums durchführe. Es entspreche der allgemeinen Lebenserfahrung, sich durch die mehrfache Veranstaltung von Glücksspielen eine Einnahmequelle von gewisser Dauer zu verschaffen. In Bezug auf die zweite Möglichkeit sei für die Veranstaltung eines Glücksspiels mit Einsatz das Merkmal der Nachhaltigkeit nicht vonnöten, wenn der Steuerpflichtige etwa in Gestalt eines Einzelhandels einer nachhaltigen Tätigkeit nachgehe. Auch die einmalige Veranstaltung eines Glücksspiels genüge in diesem Fall, wenn tatsächlich ein Bezug zwischen der gewerblichen Betätigung des Steuerpflichtigen und der Veranstaltung bestehe.

b) Beteiligung am allgemeinen wirtschaftlichen Verkehr

Darüber hinaus muss sich der Veranstalter am allgemeinen wirtschaftlichen Verkehr beteiligen. Es hat ein Leistungsaustausch unter Inanspruchnahme des allgemeinen Marktes, d. h. gegen Entgelt und für Dritte erkennbar, stattzufinden.[604]

Koch hat untersucht, inwieweit die Beteiligung am allgemeinen wirtschaftlichen Verkehr beim Veranstalter eines Glücksspiels vorliegt.[605] Dabei hob er vor dem Hintergrund von Einkünften aus Spiel, Wette, Lotterie oder Ausspielung Standpunkte hervor, die eine Besteuerung mangels Leistungsaustauschs kategorisch ablehnen[606] oder diese Einkünfte nicht dem Einkünftekatalog gem. § 2 Abs. 1 S. 1 Nr. 1 bis 7 EStG zuordnen wollen.[607] Als zentral betrachtet *Koch* demgegenüber eine Entscheidung des BFH,[608] die sich mit den Einkünften eines in einem Spielkasino tätigen Croupiers beschäftigt hat. In diesem Urteil wurden die Einkünfte des Croupiers, die sich aus der Beteiligung an Geschicklichkeitsspielen ergaben, für steuerbar erklärt, da das Gericht einen Leistungsaustausch begründet sah. Für *Koch* sind die unterschiedlichen Rechtsauffassungen ein Hinweis darauf, dass es Unsicherheiten gibt, „ob und inwieweit bei einem Spiel, einer Wette, einer Lotterie (...) Leistungen der Beteiligten vorliegen“. Anders als bei einem Kauf- oder Dienstleistungsvertrag sei es im Rahmen eines Spiels oder einer Wette im Sinne des § 762 BGB nicht ohne weiteres möglich, die Rolle des Leistenden und die Rolle des Leistungsempfängers zu erkennen. Kernelement eines jeden Spiels und einer jeden Wette sei die gegenseitige Risikoübernahme durch jeden Beteiligten. So kommt er

---

604 Siehe zum Merkmal der Beteiligung am allgemeinen wirtschaftlichen Verkehr Zweites Kap. C. III. 2. a) dd).

605 *Koch*, Gewinnspiele im Steuerrecht, S. 119 ff.

606 RFH, Urteil vom 14.03.1928 – VI A 783/27, RStBl. 1928, 181 f.; BFH, Urteil vom 16.09.1970 – I R 133/68, BStBl. II 1970, 865 (866 f.); *Weber-Grellet*, in: Schmidt, EStG, § 22 Rn. 150.

607 RFH, Urteil vom 30.06.1927 – VI A 261/27, RStBl. 1927, 197 f.; BFH, Urteil vom 24.10.1969 – IV R 139/68, BStBl. II 1970, 411 (412 f.); *Zugmaier*, in: H/H/R, EStG, § 2 Rn. 80.

608 BFH, Urteil vom 11.11.1993 – XI R 48/91, BFH/NV 1994, 622 ff.

zu dem Ergebnis, es könne ganz allgemein und ohne Einschränkung gesagt werden, dass bei Glücksspielen mit Einsatz stets jeder Beteiligte (Veranstalter und Teilnehmer) eine Leistung gegen Entgelt erbringt. Eine Unterscheidung in Konsument auf der einen und Anbieter auf der anderen Seite sei nicht möglich, weil jeder Beteiligte stets beides sei.

Koch hat leider vor dem Hintergrund der Glücksspiele mit Einsatz verpasst, in seine Ausführungen einfließen zu lassen, dass im Rahmen des Leistungsaustauschs Leistung und Gegenleistung hinreichend miteinander verknüpft sein müssen.[609] An dieser Verknüpfung fehlt es, wenn der Zufall darüber den Ausschlag gibt, ob das (erfolgsabhängige) Entgelt für die ausgeübte Tätigkeit ausgeschüttet wird. Dies ist etwa bei reinen oder überwiegenden Glücksspielen der Fall. Dabei bildet das Inaussichtstellen des Gewinns durch den Veranstalter die eine und der Einsatz (oder etwa die Darbietung der Fähigkeiten[610]) durch den Spieler die andere, gegenüberstehende Leistung. Wetten und Lotto gelten etwa als reine Glücksspiele.[611] Bei Spielen, die zwischen Glück und Geschick liegen, müsste damit erneut anhand des einzelnen Spiels untersucht werden, ob der Schwerpunkt der Veranstaltung im Bereich des Glücks- oder Geschicklichkeitsspiels liegt. Eine solche Differenzierung zwischen Glücks- und Geschicklichkeitsspiel hat *Koch* nicht vorgenommen und Glücksspiele pauschal beurteilt. Der von ihm selbst genannte Fall des Croupiers, dessen Tätigkeit der Einkommensteuer unterworfen wurde, ist vor allem damit zu erklären, dass es sich bei den vom Steuerpflichtigen gewählten Spielen Skat, Rommé und Backgammon um überwiegende Geschicklichkeitsspiele handelt, die den Leistungsaustausch nicht zu unterbrechen vermögen. Das Argument der gegenseitigen Risikoübernahme kann für Glücksspiele insgesamt nicht überzeugen. Insbesondere im Bereich der reinen oder überwiegenden Glücksspiele kann die gegenseitige Risikoübernahme in einem krassen Ungleichgewicht stehen. Ausgehend von der Devise „die Bank gewinnt immer" stellen sich die Veranstalter mitunter einem weitaus geringeren Verlustrisiko als die Teilnehmer eines Glücksspiels, weshalb es zweifelhaft erscheint, hieraus einen Leistungsaustausch begründen zu wollen.

Vor diesem Hintergrund stellt sich die Frage, ob auch im Kontext der Besteuerung der Veranstalter von Glücksspielen mit Einsatz zwangsläufig der Schwerpunkt von Geschicklichkeits- und Zufallskomponenten herausgefiltert werden muss, damit im Rahmen der Feststellung eines Gewerbebetriebs nach § 15 Abs. 2 EStG weitere Aussagen getätigt werden können. Neben dem Streben nach einem Preisgeld haben die Teilnehmer in der Regel auch den Wunsch, bereits durch die bloße Teilnahme unterhalten zu werden. Insofern regelt § 1 Abs. 3 des Hamburger Spielvergnügungsteuergesetzes[612] (HmbSpVStG), dass Spieleinsatz die Verwendung von

609 Siehe dazu Drittes Kap. B. I.

610 Siehe Drittes Kap. B. I.

611 Siehe Drittes Kap. B. I. 1. b).

612 Siehe dazu BFH, Urteil vom 21.02.2018 – II R 21/15, BFHE 261, 62 ff., der das HmbSpVStG für mit höherrangigem Recht vereinbar erklärt hat.

Einkommen oder Vermögen durch den Spieler zur Erlangung des Spielvergnügens ist. Dies lässt den Schluss zu, dass es zwischen Veranstalter und Teilnehmer nicht nur die eine Form des Leistungsaustauschs gibt. Leistet der Spieler seinen Einsatz, so wird ihm nicht nur ein potenzieller Gewinn in Aussicht gestellt. Darüber hinaus wird ihm – völlig erfolgsunabhängig – die Teilnahme am Glücksspiel selbst garantiert, worin die Erlangung des Spielvergnügens des Spielers mündet. Dass das Spielvergnügen des Spielers unter etwaigen Einsatzverlusten leiden könnte, liegt in der Risikotypizität des Glücksspiels und damit in der selbstbestimmten Sphäre eines jeden Spielers. Diese Form des Leistungsaustauschs – der Einsatz des Spielers auf Teilnehmerseite und die garantierte Möglichkeit zur Erlangung des Spielvergnügens auf Veranstalterseite – kann insofern nicht vom Zufall beherrscht werden. Dabei ist das Spielvergnügen als eine Leistung immaterieller Art anzusehen, was dem Zustandekommen des Leistungsaustauschs nicht abträglich ist.[613] Dass der Veranstalter die Einsätze oder auch Teilnahmegebühren erhält, basiert auf den Entscheidungen des Spielers und nicht auf einer Gewinnwahrscheinlichkeit. Der Verlust dieser Einnahmen im Falle eines Sieges der Spieler kann hingegen auf Zufall basieren, was das Zustandekommen des Leistungsaustauschs nach der hier vertretenen Auffassung allerdings nicht ausschließt.

Hinsichtlich einer Kollision mit der Vergnügungssteuer, die sich aus Art. 106 Abs. 6 S. 1 GG ableitet, bestehen keine Bedenken. Das Aufkommen der Vergnügungssteuer als Verbrauchsteuer steht demnach den Gemeinden oder Gemeindeverbänden zu. Eine Verbrauchsteuer kann als indirekte Steuer vom Steuerschuldner, etwa dem Betreiber eines Spielautomaten, auf die Verbraucher abgewälzt werden.[614] Die Einkommensteuer besteuert hingegen die Leistungsfähigkeit des Steuerpflichtigen.[615]

Laut *Koch* sind zudem Konstellationen denkbar, in denen unklar ist, wer als Veranstalter und wer als Teilnehmer zu qualifizieren ist. Bei dem erwähnten Fall des Croupiers etwa war für ihn nicht eindeutig klar, ob der Croupier in der Funktion als Veranstalter oder Teilnehmer an den Glücksspielen mitwirkte.[616] Zum einen hatte dieser Fall jedoch (überwiegende) Geschicklichkeitsspiele zum Gegenstand, weshalb es nicht von entscheidender Bedeutung war, eine klare Trennlinie zwischen Veranstalter und Teilnehmer zu ziehen, da für diese von einer Verknüpfung von Leistung und Gegenleistung auszugehen ist. Zum anderen gingen im zugrunde liegenden Fall die Ausgangsinstanz und in der Folge auch der BFH (§ 118 Abs. 2 FGO) sehr wohl davon aus, dass der Croupier als Berufsspieler anzusehen war, da er infolge seiner Tätigkeit monatliche Spielgewinne erzielte.[617] Sollte der Steuerpflichtige aber tatsächlich sowohl als Veranstalter als auch als Teilnehmer

613 BFH, Urteil vom 11.11.1993 – XI R 48/91, BFH/NV 1994, 622 (623); siehe auch 49 f.
614 Siehe zur Natur der Verbrauchsteuer Drittes Kap. B. I. 2.
615 Siehe zum Leistungsfähigkeitsprinzip Zweites Kap. C. II. 1.
616 *Koch*, Gewinnspiele im Steuerrecht, S. 12.
617 BFH, Urteil vom 11.11.1993 – XI R 48/91, BFH/NV 1994, 622 (623).

am reinen oder überwiegenden Glücksspiel mit Einsatz beteiligt sein, so ist darauf abzustellen, ob die Gewinne aus der Veranstalter- oder Spielerfunktion heraus erwirtschaftet wurden: Sollte es um einen Gewinn infolge seiner Veranstaltereigenschaft gehen (etwa dauerhaftes Einbehalten eines Teils der Spielereinsätze), dann sind Leistung und Gegenleistung aus den oben genannten Gründen hinreichend miteinander verknüpft. Sollte er als Spieler infolge seines Spieleinsatzes Einkünfte erzielt haben, so kommt bei einem reinen Glücksspiel in Ermangelung eines Leistungsaustauschs eine Beteiligung am allgemeinen wirtschaftlichen Verkehr nicht in Betracht.

Somit lassen sich Veranstalter und Teilnehmer in Bezug auf die Besteuerung von Einkünften aus Gewerbebetrieb hinreichend voneinander abgrenzen: Die potenzielle Besteuerung der Gewinne von Teilnehmern an reinen oder überwiegenden Glücksspielen bemisst sich an der Ausprägung des Zufalls (Einsatz auf der einen, möglicher Gewinn auf der anderen Seite). Die potenzielle Besteuerung der Gewinne der Veranstalter bemisst sich – auch, wenn diese im Rahmen von Glücksspielen stattfinden – nicht nach der Ausprägung des Zufalls, da auf eine abgewandelte Form des Leistungsaustauschs (Einsatz auf der einen, Erlangung des Spielvergnügens auf der anderen Seite) zurückzugreifen ist, bei welchem Leistung und Gegenleistung stets hinreichend miteinander verknüpft sind.

c) Gewinnerzielungsabsicht

Damit eine Besteuerung nach § 2 Abs. 1 S. 1 Nr. 3, §§ 15 ff. EStG in Betracht kommt, muss darüber hinaus eine Gewinnerzielungsabsicht der Veranstalter vorliegen. Diese Einkünfteerzielungsabsicht ist das gezielte Streben des Steuerpflichtigen, mit der ausgeübten Tätigkeit insgesamt einen Überschuss der Bezüge über die Aufwendungen zu erreichen. Auch wenn dieses Merkmal eine subjektive Voraussetzung darstellt, bemisst sich seine Beurteilung anhand objektiver Kriterien. Im Rahmen der Beurteilung kommt der Geeignetheit der Tätigkeit zur Erzielung positiver Einkünfte eine entscheidende Bedeutung zu. Außerdem ist in Zweifelsfällen eine Totalgewinnprognose vorzunehmen. Die Gewinnerzielungsabsicht kann nach § 15 Abs. 2 S. 3 EStG auch lediglich ein Nebenzweck sein.[618]

Hinsichtlich der Veranstaltung von Glücksspielen mit Einsatz ist zwischen reinen Glücksspielen und solchen Spielen zu unterscheiden, die sich zwischen Glück und Geschick befinden.

aa) Geeignetheit der Tätigkeit

Zunächst ist auf jene Tätigkeiten einzugehen, die aufgrund ihrer Geeignetheit positive Einkünfte erwarten lassen. Dahingehend ist bei jenen Veranstaltungen eine solche Geeignetheit anzunehmen, die schon aufgrund ihrer Ausgestaltung lediglich einen Teil der Einsätze der Teilnehmer im Falle ihres Gewinns wieder

618 Siehe näher zur Einkünfteerzielungsabsicht Zweites Kap. C. II. 4.

auszahlen. Dazu werden grundsätzlich alle Formen von Lotterie und Ausspielung einschließlich Pferdewetten sowie die üblichen Automatenspiele in Spielhallen[619] gezählt. Auch bei Spielen wie Roulette und Black Jack behält der Veranstalter üblicherweise einen Teil der Einsätze ein. Dass er hier mittel- bis langfristig positive Einkünfte zu verzeichnen hat, ist mit an Sicherheit grenzender Wahrscheinlichkeit zu bejahen. In den Fällen hingegen, in denen der finanzielle Aufwand der Veranstaltung hoch und erhaltene Einsätze gering sind, ist eine Totalgewinnprognose vorzunehmen, um einschätzen zu können, ob sich die Veranstaltung wirtschaftlich lohnt.[620]

bb) Reine Glücksspiele

Reine Glücksspiele, die von den Veranstaltern angeboten werden, sind so konzipiert, dass die Wahrscheinlichkeit des Gewinns aus Sicht der teilnehmenden Spieler geringer ausfällt als die des Verlierens. Anderenfalls könnten sich Glücksspielanbieter auch wirtschaftlich nicht halten. Insofern ist auf der Grundlage dieses Umstands davon auszugehen, dass derartige Veranstaltungen dazu geeignet sind, Gewinne für die Veranstalter abzuwerfen. Eine Einkünfteerzielungsabsicht ist somit anzunehmen.

cc) Spiele zwischen Glück und Geschick

Bei den Glücksspielen, die nicht nur über Zufalls-, sondern auch über Geschicklichkeitskomponenten verfügen,[621] lässt sich eine pauschale Beurteilung nicht vornehmen, da beide Komponenten in den entsprechenden Spielen unterschiedlich stark ausgeprägt sein können. In allgemeiner Hinsicht lässt sich jedoch feststellen, dass, wenn der Veranstalter gegen den Durchschnitt der Spieler in mehr als 50 Prozent der Fälle gewinnt, die Veranstaltung dazu geeignet ist, positive Einkünfte zu erzielen.

dd) Zwischenergebnis

Damit wird deutlich, dass sich bei Glücksspielen mit Einsatz das Vorliegen der Einkünfteerzielungsabsicht anhand der Siegeswahrscheinlichkeit beurteilen lässt. Ist eine Tätigkeit dazu geeignet, positive Einkünfte zu erzielen, so kann bei einem ihr nachgehenden Veranstalter davon ausgegangen werden, dass er mit dem Erzielen eines Gewinns zumindest einen Nebenzweck verfolgt.[622]

---

619 Hier ist die Programmierung der Automaten darauf ausgerichtet, dass nur ein gewisser Anteil der Einsätze wieder ausgeschüttet wird.

620 Vgl. *Koch*, Gewinnspiele im Steuerrecht, S. 130 f.

621 Wie z. B. Poker in der Texas Hold'em-Variante, siehe Drittes Kap. B. I.

622 Siehe *Koch*, Gewinnspiele im Steuerrecht, S. 133.

d) Vorliegen der negativen Merkmale

Zuletzt müssen die negativen Tatbestandsvoraussetzungen vorliegen. Somit darf es sich bei der ausgeübten Tätigkeit nicht um eine solche handeln, die zu Einkünften aus Land- und Forstwirtschaft (§ 2 Abs. 1 S. 1 Nr. 1 EStG) oder solchen aus selbständiger Arbeit (§ 2 Abs. 1 S. 1 Nr. 3 EStG) führen kann. Außerdem ist die Tätigkeit von der privaten Vermögensverwaltung abzugrenzen.

Was Einkünfte aus Land- und Forstwirtschaft und selbständiger Arbeit betrifft, so müssen bei beiden Einkunftsarten jeweils spezielle Betätigungen nach § 13 Abs. 1 und 2[623] bzw. § 18 Abs. 1 Nr. 1 EStG[624] vorliegen. Im Rahmen der Veranstaltung von Glücksspielen mit Einsatz ist nicht davon auszugehen, dass die Tätigkeit des Veranstalters den Katalogen der §§ 13, 18 EStG zuzuordnen ist, weshalb eine Steuerbarkeit von Einkünften aus Gewerbebetrieb grundsätzlich in Betracht kommt. Erwirtschaftet ein Steuerpflichtiger mit seiner Tätigkeit allerdings Einkünfte aus Land- und Forstwirtschaft und veranstaltet in diesem Zusammenhang ein Glücksspiel, so könnten etwaige Gewinne aus dem Glücksspiel den Einkünften aus § 2 Abs. 1 S. 1 Nr. 1 EStG zuzuordnen sein. In diesem Fall spricht man von sog. gemischten Tätigkeiten. Ob die gemischten Tätigkeiten steuerrechtlich einheitlich zu beurteilen sind, hängt davon ab, ob sie in einem trennbaren oder untrennbaren Zusammenhang stehen. Sind die Tätigkeiten untrennbar miteinander verbunden, so sind sie nach allgemeiner Verkehrsauffassung als einheitlicher Betrieb anzusehen.[625] Dies soll im Zuge der Veranstaltung eines Glücksspiels bspw. dann der Fall sein, wenn der Landwirt bei einer Ausspielung selbst erzeugte landwirtschaftliche Produkte verlost.[626]

Das ungeschriebene negative Tatbestandsmerkmal der privaten Vermögensverwaltung bildet die letzte Voraussetzung im Rahmen des § 15 Abs 2 EStG. Eine Vermögensverwaltung liegt gem. § 14 S. 3 AO in der Regel vor, wenn Vermögen genutzt, z. B. Kapitalvermögen verzinst angelegt oder unbewegliches Vermögen vermietet oder verpachtet wird. Im Mittelpunkt steht hier die Fruchtziehung aus zu erhaltenden Substanzwerten. Von einer privaten Vermögensverwaltung ist dann nicht mehr die Rede, wenn nicht länger die Fruchtziehung, sondern die Ausnutzung substanzieller Vermögenswerte durch Umschichtung in den Vordergrund tritt.[627] Ausgehend von diesen allgemeinen Erwägungen wird im Hinblick auf die Veranstalter deutlich, dass bei der Veranstaltung von Glücksspielen eine

623 Etwa Weinbau und Gartenbau, § 13 Abs. 1 Nr. 1 S. 1 EStG, oder land- und forstwirtschaftlicher Nebenbetrieb, § 13 Abs. 2 Nr. 1 S. 1 EStG.

624 Tätigkeiten der Freiberufler, etwa Ärzte, Rechtsanwälte oder Wirtschaftsprüfer.

625 So auch *Koch*, Gewinnspiele im Steuerrecht, siehe 140; siehe zu den gemischten Tätigkeiten BFH, Urteil vom 16.11.1978 – IV R 191/74, BStBl. II 1979, 246 ff.; Urteil vom 11.07.1991 – IV R 33/90, BStBl. II 1992, 353 ff.; *Selder*, in: Blümich, EStG, § 13 Rn. 135; *Wacker*, in: Schmidt, EStG, § 18 Rn. 50.

626 *Koch*, Gewinnspiele im Steuerrecht, S. 141.

627 Siehe zum Merkmal der privaten Vermögensverwaltung Zweites Kap. C. III. 2. b).

Fruchtziehung aus zu erhaltenden Substanzwerten keine übergeordnete Rolle spielt. Auch der Wortlaut des § 14 S. 3 AO spricht gegen eine private Vermögensverwaltung seitens der Veranstalter von Glücksspielen.

2. Sonstige Einkünfte gem. § 22 Nr. 3 EStG

Vor dem Hintergrund der Besteuerung von Glücksspielen mit Einsatz spielen auch auf Veranstalterseite sonstige Einkünfte nach § 22 Nr. 3 EStG dann eine Rolle, wenn Einkünfte aus Gewerbebetrieb mangels Nachhaltigkeit nicht in Betracht kommen.[628] Der dahingehend zentrale Leistungsbegriff des § 22 Nr. 3 S. 1 EStG verlangt nach ständiger Rechtsprechung ein Tun, Dulden oder Unterlassen, das weder eine Veräußerung noch einen veräußerungsähnlichen Vorgang im Privatbereich betrifft, das Gegenstand eines entgeltlichen Vertrages sein kann und im Rahmen des Veranlassungszusammenhangs eine Gegenleistung auslöst.[629]

Koch, der davon ausgeht, dass bei Glücksspielen mit Einsatz ausnahmslos alle Beteiligten eine Leistung gegen Entgelt erbringen und als erwerbstätig zu bezeichnen sind, legt die gegenseitige Risikoübernahme der Beteiligten bei seinen Ausführungen zu § 22 Nr. 3 EStG zugrunde.[630] Darauf aufbauend ergebe sich die bedeutsame Folge, dass Einkünfte, die ein Steuerpflichtiger durch die Veranstaltung eines Glücksspiels mit Einsatz erziele, stets dann von § 22 Nr. 3 EStG erfasst werden, sofern sie nicht bereits anderen Einkunftsarten zuzuordnen seien. Zu berücksichtigen ist allerdings, dass *Koch* an den ehemaligen, missverständlichen Leistungsbegriff des § 22 Nr. 3 EStG angeknüpft hat, wonach Leistungen „um des Entgelts willen" erbracht werden mussten.[631] Unter dem Leitbild seiner bereits zu den Einkünften aus Gewerbebetrieb dargestellten Ausführungen wendet er die Entgeltlichkeit im Zuge der gegenseitigen Risikoübernahme der Beteiligten konsequent auf den Leistungsbegriff an. Der nach heutigem Verständnis des Leistungsbegriffs erforderliche Veranlassungszusammenhang kann indes entscheidend unterbrochen werden, wenn das Auslösen der Gegenleistung durch die Leistung von Zufallselementen abhängt.[632] Gerade bei einem Leistungsaustausch, der eine gegenseitige Risikoübernahme zum Gegenstand haben soll, führt dies zwangsläufig zu Problemen. Daher erscheint es auch im Bereich der sonstigen Leistungen naheliegend, jenen Leistungsaustausch heranzuziehen, der auf Teilnehmerseite die Zahlung des Einsatzes und auf Veranstalterseite die Gewährleistung des Spielvergnügens beinhaltet. Dies hat zur Konsequenz, dass diese wechselseitigen

---

628 Vgl. zur Nachhaltigkeit als Abgrenzungsmerkmal Drittes Kap. C. III. 2. a) bb).

629 Vgl. BFH, Urteil vom 23.04.2009 – VI R 39/08, BStBl. II 2009, 668; Urteil vom 24.04.2012 – IX R 6/10, BStBl. II 2012, 581 (583); Urteil vom 19.02.2013 – IX R 35/12, BStBl. II 2013, 578; Urteil vom 19.03.2013 – IX R 65/10, BFH/NV 2013, 1085 (1087); siehe im Einzelnen Zweites Kap. C. IV. 2.

630 *Koch*, Gewinnspiele im Steuerrecht, S. 144 ff.

631 Zum damaligen Leistungsbegriff siehe Zweites Kap. C. IV. 2.

632 BFH, Urteil vom 24.04.2012 – IX R 6/10, BFHE 237, 197 (205).

Leistungen nicht vom Zufall beeinflusst werden können und damit der Veranlassungszusammenhang nicht entscheidend unterbrochen wird.

Eine Besteuerung nach § 22 Nr. 3 EStG kommt mithin in Betracht, weshalb sich im Ergebnis *Koch* anzuschließen ist.

3. Einkünfte aus selbständiger Arbeit

Der Besteuerung der Einkünfte aus selbständiger Arbeit kommt im Rahmen von Veranstaltungen mit Einsatz eine vergleichsweise geringe Bedeutung zu. Einkünfte aus freiberuflicher Tätigkeit und Einkünfte aus sonstiger selbständiger Arbeit nach § 18 Abs. 1 Nr. 1 und Nr. 3 EStG kommen allenfalls dann in Betracht, wenn der Steuerpflichtige Gewinne aus Glücksspielen erwirtschaftet, die in einem untrennbaren Zusammenhang mit seiner Haupttätigkeit stehen.

Zu erwähnen ist außerdem die Vorschrift des § 18 Abs. 1 Nr. 3 EStG. Demnach sind Einkünfte der Einnehmer einer staatlichen Lotterie solche aus selbständiger Arbeit, wenn sie nicht Einkünfte aus Gewerbebetrieb sind. Von staatlichen Lotterien ist lediglich die Rede, sofern der Staat diese Lotterien unmittelbar selbst betreibt, d. h. keine juristische Person des Privatrechts involviert ist.[633] Gleichwohl gelten Einnehmer nicht als Veranstalter, sondern als Vermittler von Glücksspielen.[634]

4. Exkurs: Zur Steuerbarkeit von Trinkgeldern

Im Rahmen der einkommensteuerrechtlichen Behandlung der Veranstalter ist abschließend auf die Trinkgelder einzugehen, welche in Spielbanken von Kunden an Saalassistenten ausgezahlt werden. Dabei spielen zwei Entscheidungen eine zentrale Rolle. Zwar sind die Saalassistenten selbst in der Regel keine Veranstalter, sondern stehen zu diesen in einem Beschäftigungsverhältnis. Allerdings trägt dieses Arbeitsverhältnis dazu bei, dass sie deren Sphäre angehören. Darüber hinaus handelt es sich bei den Trinkgeldern ohne Zweifel nicht um Einkünfte, die sich unmittelbar aus den Glücksspielen generieren lassen. Nichtsdestotrotz lässt sich angesichts des Umstands, dass sich regelmäßig jene Kunden gegenüber den Angestellten als finanziell großzügig erweisen, die im Spiel erfolgreich waren, ein mittelbarer Zusammenhang zwischen den Trinkgeldern und dem Glücksspiel herleiten.

Gem. § 3 Nr. 51 EStG sind jene Trinkgelder steuerfrei, die anlässlich einer Arbeitsleistung dem Arbeitnehmer von Dritten freiwillig und ohne dass ein Rechtsanspruch auf sie besteht zusätzlich zu dem Betrag gegeben werden, der für die Arbeitsleistung zu zahlen ist.

---

633 BFH, Urteil vom 13.11.1963 – GrS 1/62 S, BFHE 78, 496 (499); Urteil vom 24.10.1984 – I R 158/81, BFHE 142, 500 ff.; *Hutter*, in: Blümich, EStG, § 18 Rn 166.

634 Vgl. *Koch*, Gewinnspiele im Steuerrecht, S. 142.

Vor diesem Hintergrund hat das FG Berlin-Brandenburg in einer Entscheidung aus dem Jahr 2011 das an einen Saalassistenten ausgezahlte Trinkgeld in einer Spielbank als nicht steuerfrei angesehen.[635] Das Gericht sah die Voraussetzungen des § 3 Nr. 51 EStG nicht als erfüllt an. Zwar erhalte der Betroffene freiwillig Beträge, welche er nach § 11 Abs. 3 des brandenburgischen Gesetzes über die Zulassung öffentlicher Spielbanken (SpielbG)[636] als nicht zum spieltechnischen Personal gehörender Beschäftigter uneingeschränkt annehmen dürfe, sofern es sich um übliche Trinkgelder handle. Dahingehend wurde der Saalassistent vom Kassierer (Croupier) abgegrenzt, welcher Gelder der Besucher nach § 11 Abs. 1 SpielbG nicht annehmen darf. Die von den Besuchern freiwillig gezahlten Gelder seien allerdings nicht § 3 Abs. 1 des Tronc- und Gehaltstarifvertrages (TGTV), sondern § 3 Abs. 2 TGTV zuzuordnen. Diese würden nicht dem Arbeitnehmer, sondern dem Arbeitgeber zufließen, weshalb Zahlungen des Arbeitgebers an seine Arbeitnehmer aus dem Spielbanktronc keine nach § 3 Nr. 51 EStG als steuerfrei zu belassenden Trinkgelder seien, sondern einkommensteuerpflichtiger Arbeitslohn.[637]

Der BFH hat das Urteil des FG Berlin-Brandenburg im Jahr 2015 aufgehoben.[638] Zunächst führte der BFH in den Urteilsgründen aus, dass zum Arbeitslohn im Sinne des § 19 Abs. 1 S. 1 Nr. 1 EStG nach ständiger Rechtsprechung alle Vorteile gehören, die für eine Beschäftigung im öffentlichen oder privaten Dienst gewährt werden. Dies gelte auch für die Zuwendung eines Dritten, wenn diese ein Entgelt für eine Leistung bilde, die der Arbeitnehmer im Rahmen des Dienstverhältnisses für seinen Arbeitgeber erbringe. Demnach wären die Zahlungen der Spielbankbesucher an die Saalassistenten als Arbeitslohn gem. § 19 Abs. 1 S. 1 Nr. 1 EStG zu qualifizieren, welcher nach § 3 Nr. 51 EStG steuerfrei sei. Trinkgeld im Sinne der steuerbefreienden Vorschrift sei eine dem dienstleistenden Arbeitnehmer vom Kunden gewährte zusätzliche Vergütung, die eine gewisse persönliche Beziehung zwischen dem Arbeitnehmer und dem Dritten voraussetze. Trinkgeld sei eine freiwillige und typischerweise persönliche Zuwendung als eine Art honorierende Anerkennung seiner dem Leistenden gegenüber erwiesenen Mühewaltung in Form eines kleineren Geldgeschenkes.[639] Der Leistungsempfänger stehe faktisch damit in einer doppelten Leistungsbeziehung und erhalte doppeltes Entgelt, konkret das Arbeitsentgelt seines Arbeitgebers und das Trinkgeld seitens des Kunden. In dem Streitfall sei eine für § 3 Nr. 51 EStG notwendige persönliche und unmittelbare

---

635 FG Brandenburg, Urteil vom 14.05.2014 – 7 K 7031/11, EFG 2014, 1569 ff.

636 Gesetz vom 13.02.1999, GVBl. Brandenburg 1999, 70 ff.

637 Vgl. auch BFH, Urteil vom 18.12.2008 – VI R 8/06, BFH/NV 2009, 382 ff.; Beschluss vom 25.11.2009 – VI B 97/09, BFH/NV 2010, 632 f.

638 BFH, Urteil vom 18.06.2015 – VI R 37/14, BStBl. II 2016, 751 ff.

639 Vgl. BFH, Urteil vom 19.07.1963 – VI 73/62 U, BFHE 77, 433 (435); Urteil vom 10.03.2015 – VI R 6/14, BStBl. II 2015, 767 ff.; *Bergkemper* in H/H/R, EStG, § 3 Nr. 51 Rn. 2; *v. Beckerath*, in: K/S/M, EStG, § 3 Nr. 51 Rn. B 51/51; *Erhard*, in: Blümich, EStG, § 3 Nr. 51 EStG Rn. 3.

Leistungsbeziehung zwischen dem Saalassistenten und den Spielbankkunden zu bejahen und es bestehe kein gesetzliches Trinkgeldannahmeverbot. Dabei hob der Senat ebenso wie die Vorinstanz hervor, dass der Betroffene zu einer eigenen Arbeitnehmergruppe gehört und deshalb nicht von § 11 Abs. 1 SpielbG erfasst wird. Entgegen der Auffassung des FG ging der BFH allerdings davon aus, dass die Trinkgelder im Sinne des § 3 Nr. 51 EStG nicht unmittelbar von Dritten an die Arbeitnehmer geleistet werden müssen.[640] Der dem TGTV zugrunde liegende Verteilungsschlüssel sorgt demnach für die Verteilung der Trinkgelder von Dritten über die Arbeitgeber bis hin zu den Arbeitnehmern.

III. Körperschaftsteuer

Gem. § 8 Abs. 1 S. 1 KStG werden die Einkommen juristischer Personen im Schwerpunkt nach den Vorschriften des EStG ermittelt. Das KStG enthält jedoch spezielle Regelungen, denen gegenüber dem EStG Vorrang eingeräumt wird. Bevor auf diese Vorschriften einzugehen sein wird, bietet sich zunächst ein Blick auf das Verhältnis von Einkommen- und Körperschaftsteuer an.

1. Verhältnis von Einkommen- und Körperschaftsteuer

Zunächst gilt es im Rahmen des Art. 106 Abs. 3 S. 1 GG festzuhalten, dass das Aufkommen der Einkommensteuer und der Körperschaftsteuer (sowie der Umsatzsteuer), die auch als Gemeinschaftsteuern bezeichnet werden, dem Bund und den Ländern gemeinsam zusteht. Dabei erhalten im Sinne des Art. 106 Abs. 3 S. 1, Abs. 5 GG die Gemeinden einen Anteil an dem Aufkommen der Einkommensteuer, welcher von den Ländern an ihre Gemeinden auf der Basis der Einkommensteuerleistungen ihrer Einwohner weiterzuleiten ist.

Handelt es sich bei einem Veranstalter um eine natürliche Person, so ist er als Einkommensteuersubjekt zu behandeln, § 1 Abs. 1 EStG. Kommt hingegen einer juristischen Person[641] die Rolle des Veranstalters zu, so ist die juristische Person Subjekt der Körperschaftsteuer.[642] Somit können natürliche Personen nicht körperschaftsteuerpflichtig und juristische Personen nicht einkommensteuerpflichtig sein. Trägt hingegen eine Personengesellschaft[643] eine Veranstaltung aus, so wird bei der Besteuerung der Einkünfte nach dem Transparenzprinzip auf die jeweiligen Gesellschafter abgestellt.[644]

---

640 Vgl. *Bergkemper*, in: H/H/R, EStG, § 3 Nr. 51 m.w.N.

641 Juristische Personen des privaten Rechts sind etwa eingetragene Vereine (e.V.), Gesellschaften mit beschränkter Haftung (GmbH), Aktiengesellschaften (AG) oder Stiftungen bürgerlichen Rechts.

642 Siehe näher dazu *Sauter*, in: Erle/Sauter, § 1 Rn. 7 ff, § 5 Rn. 1 ff.

643 Etwa Gesellschaften bürgerlichen Rechts (GbR), Partnerschaftsgesellschaften (PartG), Kommanditgesellschaften (KG) oder offene Handelsgesellschaften (OHG).

644 Vgl. *Heinicke*, in: Schmidt, EStG, § 1 Rn. 13.

2. *Fiktion gewerblicher Einkünfte*

Die erste Sonderregelung ist in § 8 Abs. 2 KStG enthalten. Demnach sind bei unbeschränkt steuerpflichtigen Körperschaften im Sinne des § 1 Abs. 1 Nr. 1 bis 3 KStG alle Einkünfte als Einkünfte aus Gewerbebetrieb zu behandeln. Dabei enthält § 1 Abs. 1 KStG einen Katalog, der Körperschaften, Personenvereinigungen und Vermögensmassen, die ihre Geschäftsleitung oder ihren Sitz im Inland haben, aufzählt. Dazu gehören Kapitalgesellschaften[645] (Nr. 1), Genossenschaften einschließlich der Europäischen Genossenschaften (Nr. 2) sowie Versicherungs- und Pensionsfondsvereine auf Gegenseitigkeit (Nr. 3). Auch wenn sich gem. § 1 Abs. 2 KStG die unbeschränkte Körperschaftsteuerpflicht auf sämtliche Einkünfte erstreckt, kommt eine Zuordnung von Einkünften in den Fällen des § 8 Abs. 2 KStG zu den anderen in § 2 Abs. 1 S. 1 EStG genannten Einkunftsarten nicht in Betracht.

Die Vorschrift des § 8 Abs. 2 KStG schafft keine neue Einkunftsart. Durch diese Norm werden vielmehr Einkünfte aus Gewerbebetrieb fingiert.[646] Über die Ausgestaltung dieser Fiktion herrscht indes in der Rechtswissenschaft Uneinigkeit. Einige verstehen § 8 Abs. 2 KStG als Rechtsgrund-, andere als Rechtsfolgenverweisung.

Die Befürworter einer Rechtsgrundverweisung stellen darauf ab, dass § 8 Abs. 2 KStG nicht selbst regelt, was Einkünfte aus Gewerbebetrieb sind, sondern dass diese Einkünfte als solche zu behandeln sind. Somit müsse wie im Einkommensteuerrecht auch bei der körperschaftsteuerlichen Einkünfteermittlung geprüft werden, ob die Tätigkeit der Körperschaft unter den Tatbestand einer der sieben Einkunftsarten subsumiert werden könne. Sei dies der Fall, so würden die Einkünfte als Einkünfte aus Gewerbebetrieb qualifiziert.[647]

Die sich aus Literatur und höchstrichterlicher Finanzrechtsprechung ergebende h. M. hingegen sieht in § 8 Abs. 2 KStG zu Recht eine Rechtsfolgenverweisung. Der BFH zieht im Rahmen dieser Einordnung nicht nur den Wortlaut der Vorschrift heran, wonach von „allen“ Einkünften gesprochen wird. Nur durch die Deutung der Norm als Rechtsfolgenverweisung lasse sich ein Wertungswiderspruch mit § 2 Abs. 2 GewStG vermeiden. Dahingehend habe der Senat in einem anderen Urteil die Auffassung vertreten, dass die Tätigkeit einer Kapitalgesellschaft auch nach § 2 Abs. 2 S. 1 GewStG auch insoweit in vollem Umfang als Gewerbebetrieb gilt, als sie nicht unter eine der sieben Einkunftsarten des § 2 Abs. 1 EStG falle.[648] Insofern gelte der Grundsatz auch für § 8 Abs. 2 KStG entsprechend. Dieser Standpunkt hat zur Konsequenz, dass bei den unter § 8 Abs. 2 KStG fallenden Körperschaften auch einmalige Vermögensanfälle aus einer nur gelegentlichen Tätigkeit als Einkünfte

---

645 Dazu gehören insbesondere Europäische Gesellschaften, Aktiengesellschaften, Kommanditgesellschaften auf Aktien, Gesellschaften mit beschränkter Haftung.

646 Vgl. *Schwedhelm*, in: Streck, KStG, § 8 Rn. 48.

647 So *Lang*, in: Ernst/Young, KStG, § 8 Rn. 419 f.; wohl auch *Schwedhelm*, in: Streck, KStG, § 8 Rn. 48.

648 BFH, Urteil vom 22.08.1990 – I R 67/88; BFHE 162, 439 ff.

aus Gewerbebetrieb zu qualifizieren sind,[649] wozu insbesondere Glücksspielgewinne zählen.

3. Körperschaften ohne Privatsphäre

Des Weiteren schließt sich die Frage an, wie solche Veranstalter steuerrechtlich zu behandeln sind, die lediglich über eine betriebliche Sphäre verfügen.

Kapitalgesellschaften verfügen nach h. M. in Literatur und Rechtsprechung im Gegensatz zu natürlichen Personen über keine Privatsphäre.[650] Dies hat zur Konsequenz, dass Tätigkeiten dieser Körperschaften niemals im Bereich der steuerrechtlich irrelevanten Liebhaberei verortet werden können. Im Umkehrschluss werden die verfolgten Tätigkeiten stets als von einer Einnahme- und Gewinnerzielungsabsicht getragen behandelt. Bei konsequenter Auslegung können damit auch Tätigkeiten oder Aufwendungen selbst dann nicht der Liebhaberei zugeordnet werden, wenn es bereits als sicher gilt, dass sie zu keinem Gewinn führen werden. Sie sind im Bereich der steuerrechtlich bedeutsamen Sphäre anzusiedeln. Auch die Vorschrift zu den nicht abzugsfähigen Ausgaben der privaten Lebensführung im Sinne des § 12 EStG findet damit keine Anwendung.

Der Grundsatz der gleichmäßigen Besteuerung[651] gebietet es jedoch in bestimmten Fällen, dass bei Körperschaften Korrekturen vorzunehmen sind.[652] Dahingehend werden die Regelungen zur verdeckten Gewinnausschüttung herangezogen. Tätigkeiten und Aufwendungen einer Kapitalgesellschaft, die die Lebensführung ihrer Gesellschafter betreffen, führen aufgrund der vorgenannten Ausführungen zu Verlusten in Form von Betriebsausgaben[653] und werden vom Rechtsinstitut der verdeckten Gewinnausschüttung nach § 8 Abs. 3 S. 2 KStG erfasst.[654] Gem. R 8.5 Abs. 1 S. 1 KStR 2015 sind verdeckte Gewinnausschüttungen Vermögensminderungen oder verhinderte Vermögensmehrungen, die durch das Gesellschaftsverhältnis veranlasst sind, sich auf die Höhe des Gewinns im Sinne des § 4 Abs. 1 S. 1 EStG auswirken und nicht auf einem den gesellschaftsrechtlichen

---

649 Grundlegend BFH, Urteil vom 04.12.1996 – I R 54/95, BFHE 182, 123 (127) = NJW 1997, 2004; vgl. auch BFH, Urteil vom 22.08.2007 – I R 32/06, BFHE 218, 523 ff.; *Lang*, in: D/P/M, Körperschaftsteuer, § 8 Rn. 26; *Roser*, in: Gosch, KStG, § 8 Rn. 320, *Wassermeyer*, DB 1987, 1113 ff.; *Rengers*, in: Blümich, KStG, § 8 Rn. 57; BMF, Schreiben vom 07.12.2007 – IV B 7 – S 2706/070011, BStBl. I 2007, 905.

650 Vgl. BFH, Urteil vom 04.12.1996 – I R 54/95, BFHE 182, 123 ff. = NJW 1997, 2004; *Frotscher*, in: Frotscher/Drüen, KStG, § 8 Rn. 2 ff.; *Rengers*, in: Blümich, KStG, § 8 Rn. 63.

651 Siehe zum Grundsatz der gleichmäßigen Besteuerung Drittes Kap. E. I. 1.

652 *Drüen*, in: Frotscher/Drüen, KStG, § 8 Rn. 53 ff.

653 Siehe zu den Betriebsausgaben Drittes Kap. E. II. 2.

654 Siehe *Geurts*, in: Frotscher/Geurts, EStG, Anhang 1 zu § 15 Rn. 95.

Vorschriften entsprechenden Gewinnverteilungsbeschluss beruhen.[655] Gem. § 8 Abs. 3 S. 2 KStG mindern verdeckte Gewinnausschüttungen das Einkommen einer Kapitalgesellschaft nicht.

Unter Bezugnahme auf Veranstalter von Glücksspielen mit Einsatz, die als den vorstehenden Ausführungen entsprechende Körperschaft auftreten, kann abermals die Ausprägung des Zufallselements im Glücksspiel, aber auch der sonstige Rahmen der Veranstaltung maßgebend sein. Betreibt etwa eine GmbH ein Kasino und trägt ausschließlich für ihre Gesellschafter eine Veranstaltung aus, im Rahmen derer die Glücksspiele so modifiziert wurden, dass die Teilnehmer am der Ende der Veranstaltung (beträchtliche) Gewinne davontragen,[656] so finden die Grundsätze über die verdeckte Gewinnausschüttung Anwendung. Dies hat zur Konsequenz, dass die aus dieser Veranstaltung erwachsenen Verluste der GmbH das Einkommen der Gesellschaft nicht mindern.

4. *Sonderstellung staatlicher Lotterieunternehmen*

Gem. § 5 Abs. 1 Nr. 1 KStG sind staatliche Lotterieunternehmen von der Körperschaftsteuer befreit. Der historische Ausgangspunkt für die Steuerbefreiung staatlicher Lotterieunternehmen liegt im Entwurf des Körperschaftsteuergesetzes von 1925 (KStG 1925). § 9 Nr. 1 KStG 1925 sah u. a. vor, dass staatliche Lotterieunternehmungen von der Körperschaftsteuer befreit sind.[657] Mit der Begründung, bei Lotterieunternehmungen handle es sich um wesentliche Einnahmequellen der Länder, erhielt die Vorschrift zunächst Gegenwind. Ein dahingehend von den Gegnern des Entwurfs gestellter Antrag, die Befreiung zu streichen, wurde jedoch abgelehnt.[658] Der Sinn und Zweck der Steuerbefreiung soll in den besonderen staatswirtschaftlichen Aufgaben der Lotterieunternehmen liegen.[659]

Es gelten lediglich solche Unternehmen, welche der Staat unmittelbar selbst in Gestalt eines gewerblichen Betriebs betreibt, als staatliche Lotterieunternehmen im Sinne des § 5 Abs. 1 Nr. 1 KStG.[660] Dazu gehören etwa staatliche Fußballtoto- und Zahlenlottounternehmen,[661] nicht aber solche Lotterieunternehmen, die als

---

655 Siehe auch BFH, Urteil vom 22.02.1989 – I R 44/85, BFHE 156, 177 ff. = BB 1989, 1113; *Rengers*, in: Blümich, KStG, § 8 Rn. 240 ff.

656 Modifikationen könnten bspw. darin bestehen, dass ein Spielautomat nach Leistung des Einsatzes wesentlich mehr Spielversuche gewährleistet und sich die Gewinnwahrscheinlichkeit für den Teilnehmer dadurch maximiert. Auch bei Roulette könnte die Erhöhung der Spielversuche pro Einsatz zu einer wesentlich erhöhten Gewinnwahrscheinlichkeit für die Teilnehmer führen.

657 RT-Drucks. III, 1924/25 Nr. 796.

658 RT-Drucks. III, 1924/25 Nr. 1230, S. 6.

659 Vgl. *Hermann*, in: H/H/R, KStG, § 5 Rn. 40; *von Twickel*, in: Blümich, KStG, § 5 Rn. 15.

660 *Hermann*, in: H/H/R, KStG, § 5 Rn. 45.

661 BFH, Urteil vom 20.07.1951 – II 32/51 U, BFHE 55, 418 ff.; Urteil vom 25.11.1954 – IV 118/53 U, BFHE 60, 196 ff.

Kapitalgesellschaft organisiert sind.[662] Letztgenannte unterfallen daher nicht der Steuerbefreiung.[663] Das gesamte Einkommen der begünstigten Lotterieunternehmen ist von dieser Befreiung betroffen.[664]

IV. Gewerbesteuer

Weiterhin ist auf die Gewerbesteuer einzugehen. An dieser Stelle wird auf die bereits zur Gewerbesteuer getätigten Ausführungen verwiesen.[665]

Wie § 2 Abs. 2 S. 1 GewStG zu entnehmen ist, gilt als Gewerbebetrieb stets und in vollem Umfang die Tätigkeit der Kapitalgesellschaften.[666] Nicht der Gewerbesteuer unterliegen hingegen freiberufliche Tätigkeiten oder sonstige Leistungen nach § 22 Nr. 3 EStG.[667]

Vor dem Hintergrund der gewerbesteuerrechtlichen Behandlung von Veranstaltern von Glücksspielen kommt § 3 Nr. 1 GewStG eine zentrale Bedeutung zu. Demnach sind staatliche Lotterieunternehmen und zugelassene öffentliche Spielbanken mit ihren der Spielbankabgabe unterliegenden Tätigkeiten von der Gewerbesteuer befreit. In Bezug auf die staatlichen Lotterieunternehmen ist auf die entsprechenden Ausführungen zur Körperschaftsteuerbefreiung zu verweisen,[668] da sich hier keine Unterschiede ergeben. Die Gewerbesteuerbefreiung im Hinblick auf die öffentlichen Spielbanken soll im Lichte der Verpflichtung zur Leistung der Spielbankabgabe für eine gewisse Entlastung sorgen.[669] Daher sind auch nur jene Gewinne öffentlicher Spielbanken von der Gewerbesteuer befreit, die von der Spielbankabgabe erfasst werden.[670]

Es kann zu einer „Doppelbesteuerung" durch die Einkommen- bzw. Körperschaftsteuer auf der einen und der Gewerbesteuer auf der anderen Seite kommen, sofern eine Befreiung nach § 3 GewStG nicht ersichtlich ist. Dahingehend gibt es jedoch zwei Möglichkeiten, durch die diese Doppelbelastung abgeschwächt oder verhindert wird. Die erste Möglichkeit besteht theoretisch darin, im Rahmen der Ermittlung des Gewinns die Gewerbesteuer als Betriebsausgabe zu berücksichtigen. Dies schließt allerdings § 4 Abs. 5b EStG, der über § 8 Abs. 1 S. 1 KStG auch für Körperschaften gilt, aus. Außerdem kann es im Sinne des § 35 EStG bei Einkommensteuersubjekten zu Ermäßigungen bei Einkünften aus Gewerbebetrieb

662 *von Twickel*, in: Blümich, KStG, § 5 Rn. 15.

663 Die Steuerbefreiung tritt auch dann nicht ein, wenn der Staat alle Anteile an der Kapitalgesellschaft haben sollte, vgl. BFH, Urteil vom 13.11.1963 – GrS 1/62 S, BFHE 78, 496 (499).

664 BFH, Urteil vom 19.08.1958 – I 182/57 U, BStBl. III 1958, 429 ff.

665 Siehe Drittes Kap. E. III.

666 Etwa GmbH, Kommanditgesellschaften auf Aktien oder Aktiengesellschaften.

667 Siehe *Koch*, Gewinnspiele im Steuerrecht, S. 154 f.

668 Siehe Viertes Kap. A. III.

669 Vgl. BFH, Beschluss vom 29.03.2001 – III B 80/00, BFH/NV 2001, 1294 ff.

670 *Koch*, Gewinnspiele im Steuerrecht, S. 155.

kommen. Auf diesem Wege kann eine Doppelbelastung sogar ganz entfallen. Dem KStG ist allerdings eine Anrechnung im Sinne des § 35 EStG fremd, weshalb eine Beseitigung der Doppelbelastung bei Körperschaften nicht in Betracht kommt.[671]

Für die Einnehmer einer staatlichen Lotterie gilt, dass die Tätigkeit auch dann nicht der Gewerbesteuer unterliegt, wenn sie im Rahmen eines Gewerbebetriebs ausgeübt wird, § 13 GewStDV.

V. Ergebnis

Öffentlichen Spielbanken kommt im Ertragsteuerrecht eine Sonderstellung zu. Da sie Spielbankabgaben entrichten müssen, sind sie von den Ertragsteuern im Wege des § 6 Abs. 1 SpielbkV in Verbindung mit den Spielbankgesetzen der jeweiligen Länder befreit. Diese Sonderstellung der Spielbankbetreiber gilt allerdings nur für den Spielbetrieb. Betreiber von Speise- und Schankwirtschaften können steuerbare Betriebseinnahmen über Glücksspielgewinne durch aufgestellte Geldspielgeräte erzielen.

Die übrigen Veranstalter von Glücksspielen mit Einsatz können Einkünfte aus Gewerbebetrieb und sonstige Einkünfte erzielen. Im Rahmen der Beteiligung am allgemeinen wirtschaftlichen Verkehr leistet der Teilnehmer den Spieleinsatz und erhält im Gegenzug vom Veranstalter durch die Bereitstellung des Spielangebots die Möglichkeit zur Erlangung des Spielvergnügens. Diese Form des Leistungsaustauschs kommt auch im Bereich der sonstigen Einkünfte in Betracht, sofern keine andere Einkunftsart einschlägig ist.

Auch Körperschaften können als Veranstalter Glücksspielgewinne erzielen. Im Rahmen einer auf § 8 Abs. 2 KStG zurückgehenden Fiktion werden alle Einkünfte den Einkünften aus Gewerbebetrieb zugeordnet. Staatliche Lotterieunternehmen sind gem. § 5 Abs. 1 Nr. 1 KStG von der Körperschaftsteuer befreit. Auf Kapitalgesellschaften können auch im Bereich des Glücksspiels die Grundsätze über die verdeckte Gewinnausschüttung Anwendung finden. Staatliche Lotterieunternehmen und öffentliche Spielbanken sind nach § 3 Nr. 1 GewStG von der Gewerbesteuer befreit. Treffen Einkommen- und Gewerbesteuer aufeinander, so bietet das EStG mit der Anrechnung nach § 35 EStG eine Möglichkeit, die Doppelbesteuerung zu verhindern oder zumindest abzumildern. Für ein Aufeinandertreffen von Körperschaftsteuer und Gewerbesteuer gibt es diese Möglichkeiten nicht.

B. Veranstaltungen ohne Einsatz

In diesem Abschnitt ist die steuerliche Behandlung von Veranstaltungen ohne Einsatz zu untersuchen.

---

671 *Ders.* Gewinnspiele im Steuerrecht, S. 155 f.

I. Kein Glücksspiel im Sinne des GlüStV 2012 und GwG

Gem. § 3 Abs. 1 S. 1 GlüStV 2012 liegt ein Glücksspiel vor, wenn für den Erwerb einer Gewinnchance ein Entgelt verlangt wird und die Entscheidung über den Gewinn ganz oder überwiegend vom Zufall abhängig ist. Im Rahmen von Veranstaltungen, bei denen die Teilnehmer keinen Einsatz leisten müssen, ist das erste Tatbestandsmerkmal des ordnungsrechtlichen Glücksspielbegriffs stets zu verneinen.

II. Glücksspielbegriff im steuerrechtlichen Sinne

Da allerdings für das Wechselspiel zwischen Leistung und Gegenleistung im Rahmen von § 15 Abs. 2 und § 22 Nr. 3 EStG nicht relevant ist, ob für den Erwerb einer Gewinnchance ein Entgelt zu zahlen ist, ist lediglich auf die Intensität des Zufalls abzustellen. Außerdem gehen die Schutzzwecke des GlüStV 2012 und des GwG in andere Richtungen, weshalb einer Koexistenz des Glücksspielbegriffs im Steuerrecht mit den übrigen Glücksspielbegriffen ausreichend Raum geboten wird.[672]

III. Begriff des „Gewinnspiels"

Geht es um Glücksspiele, bei denen kein Einsatz verlangt wird, so fällt oftmals der Begriff „Gewinnspiel".[673] Unter einem Gewinnspiel versteht man ein Spiel, bei dem man durch richtige Beantwortung einer oder mehrerer Fragen gewinnt bzw. gewinnen kann.[674] Zum einen ist die Definition angesichts des mangelnden Erfordernisses von Zufall als zu weit und in Bezug auf das Verlangen der Beantwortung von Fragen als zu eng anzusehen. Zum anderen können solche Gewinnspiele, die zur Erlangung einer Gewinnchance kein Entgelt verlangen, nach ordnungsrechtlichem bzw. geldwäscherechtlichem Verständnis nicht als Glücksspiele eingeordnet werden. Der Gewinnspielbegriff eignet sich deshalb nicht im Steuerrecht.

Insofern werden in diesem Abschnitt aus Gründen der Klarstellung und zwecks Vermeidung etwaiger Missverständnisse solche Spiele, bei denen kein Einsatz verlangt wird, die aber über Zufallselemente verfügen, als „Glücksspiele im steuerrechtlichen Sinne" bezeichnet.

IV. Abzugsfähigkeit getätigter Aufwendungen

Können Spieler an einem Glücksspiel im steuerrechtlichen Sinne partizipieren, ohne einen Einsatz leisten zu müssen, so tragen sie kein Verlustrisiko. Als Folge dessen können die Veranstalter mangels Einsätze der Teilnehmer zumindest

---

672 Siehe näher hierzu Zweites Kap. D.

673 Siehe etwa *Koch*, Gewinnspiele im Steuerrecht.

674 *Duden*, https://www.duden.de/rechtschreibung/Gewinnspiel (zuletzt abgerufen am 17.06.2020).

unmittelbar keine Einkünfte erzielen. Können keine Einkünfte erzielt werden, so kann auch keine (Ertrag-)Steuer anfallen. Da der Veranstalter den Spielern trotz kostenfreier Teilnahme einen Preis im Falle ihres Gewinns verspricht, trägt er im Gegensatz zu den Teilnehmern weiterhin ein finanzielles Risiko. Trüge auch der Veranstalter kein oder lediglich ein unerhebliches Verlustrisiko, so handelte es sich nicht um ein Glücksspiel im steuerrechtlichen Sinne, sondern um ein steuerrechtlich nicht zu berücksichtigendes bloßes Unterhaltungsspiel.[675]

Im Rahmen der Glücksspiele, bei denen lediglich der Veranstalter in materieller Hinsicht ein Risiko trägt, stehen altruistische Motive für die Veranstaltung grundsätzlich nicht im Vordergrund. In der Regel kommt diesen Glücksspielen vorrangig ein Werbezweck zu,[676] wie z. B. Preisausschreiben in Zeitschriften, Gewinncodes auf Bierflaschen oder auch das Weiterempfehlen von Produkten bzw. Teilen von Produktinformationen diverser Händler durch die Nutzer auf Facebook.[677] Auch sog. „Streamer" veranstalten ähnliche Glücksspiele, um ihre Zuschauerzahlen zu steigern.[678]

In diesen Fällen stellt sich die Frage, ob im Zusammenhang mit der Veranstaltung gemachte Aufwendungen von der Steuer abzugsfähig sind. Vor diesem Hintergrund können Betriebsausgaben und Werbungskosten[679] eine besondere Rolle spielen. In diesem Zusammenhang ist die Vorschrift des § 4 Abs. 5 S. 1 EStG zu nennen, die in den Nr. 1 bis 13 diverse Abzugsverbote aufzählt. Besondere Aufmerksamkeit ist § 4 Abs. 5 S. 1 Nr. 1 EStG zu widmen. Gem. § 4 Abs. 5 S. 1 Nr. 1 EStG dürfen Aufwendungen für Geschenke an Personen, die nicht Arbeitnehmer des Steuerpflichtigen sind, den Gewinn nicht mindern, wenn die Anschaffungs- oder Herstellungskosten der dem Empfänger zugewendeten Gegenstände 35 Euro pro Wirtschaftsjahr übersteigen.

Ausgehend hiervon ist die Abzugsfähigkeit getätigter Aufwendungen näher im Rahmen der diversen Veranstaltungsformen zu untersuchen.

V. Veranstaltungsformen

Glücksspiele, die im Rahmen von Veranstaltungen ohne Einsatz angeboten werden, finden grundsätzlich in Gestalt eines Preisausschreibens im Sinne des § 661 BGB oder eines bedingten Schenkungsversprechens statt.

---

675 Siehe zur Abgrenzung von Glücks- und Unterhaltungsspiel Zweites Kap. A. I.

676 Siehe etwa zu Preisausschreiben in Zeitschriften BFH, Urteil vom 23.02.1961 – V 262/58 U, BStBl. III 1961, 220 ff.

677 Im Rahmen gewisser Aktionen der Händler werden die Nutzer, die Produktinformationen mit anderen Nutzern teilen, in einen virtuellen „Pool" aufgenommen, aus dem anschließend Nutzer als Gewinner diverser Preise ausgelost werden.

678 Siehe zum „Streaming" Viertes Kap. B. V. 2.

679 Siehe näher zu den Begriffen Betriebsausgaben und Werbungskosten Drittes Kap. E. II.

Ob im Zusammenhang mit der Veranstaltung getätigte Aufwendungen abzugsfähig sind, lässt sich nur anhand der konkreten Veranstaltungsform beurteilen. Dahingehend sind Verlosungen und solche Glücksspiele im steuerrechtlichen Sinne näher zu beleuchten, die im Rahmen des sog. „Streamings" stattfinden.

1. Verlosung

Mit der Frage der Abzugsfähigkeit von Aufwendungen hatte sich das FG Köln[680] 2013 auseinanderzusetzen.

Bei dem Fall, der dem Urteil zugrunde liegt, ging es um eine Firma, die anlässlich eines Jubiläums eine Tombola veranstaltete und dazu Bestands- sowie potenzielle Neukunden einlud. Dabei erhielt jeder eingeladene Gast eine Eintrittskarte, die bei tatsächlichem Erscheinen zum Jubiläum zugleich als Los für die Tombola aktiviert wurde. Auslosungsgegenstand waren fünf Kleinwagen im Wert von jeweils 13.000 Euro. Das Finanzamt verweigerte die Anerkennung der Anschaffungskosten für die Wagen als Betriebsausgaben, woraufhin Klage beim FG erhoben wurde. Das FG Köln bestätigte die Auffassung des Finanzamts und sah in der durch das Los eingeräumten Gewinnchance ein Geschenk an die erschienenen Gäste. Die Begriffe des „Geschenks" nach § 4 Abs. 5 S. 1 Nr. 1 EStG und der zivilrechtlichen „Schenkung" im Sinne des § 516 Abs. 1 BGB sind nach ständiger Rechtsprechung[681] deckungsgleich. Nach § 516 Abs. 1 BGB ist eine Schenkung eine Zuwendung, durch die jemand aus seinem Vermögen einen anderen bereichert, wenn beide Teile darüber einig sind, dass die Zuwendung unentgeltlich erfolgt.

In diesem Kontext ist es keineswegs als selbstverständlich anzusehen, dass das FG Köln als Zuwendungsgegenstand die Gewinnchance und nicht den Gewinn selbst auserkoren hat. Gleichwohl halten Teile des Schrifttums die Gewinnchance für einen tauglichen Zuwendungsgegenstand. Das Los stelle demnach einen geldwerten Vorteil dar, da der Empfänger sonst einen bestimmten Geldbetrag hätte zahlen müssen, um die Gewinnchance zu erlangen.[682] Zwar hat sich der BFH mit dem Zuwendungsgegenstand vor dem Hintergrund von § 4 Abs. 5 S. 1 Nr. 1 EStG noch nicht auseinandergesetzt. Allerdings hat er die Abgrenzung von Gewinnchance und Gewinn bereits im Kontext der Einkünfteerzielung untersucht. Zunächst entschied der BFH im Hinblick auf Sachpreise bei einer betriebsinternen Verlosung, dass die Einräumung der bloßen Gewinnchance noch nicht zu einem Zufluss von Arbeitslohn führt. Gleichwohl sei der tatsächliche Gewinn, der vom Arbeitnehmer

---

680 FG Köln, Urteil vom 26.09.2013 – 13 K 3908/09, EFG 2014, 296 ff.

681 BFH, Urteil vom 18.02.1982 – IV R 46/76, BFHE 135, 206 (208); Urteil vom 23.06.1993 – I R 14/93, BFHE 171, 521 (523); Urteil vom 12.10.2010 – I R 99/09, BFH/NV 2011, 650 (651); *Nacke*, in: L/B/P, Einkommensteuerrecht, § 4 Rn. 1669 m.w.N.

682 Vgl. *Spilker*, in: K/S/M, EStG, § 4 Rn. G 92; *Frotscher*, in: Frotscher/Geurts, EStG, § 4 Rn. 697; *Heinicke*, in: Schmidt, EStG, § 4 Rn. 537.

verbucht wurde, als Arbeitslohn im Sinne des § 19 EStG zu versteuern.[683] Bei sonstigen Einkünften gem. § 22 Nr. 3 EStG, die auf Preisgelder einer Fernsehshow[684] oder den Projektgewinn von „Big Brother"[685] zurückgehen, entschied sich der BFH für die Besteuerung des Gewinns und stellte gerade nicht auf die Gewinnchance ab. Bezüglich der Gewinne aus Losen hat der BFH ebenfalls entschieden, dass die aufschiebend bedingte Loschance wegen der Verknüpfung mit erzielten Umsätzen im betrieblichen Bereich erwirtschaftet worden ist. Zu einer Betriebseinnahme führe dahingehend die Verwirklichung dieser Chance.[686]

Das FG teilte vor diesem Hintergrund den Gesamtwert der Auslosungsgegenstände (65.000 Euro) durch die Anzahl der Teilnehmer (1.331) und bewertete so die eingeräumte bzw. geschenkte Gewinnchance mit rund 49 Euro. Damit sah das Gericht die Voraussetzungen des Abzugsverbots als erfüllt an.

Die Klägerin ging demgegenüber davon aus, ein Preisausschreiben oder eine Auslobung veranstaltet zu haben. Preise, die von einem Preisausschreiben oder einer Auslobung herrühren, gelten nicht als Geschenke, vgl. R. 4.10 Abs. 4 S. 5 Nr. 3 EStR 2012. Damit wäre § 4 Abs. 5 S. 1 Nr. 1 EStG nicht einschlägig, da es sich wie dargelegt um „Aufwendungen für Geschenke" handeln müsste. Das FG Köln hingegen wies diese Auffassung zurück. Eine Auslobung im Sinne des § 657 BGB sei ein bindendes Versprechen, bei dem durch öffentliche Bekanntmachung eine Belohnung für die Vornahme einer Handlung ausgesetzt werde. So fehlt es etwa bei Gratisverlosungen an einer solchen Handlung, wenn es sich um eine Aufgabe handelt, die von jedermann ohne Mühe gelöst werden kann.[687] Das Preisausschreiben im Sinne des § 661 BGB stellt nach Auffassung des Kölner Gerichts eine Unterart der Auslobung dar, sodass alle Voraussetzungen einer solchen erfüllt sein müssen. Bei einem Preisausschreiben handle es sich um eine Auslobung, die eine Preisbewerbung zum Gegenstand habe. Das Erscheinen der Gäste beim Veranstaltungsort stelle keine taugliche Handlung dar, weil diese von jedermann ohne Mühe vorgenommen werden könne. Ein Preisausschreiben als Unterfall der Auslobung scheide damit ebenso aus.

Das FG Köln führt im Lichte der höchstrichterlichen Finanzrechtsprechung aus, die Einnahmen in den vom BFH entschiedenen Fällen seien durch die jeweilige Tätigkeit veranlasst und erst der tatsächlich erhaltene Gewinn sei aus diesem Veranlassungszusammenhang zugeflossen und damit steuerlich zu erfassen. Dies überzeuge auf der Einnahmeseite, da erst der tatsächlich zugeflossene Gewinn

683 BFH, Urteil vom 25.11.1993 – VI R 45/93, BFHE 173, 65 (66 ff.); vgl. auch Viertes Kap. A. II.
684 BFH, Urteil vom 28.11.2007 – IX R 39/06, BFHE 220, 67 ff.
685 BFH, Urteil vom 24.04.2012 – IX R 6/10, BStBl. II 2012, 581 ff.; vgl. auch Drittes Kap. C. I. 2.
686 Vgl. auch BFH, Urteil vom 02.09.2008 – X R 25/07, BFHE 223, 35 ff.
687 OLG Düsseldorf, Beschluss vom 14.01.1997 – 22 W 77/96, NJW 1997, 2122; OLG Stuttgart, Urteil vom 19.02.1986 – 1 U 166/85, MDR 1986, 756 f.

einen Zuwachs an Leistungsfähigkeit bewirke. Der vorliegende Fall betreffe hingegen die Ausgabenseite, weshalb die Perspektive der Klägerin als Zuwendende im Sinne des § 4 Abs. 5 S. 1 Nr. 1 EStG maßgeblich sei. Versetze man sich in ihre Lage, so habe sie mit der öffentlichen Werbung in Fachzeitschriften und der nachfolgenden Zusendung von Einladungskarten angekündigt, fünf Kraftfahrzeuge zu verlosen. In dieser Phase sei jedoch nicht klar, wie viele der Lose tatsächlich aktiviert würden. Zu diesem Zeitpunkt könne deshalb noch keine Zuwendung an einen bestimmten Empfänger angenommen werden.

2. *„Streaming"*

a) Einführung

Im Zuge der Digitalisierung ist auch das Internet schneller geworden: Es können größere Datenpakete gesendet und empfangen werden. Diese Entwicklung hat das Streaming ermöglicht. Allgemein bezeichnet Streaming ein Datenübertragungsverfahren, wodurch sich Daten über das Internet bereits während der Übertragung anschauen bzw. anhören lassen.[688] Die erforderlichen Daten werden hierzu in kurzen zeitlichen Abständen auf die jeweiligen Endgeräte heruntergeladen und dabei lediglich zwischengespeichert. So ist die Notwendigkeit weggefallen, Daten zunächst komplett herunterladen zu müssen, ehe auf diese zugegriffen werden kann.

Das Potenzial des Streamings wurde bereits erkannt und hat in verschiedenen Branchen Milliardenmärkte geschaffen. Es existieren dahingehend diverse Streaming-Anbieter, die angemeldeten Nutzern auf ihren Portalen gegen eine meist monatliche Gebühr zahlreiche Filme und Serien zum Streamen zur Verfügung stellen. Als bekannte Anbieter, die sich dieses Verfahren zu Nutze gemacht haben, sind etwa Youtube, Netflix oder Amazon zu nennen. In der Musikbranche gelten wiederum Youtube, aber auch Spotify als Marktführer.

Das Datenübertragungsverfahren des Streamings hat allerdings nicht nur die Film-, Serien- oder Musikbranche revolutioniert. Auch in der Videospielbranche ist das Streaming nicht mehr wegzudenken. Eine Erscheinung, die für die vorliegende steuerrechtliche Untersuchung von Bedeutung ist, bilden die sog. „Streamer". Streamer sind in der Unterhaltungsbranche Einzelpersonen, die in der Regel per Live-Übertragung[689] Videospielen nachgehen. Der Großteil der Streamer verfügt dabei über Kamera, Mikrofon und sonstiges Equipment,[690] um sich den Zuschauern

---

688 Siehe *Duden*, https://www.duden.de/rechtschreibung/Streaming, zuletzt abgerufen am 17.06.2020.

689 Diese Übertragungen werden häufig gespeichert und auf diverse Plattformen hochgeladen, damit Zuschauer sich den Stream bei Bedarf erneut ansehen können.

690 Damit sich der Streamer den Zuschauern während der Übertragung des Spiels zeigen kann, ohne die Qualität der Übertragung des Spiels zu schmälern, gilt es diverse technische Hürden zu meistern: So bedarf es etwa eines sog. „Greenscreens", einer

beim Live-Stream visuell und auditiv zu offenbaren. Als populäre Plattformen, auf der Zuschauer die Inhalte der Streamer verfolgen können, sind Youtube und vor allem die Amazon-Tochter Twitch zu nennen. Aus einer Auswertung der Videospielbranche durch das Unternehmen SuperData[691] ergab sich für das Jahr 2017, dass Youtube im Streaming-Bereich 700 Millionen Dollar und Twitch sogar 1,7 Milliarden Dollar erwirtschaftet haben.[692] Dies belegt, dass der Streaming-Sektor in der Videospielbranche, die selbst unaufhaltsam zu wachsen scheint,[693] längst keine wirtschaftliche Nische mehr darstellt, sondern mehr und mehr in den Mittelpunkt der (digitalen) Gesellschaft rückt.

b) Verlosungen auf Twitch

Viele Streamer veranstalten über die Plattform Twitch in regelmäßigen Abständen Verlosungen, um ihre Zuschauerzahlen zu steigern. Dabei stellt sich die Frage, ob aus den Veranstaltungen erwirtschaftete Gewinne einkommensteuerrechtliche Berücksichtigung erfahren können. Sollte dies zu bejahen sein, so ist darüber hinaus zu erörtern, ob im Zusammenhang mit den Veranstaltungen getätigte Aufwendungen abzugsfähig sind.

Bevor sich dahingehende Ausführungen anschließen, ist auf diverse Begrifflichkeiten einzugehen, die mit dem Streaming zusammenhängen.

aa) Begriffe der „Giveaways", „Follower" und „Subscriber"

Sog. „Giveaways" sind Werbegeschenke, die in der Wirtschaft als Instrument dazu eingesetzt werden, neue Kunden anzulocken oder das Verhältnis zu bestehenden Kunden zu intensivieren. Dieses Werkzeug wird auch von Streamern auf der Streaming-Plattform Twitch eingesetzt, um neue Zuschauer für den angebotenen Stream zu gewinnen. Üblicherweise werden sie als Preise im Rahmen von Verlosungen ausgeschüttet.

Um zu verdeutlichen, warum die Giveaways ein so beliebtes Mittel unter Streamern sind, erscheint ein Blick auf die Funktionsweise der Streaming-Plattform geboten: Gefällt den Zuschauern der Stream, so haben sie diverse Möglichkeiten,

---

grünen Leinwand im Hintergrund des Streamers, um die Silhouette des Streamers ein- und seinen Hintergrund auszublenden.

691 Super Data Research wurde im Jahr 2018 vom Marktforschungsunternehmen Nielsen übernommen.

692 www.superdataresearch.com/market-data/market-brief-year-in-review/ (zuletzt abgerufen am 17.06.2020).

693 Geschäft mit Computer- und Videospielen boomt, abrufbar unter www.handelsblatt.com/unternehmen/it-medien/games-branche-geschaeft-mit-computer-und-videospielen-boomt/22915568.html (zuletzt abgerufen am 17.06.2020).

diesen und damit auch den Streamer zu unterstützen. Sie können sog. „Follower“[694] des Streams werden, also den Stream als persönlichen Favoriten markieren. So wird dem Zuschauer der Stream auf der Startseite von Twitch schneller wieder ins Auge fallen. Die Follower-Zahlen aller Streams werden jedem Nutzer öffentlich angezeigt und sollen einen Anhaltspunkt über die Qualität des Streams liefern. Je höher außerdem die Follower-Zahlen des Streams sind, desto höher listet Twitch die Übertragungen des Streamers auf seiner Plattform. Dies soll es dem Streamer erleichtern, neue Zuschauer anzulocken. Schafft es der Streamer, einen gewissen Bekanntheitsgrad zu erlangen, so bietet ihnen Twitch eine Partnerschaft an, durch welche ihnen u. a. die Möglichkeit gegeben wird, sog. „Subscriber“ (Abonnenten) zu gewinnen.[695]

Zuschauer eines Streams können etwa als solche Subscriber in Erscheinung treten. Den Status als Subscriber erhalten sie, indem sie den Streamer finanziell dadurch unterstützen, dass sie ihm monatlich Geldbeträge zukommen lassen. Einmalige monetäre Zuwendungen sind ebenfalls möglich (sog. „Donations“).[696] Die Zuschauer erhalten auf der anderen Seite durch ihren Status als Subscriber diverse Privilegien bei den Streamern. Ihnen stehen exklusive Chatsymbole zur Verfügung, mithilfe derer sie sich von „gewöhnlichen“ Zuschauern abgrenzen können. Sofern es der Streamer zulässt, können sie überdies mittels exklusiver Nachrichtenfenster mit dem Streamer näher in Verbindung treten.

bb) Ablauf auf Twitch

Die Giveaways auf Twitch werden von den Streamern in ihrem Stream im Rahmen von Verlosungen ausgeschüttet. In technischer Hinsicht stehen dem Streamer sog. „Bots“ zur Verfügung. Bots als Kurzform von „Robots“ (Roboter) sind auf der Grundlage künstlicher Intelligenz autonom agierende Programme im Internet.[697] So existieren solche auf der Plattform Twitch und leiten etwa die Verlosungen der Streamer. Die Zuschauer können einen Befehl in das Chatfenster des Streams eingeben, der den Bot dazu veranlasst, sie als Teilnehmer des Glücksspiels aufzunehmen. Diesem Bot gibt der Streamer außerdem vor, wann die Veranstaltung beginnen und wann sie enden soll. Er wählt den oder die Gewinner des Glücksspiels am Ende der Veranstaltung rein algorithmisch aus. Ein Algorithmus

694 https://www.duden.de/rechtschreibung/Follower, wobei der Duden Follower im Zusammenhang mit Twitter charakterisiert. Der Gedanke ist allerdings auf andere Plattformen zu übertragen (zuletzt abgerufen am 17.06.2020).

695 Siehe https://help.twitch.tv/s/article/how-to-subscribe?language=de m.w.N. (zuletzt abgerufen am 17.06.2020).

696 Siehe näher zu den Donations https://praxistipps.chip.de/twitch-donation-button-einrichten-so-gehts_102042 (zuletzt abgerufen am 17.06.2020).

697 Siehe näher zu den Bots https://www.kas.de/c/document_library/get_file?uuid=aa0b183f-e298-f66e-aef1-b41d6246370b&groupId=252038 (zuletzt abgerufen am 17.06.2020).

beschreibt eine mathematische Lösungsfolge und ermöglicht im Zusammenhang von Gewinnspielen die faktisch zufällige Bestimmung eines Gewinners.[698] Dabei werden solche Geschenke verlost, die für die Zielgruppe ansprechend sind, darunter etwa Spielekonsolen, neue Videospiele oder PC-Zubehör.

Die Streamer verlangen von den Zuschauern für die Partizipation an der Verlosung keinen Einsatz in Form eines Entgelts, da ansonsten der Anwendungsbereich des GlüStV 2012 eröffnet wäre[699] und nach § 4 Abs. 4 GlüStV das Veranstalten und Vermitteln öffentlicher Glücksspiele im Internet grundsätzlich verboten ist. Ausnahmsweise kann zwar eine Konzession im Rahmen der § 4 Abs. 5, §§ 4a ff. GlüStV 2012 dennoch erteilt werden, allerdings verfügen die Streamer über eine solche im Regelfall nicht.

cc) Einkünfte aus selbständiger Arbeit

Bei der Frage der Einkommensteuerbarkeit der Einkünfte eines Streamers im Rahmen seiner Veranstaltungen kommt es zunächst darauf an, ob die Einkünfte unter den Einkünftekatalog im Sinne des § 2 Abs. 1 S. 1 Nr. 1 bis 7 EStG fallen.

Um dies beurteilen zu können, ist zunächst darzustellen, welche Einkunftsquellen ein Streamer überhaupt haben kann. Wie zuvor erwähnt, können Streamer von den Zuschauern finanziell unterstützt werden. Darüber hinaus beteiligt Twitch den Streamer an den Werbeeinnahmen, wenn auf seinem Kanal Werbung geschaltet wird.[700] Zuletzt kann ein Streamer auch unmittelbar aus der Werbebranche, etwa von Sponsoren, unterstützt werden. Sowohl aus den erwähnten Einkunftsquellen als auch anhand der übertragenen Inhalte ergibt sich, dass die Tätigkeit des Streamers vordergründig die Unterhaltung der Zuschauer zum Gegenstand hat. Vor diesem Hintergrund erscheint ein Blick auf Einkünfte aus freiberuflicher künstlerischer Tätigkeit im Sinne der §§ 2 Abs. 1 S. 1 Nr. 3, 18 Abs. 1 Nr. 1 EStG angebracht. Sollte diese Einkunftsart in Betracht kommen, so erhielte der Steuerpflichtige steuerrechtliche Privilegien, darunter eine Buchführungserleichterung (Einnahmen-Überschuss-Rechnung, § 4 Abs. 3 EStG) oder die grundsätzliche Befreiung von der Gewerbesteuer.[701]

Dem Steuerrecht selbst lässt sich keine Legaldefinition des Kunstbegriffs entnehmen, weshalb auf in diesem Bereich bereits ergangene Rechtsprechung zu verweisen ist.[702] Primär zu nennen ist die „Mephisto"-Entscheidung des BVerfG, wonach das Wesentliche der künstlerischen Betätigung die freie schöpferische Gestaltung ist, in der Eindrücke, Erfahrungen und Erlebnisse des Künstlers durch

---

698 Siehe näher zu Algorithmen https://algorithmwatch.org/publication/arbeitspapier-was-ist-ein-algorithmus/ (zuletzt abgerufen am 17.06.2020).

699 Siehe zum Glücksspielbegriff des GlüStV 2012 Zweites Kap. A. II. 2.

700 www.twitch.tv/p/de-de/partners/ (zuletzt abgerufen am 17.06.2020).

701 *Wacker*, in: Schmidt, EStG, § 18 Rn. 3, 156.

702 Vgl. BFH, Urteil vom 19.08.1982 – IV R 64/79, BStBl. II 1983, 7 (8 f.); *Wacker*, in: Schmidt, EStG, § 18 Rn. 66.

das Medium einer bestimmten Formensprache zu unmittelbarer Anschauung gebracht werden.[703] Demnach ist künstlerisches Schaffen „primär nicht Mitteilung, sondern Ausdruck und zwar unmittelbarster Ausdruck der individuellen Persönlichkeit des Künstlers".

In Anlehnung daran hat sich der BFH in der Vergangenheit ebenfalls mit dem Begriff der Kunst bzw. mit dem Begriff künstlerischer Tätigkeit auseinandergesetzt. Nach § 18 Abs. 1 Nr. 1 EStG liegt demnach eine künstlerische Tätigkeit des Steuerpflichtigen nur dann vor, wenn er eine eigenschöpferische Leistung vollbringt, in der seine individuelle Anschauungsweise und Gestaltungskraft zum Ausdruck kommen kann und die über eine hinreichende Beherrschung der Technik hinaus eine gewisse Gestaltungshöhe erreicht.[704] Demgegenüber lehnt der BFH eine künstlerische Tätigkeit ab, „wenn sich der Steuerpflichtige an ins Einzelne gehende Angaben und Weisungen seines Auftraggebers zu halten hat und ihm infolgedessen kein oder kein genügender Spielraum für eine eigenschöpferische Leistung bleibt".[705]

Ausgehend von diesen Grundsätzen ist im Falle der Streamer zu überlegen, ob diese (im Einzelfall) eigenschöpferisch tätig werden können. Dabei spielen sowohl die Intensität als auch die Art und Weise ihres Auftretens vor den Zuschauern eine entscheidende Rolle. Hinsichtlich der Intensität ist zu bemerken, dass Streamer sich den Zuschauern gegenüber unterschiedlich stark offenbaren können. Dabei stehen ihnen drei Möglichkeiten zur Verfügung, wobei die Übertragung spielerischer Inhalte in allen Fällen eine Konstante darstellt.

Sie können sich erstens dazu entschließen, nur das Videospiel zu übertragen, d. h. die Zuschauer können den Streamer dabei weder sehen noch hören. Nach der hier vertretenen Auffassung kann der Streamer bei diesem Übertragungsstil nicht eigenschöpferisch tätig werden. Das schlichte Nachgehen und Übertragen von Videospielen bietet künstlerischem Handeln keinen Raum.

Die zweite Möglichkeit für die Streamer besteht darin, während der Übertragung mittels Mikrofons zu sprechen, sodass die Zuschauer den Streamer zwar hören, aber nicht sehen können. Hier können die Zuschauer die Persönlichkeit des Streamers bzw. die Persönlichkeit der Figur, die der Streamer darstellt, neben der Darstellung des Spiels auditiv wahrnehmen. Zwar ergibt sich aus der Vermischung der Übertragung sowohl des Spiels als auch der Stimme des Streamers ein über die bloße Wahrnehmung spielerischer Inhalte hinausgehendes Erlebnis. Allerdings

---

703 BVerfG, Beschluss vom 24.02.1971 – 1 BvR 435/68, BVerfGE 30, 173 (118 f.) = NJW 1971, 1645; vgl. auch BVerfG, Beschluss vom 17.07.1984 – 1 BvR 816/82, BVerfGE 67, 213 (226).

704 BFH, Urteil vom 26.02.1987 – IV R 105/85, BFHE 149, 231 (232); Urteil vom 22.03.1990 – IV R 145/90, BFHE 160, 253 (254); Urteil vom 23.08.1990 – IV R 61/89, BFHE 162, 68 (70).

705 Vgl. BFH, Urteil vom 20.02.1958 – IV 560/56 U, BFHE 66, 471 (474); Urteil vom 11.07.1960 – V 96/59 S, BFHE 71, 549 (551).

darf bezweifelt werden, dass mit dieser Methode regelmäßig eine gewisse Gestaltungskraft erreicht wird und von einem eigenschöpferischen Tätigwerden ausgegangen werden kann. Es steht bei dieser Übertragungsform das Videospiel im Vordergrund, während der Stimme des Streamers, mithilfe derer er informiert, kommentiert oder die Zuschauer auf sonstige Weise zu unterhalten versucht, lediglich eine Nebenrolle zukommt.

Anders zu beurteilen ist hingegen der dritte Fall, in dem sich der Streamer mittels Kamera und Mikrofons während der Übertragung filmt und dadurch visuell eine Wirkungsfläche kreiert. Hier erhält er die Möglichkeit, sich seinem Publikum in einer Weise zu offenbaren, die „unmittelbarster Ausdruck der individuellen Persönlichkeit" sein kann: Der Streamer kann sich mithilfe von Mimik und Gestik, durch geschickten Einsatz seiner Stimme und die Auswahl passender Outfits in einer einzigartigen Weise präsentieren bzw. eine einzigartige Figur zeichnen, die infolge der individuellen Anschauungsweise der Zuschauer eine gewisse Gestaltungkraft erreichen kann. Dabei ist in tatsächlicher Hinsicht von entscheidender Bedeutung, wie sehr der Streamer die Zuschauer an seiner Persönlichkeit teilhaben lassen möchte. Hinzu kommt auch, dass der Streamer – im Gegensatz etwa zu Schauspielern – an kein fremdes Skript gebunden ist. Er kann, solange er nicht gegen die Verhaltensregeln von Twitch verstößt,[706] sein Programm selbst gestalten, improvisieren und spielerische Inhalte selbst auswählen. Zwar erscheint lebensnah, dass er für seine Werbepartner in regelmäßigen Abständen Empfehlungen ausspricht. Allerdings ist nicht anzunehmen, dass dies auf eine Weise geschehen wird, die nicht länger Spielraum für eine eigenschöpferische Leistung bietet. Es gilt der folgende Anhaltspunkt: Wenn der Streamer infolge seines Auftretens einen so hohen Wiedererkennungswert erreicht, dass sich seine Zuschauer dadurch stärker unterhalten fühlen als durch das übertragene Videospiel selbst und dieses damit faktisch eine Nebenrolle spielt, so spricht dies für das Vorliegen künstlerischen Handelns.

Da die Definition des Gewerbebetriebs im Sinne des § 15 Abs. 2 S. 1 EStG für alle betrieblichen Einkunftsarten gilt,[707] müssen die Einkünfte aus selbständiger Arbeit den Erfordernissen der Vorschrift ebenfalls gerecht werden.

Somit bleibt festzuhalten, dass Streamer, die sich während der Übertragung filmen, für Einkünfte aus selbständiger, künstlerischer Tätigkeit nach § 18 Abs. 1 Nr. 1 EStG grundsätzlich infrage kommen. Die Feststellungslast für das Vorliegen einer freiberuflichen Tätigkeit trägt indes der Steuerpflichtige.[708] Damit dürfte es sich im Einzelfall als durchaus schwierig, wenn auch nicht unmöglich gestalten, das künstlerische Tätigwerden im Bereich des Streamings zu belegen.

---

706 www.twitch.tv/p/de-de/legal/community-guidelines/ (zuletzt abgerufen am 17.06.2020).

707 *Siewert*, in: Frotscher/Geurts, EStG, § 18 Rn. 5.

708 BFH, Urteil vom 30.03.1994 – I R 54/93, BFHE 175, 40 ff. = NJW 1995, 902.

dd) Einkünfte aus Gewerbebetrieb

Für Streamer kommen aber auch Einkünfte aus Gewerbebetrieb gem. § 2 Abs. 1 S. 1 Nr. 3, 15 ff. EStG in Betracht.[709]

Der Tätigkeit des Streamers wird in der Regel selbständig nachgegangen.[710] Hinsichtlich des Merkmals der Nachhaltigkeit ist festzuhalten, dass es der Einkommensstruktur des Streamings immanent ist, als Streamer nur Einkünfte erzielen zu können, wenn regelmäßig Inhalte übertragen werden. Andernfalls würde man die Einkunftsquellen Twitch, Sponsoren oder Zuschauer nicht auf sich aufmerksam machen. Ein Leistungsaustausch unter Inanspruchnahme des allgemeinen Marktes kann ebenfalls stattfinden: Der Streamer bietet den Zuschauern die Übertragungen an, die von jedermann auf der Plattform Twitch abrufbar sind und gemessen am Unterhaltungswert vergütet werden können. Im Rahmen der Gewinnerzielungsabsicht sind im Einzelnen solche Streamer von den Einkünften aus Gewerbebetrieb auszuklammern, die nur aus privatem Interesse streamen und nicht ernsthaft ihren Lebensunterhalt mit den Übertragungen bestreiten wollen (Liebhaberei). Im Zweifel ist eine Totalgewinnprognose vorzunehmen.[711] Im Rahmen der Negativerfordernisse erscheint einzig ein Blick auf die negativ festzustellenden Einkünfte aus selbständiger Arbeit geboten. Ausgehend von den obigen Ausführungen sind Gewinne der Streamer den Einkünften aus Gewerbebetrieb zuzuordnen, wenn sie nicht von einem künstlerischen Auftreten des Streamers herrühren, also nicht auf eine erhöhte Gestaltungskraft zurückzuführen sind.

ee) Abzugsfähigkeit getätigter Aufwendungen

Sowohl bei Einkünften aus selbständiger künstlerischer Tätigkeit als auch im Rahmen gewerblicher Einkünfte können, da diese den Gewinneinkunftsarten zuzuordnen sind, Betriebsausgaben geltend gemacht werden.

Im Hinblick auf Glücksspiele, die von Streamern veranstaltet werden, stellt sich damit die Frage, ob die bereits vorgestellten Giveaways als Betriebsausgaben abzugsfähig sind. Dies ist von besonderer Praxisrelevanz, da im Rahmen der Glücksspiele mitunter Gegenstände von hoher Wertigkeit verlost werden und die Steuerpflichtigen die Kosten sonst in voller Höhe zu tragen hätten. Zwar ist durchaus vorstellbar, dass Sponsoren den Streamern die Produkte für Werbezwecke zur freien Verfügung stellen und von getätigten Aufwendungen seitens der Streamer in diesem Fall nicht die Rede sein kann. Indes ist nicht davon auszugehen, dass dies gegenwärtig der Regelfall ist. Selbst wenn dies der Regelfall wäre, so gäbe es für

---

709 Zu den Voraussetzungen des Gewerbebetriebs siehe Zweites Kap. C. III. 2.

710 Vorstellbar erscheinen ausnahmsweise auch Fälle, in denen der Streamer als professioneller Spieler in einem Angestelltenverhältnis steht. In diesem Fall kommen vielmehr Einkünfte aus nichtselbständiger Arbeit gem. § 2 Abs. 1 S. 1 Nr. 4 EStG in Betracht.

711 Vgl. Drittes Kap. C. II. 4.

die Streamer, sollten die Giveaways als Betriebsausgaben abzugsfähig sein, eine Alternative, keinen „Umweg“ über die Sponsoren gehen zu müssen.

Vor diesem Hintergrund ist erneut auf das in § 4 Abs. 5 S. 1 Nr. 1 EStG geregelte Abzugsverbot einzugehen. Demnach dürfen Aufwendungen für Geschenke an Personen, die nicht Arbeitnehmer des Steuerpflichtigen sind und die Anschaffungs- oder Herstellungskosten von 35 Euro pro Wirtschaftsjahr übersteigen, den Gewinn nicht mindern. Bei den Giveaways der Streamer handelt es sich, wie dargelegt, um Geschenke an Zuschauer, die in keinem Beschäftigungsverhältnis zum Steuerpflichtigen stehen. Die Ausgangssituation des Streamers, der ein Glücksspiel veranstaltet, scheint vergleichbar mit der Verlosung von Kleinwagen im Rahmen einer Tombola. Dort erhalten die Gäste ein Ticket, das sich bei tatsächlichem Erscheinen als Los für die Verlosung aktiviert. Die Zuschauer des Streams erhalten im Vergleich dazu einen Befehlscode vom Streamer, durch dessen Eingabe in das während der Übertragung geöffnete Chatfenster sie erst vom Bot in das Teilnehmerfeld für das Glücksspiel aufgenommen werden.

Bei der Tombola hatte das FG Köln nicht den Gewinn, sondern die durch die Tickets eingeräumte Gewinnchance als Geschenk auserkoren. Bei der Berechnung der Wertigkeit des Geschenks teilte das Gericht den Gesamtwert der Auslosungsgegenstände durch die Anzahl der Teilnehmer.[712] Unter Zugrundelegung dieses Ansatzes sind somit nicht die Giveaways an sich, sondern die Chance, ein solches im Rahmen der Verlosung zu gewinnen, als Geschenk auszumachen. Im Rahmen des Glücksspiels ist sodann der Gesamtwert der Giveaways durch die Anzahl der teilnehmenden Zuschauer zu teilen. Da es sich bei den Auslosungsgegenständen in aller Regel um solche handelt, die thematisch zur Gaming-Branche passen, liegt der Gesamtwert der Giveaways selbst bei einer kostenintensiven Veranstaltung in einem vierstelligen Bereich. Da an den Veranstaltungen populärer Streamer regelmäßig ebenfalls eine vierstellige Anzahl von Zuschauern teilnimmt, wird die Gewinnchance unter 35 Euro liegen. Auch wenn sich der Einzelfall anders gestalten könnte, ist es nach aktuellem Stand als wahrscheinlich anzusehen, dass das Abzugsverbot des § 4 Abs. 5 S. 1 Nr. 1 EStG (unter Zugrundelegung des vom FG Köln gewählten Ansatzes) im Rahmen der von Streamern veranstalteten Glücksspiele nicht einschlägig ist. Damit können die Anschaffungskosten der Giveaways als Betriebsausgaben abzugsfähig sein.

c) Ergebnis

Im Einzelfall können Gewinne der Streamer als Einkünfte aus selbständiger künstlerischer Arbeit oder als Einkünfte aus Gewerbebetrieb qualifiziert werden. Die potenzielle Einstufung von Streamern als Künstler läuft dem Bild des traditionellen Künstlers zuwider. Jedoch erscheint eine zeitgemäße Anpassung dieser Tradition angesichts der sukzessiv digitaler werdenden Gesellschaft unumgänglich. So

712 Vgl. FG Köln, Urteil vom 26.09.2013 – 13 K 3908/09, EFG 2014, 296 ff.

hat das FG Münster etwa bereits die Betätigung als Webdesigner als künstlerisch eingestuft.[713] Werden Gewinne der Streamer vom EStG erfasst, so müssen konsequenterweise auch ihre Verluste berücksichtigt werden, solange im Rahmen der Betriebsausgaben keine Abzugsverbote einschlägig sind.

VI. Exkurs: Besteuerung beim Gewinner des Glücksspiels im steuerrechtlichen Sinne

Bei Veranstaltungen ohne Einsatz stellt sich auf Teilnehmerseite abschließend die Frage, ob die Gewinne der Teilnehmer besteuert werden können.

1. Einkommensteuer

Die klassischen Glücksspiele, bei denen der Teilnehmer ohne die Leistung eines Einsatzes etwas gewinnen kann, sind überwiegend vom Zufall bestimmt.[714] Deshalb kommt eine Besteuerung nach § 15 EStG oder nach § 22 Nr. 3 EStG nicht in Betracht, da ein Leistungsaustausch im Rahmen der Beteiligung am allgemeinen wirtschaftlichen Verkehr nicht zustande kommt[715] bzw. der Veranlassungszusammenhang entscheidend unterbrochen wird[716]. Sollte ein Glücksspiel in der Ausprägung als überwiegendes Geschicklichkeitsspiel veranstaltet werden, so wird es in Bezug auf Einkünfte aus Gewerbebetrieb regelmäßig am Merkmal der Nachhaltigkeit scheitern. Demgegenüber käme allerdings § 22 Nr. 3 EStG in Betracht, da auch einmalig vorgenommene Tätigkeiten von der Vorschrift erfasst werden.[717]

2. Schenkungsteuer

Da im Rahmen der Ausführungen zur Verlosung und den Giveaways erwähnt wurde, dass die Teilnehmer bei den Veranstaltungen „Geschenke" gewinnen können, erscheint die Frage naheliegend, ob diese dann auch der Schenkungsteuer unterliegen. Nach § 1 Abs. 1 Nr. 2 des Erbschaftsteuer- und Schenkungsteuergesetzes (ErbStG) unterliegen der Erbschaftsteuer bzw. Schenkungsteuer die Schenkungen unter Lebenden. Als Schenkung unter Lebenden gilt gem. § 7 Abs. 1 Nr. 1 ErbStG jede freigebige Zuwendung unter Lebenden, soweit der Bedachte durch sie auf Kosten des Zuwendenden bereichert wird.[718] Erfolgt

---

713 FG Münster, Urteil vom 19.06.2008 – 8 K 4272/06 G, EFG 2008, 1975 ff.
714 Siehe Viertes Kap. B. V.
715 Siehe etwa Drittes Kap. B. I. 1. b).
716 Siehe etwa Drittes Kap. B. I. 2.
717 Siehe Zweites Kap. C. IV. 4.
718 Nach R E 7.1 Abs. 1 S. 1 ErbStR 2019 unterscheidet sich der Schenkungsbegriff des ErbStG vom zivilrechtlichen Schenkungsbegriff (§ 516 BGB) darin, dass eine Einigung zwischen Schenker und Beschenktem über die Unentgeltlichkeit der Zuwendung nicht erforderlich ist.

die Zuwendung unentgeltlich und ist der Empfänger objektiv auf Kosten des Zuwendenden bereichert, so ist sie freigebig, vgl. R E 7.1 Abs. 1 S. 2 ErbStR 2019. Steuerschuldner ist nach § 20 Abs. 1 S. 1 ErbStG der Erwerber, aber auch der Schenker, wenn er die Entrichtung der vom Beschenktem geschuldeten Steuer übernommen hat, vgl. § 10 Abs. 2 ErbStG. Zu berücksichtigen ist, dass die persönliche (unbeschränkte) Steuerpflicht nach § 2 Abs. 1 Nr. 1 ErbStG bei einer Schenkung unter Lebenden nur eintritt, wenn der Schenker zur Zeit der Ausführung der Schenkung oder der Erwerber zur Zeit der Entstehung der Steuer (§ 9 ErbStG) ein Inländer ist.

Sowohl bei den analogen als auch bei den digitalen Verlosungen wurde bereits festgestellt, dass Schenkungsgegenstand nicht der Gegenstand selbst, sondern die eingeräumte Gewinnchance ist.[719] Diese ist eine freigebige Zuwendung eines Lebenden, durch die der Bedachte auf Kosten des Zuwendenden bereichert wird. Somit sind diese Schenkungen grundsätzlich unter Wahrung der sonstigen persönlichen Anforderungen nach § 2 Abs. 1 Nr. 1 ErbStG unbeschränkt steuerpflichtig.

Allerdings ist an dieser Stelle auf die Vorschrift des § 16 Abs. 1 ErbStG zu verweisen, welche in den Fällen der unbeschränkten Steuerpflicht für bestimmte Personengruppen Freibeträge katalogisiert. Hier wird zwischen drei Steuerklassen differenziert, wobei einzig auf die Steuerklasse III einzugehen ist, da hier lediglich solche Personen als Erwerber erfasst werden, die in keinem familiären Verhältnis zum Schenker stehen, vgl. § 15 ErbStG. Auf diese Personengruppe ist hier abzustellen, da etwa Streamer in der Regel Gegenstände nur an solche Teilnehmer verlosen, die nicht den in den Steuerklassen I und II erfassten Personengruppen zuzuordnen sind. Nach § 16 Abs. 1 Nr. 7 ErbStG bleibt der Erwerb von Personen der Steuerklasse III in Höhe von 20.000 Euro steuerfrei.

Ausgehend hiervon ergibt sich die Berechnung des Werts der Gewinnchance, indem man den Gesamtwert der Auslosungsgegenstände durch die Anzahl der Teilnehmer teilt. Auch wenn im Rahmen des Streamings die Auslosungsgegenstände mitunter einen hohen Wert haben können, so ist durch die ebenso hohe Anzahl der Teilnehmer zu berücksichtigen, dass die Gewinnchance regelmäßig signifikant geringer zu beziffern ist. Somit ist im Einzelfall zu schauen, ob Personen der Steuerklasse III die Freibetragsgrenze von 20.000 Euro überschreiten. Dies dürfte regelmäßig zu bezweifeln sein, weshalb eine Schenkungsteuer im Rahmen von Verlosungen in den meisten Fällen praktisch bedeutungslos bleiben wird.

719 Siehe Viertes Kap. B. V. 1. und 2. b) ee).

Fünftes Kapitel: Zusammenfassung und Ausblick

A. Zusammenfassung der wesentlichen Ergebnisse

Glücksspiele erfahren auf Teilnehmerseite ihre einkommensteuerrechtliche Bedeutung im Bereich der gewerblichen und sonstigen Einkünfte, §§ 15 und 22 Nr. 3 EStG. Ausgehend hiervon wurden reine Glücksspiele, Poker, Fernsehshows, digitales Glücksspiel sowie die jeweiligen Auswirkungen untersucht.

Bei reinen Glücksspielen kommt eine Besteuerung von Einkünften nach dem EStG mangels Leistungsaustauschs grundsätzlich nicht in Betracht. Gleichwohl können Gewinne einkommensteuerbar sein, wenn sie als Betriebseinnahmen im Rahmen der Einkünfte aus Gewerbebetrieb im Sinne der §§ 2 Abs. 1 S. 1 Nr. 2, 15 ff. EStG zu erfassen sind. Voraussetzung dafür ist, dass ein wirtschaftlicher Zusammenhang zwischen den Einnahmen des Teilnehmers an den reinen Glücksspielen und dessen Gewerbebetrieb besteht.

Bei der Einordnung von Pokergewinnen im Einkommensteuerrecht sind Einkünfte aus Gewerbebetrieb die vorrangig zu erwähnende Einkunftsart. Unter Umständen können auch sonstige Einkünfte nach § 22 Nr. 3 EStG vorliegen. Im Hinblick auf das Vorliegen eines Gewerbebetriebs nach § 15 Abs. 2 S. 1 EStG stellt sich die Frage, ob der Steuerpflichtige sich am allgemeinen wirtschaftlichen Verkehr beteiligt hat. Hierfür ist ein Leistungsaustausch erforderlich, wobei Leistung und Gegenleistung hinreichend miteinander verknüpft sein müssen. Während sich im Turnierpoker der Leitungsaustausch aus dem Inaussichtstellen eines Preisgeldes des Veranstalters und der Darbietung der spielerischen Fähigkeiten des Teilnehmers zusammensetzt, kommt bei Cash-Games ein Leistungsaustausch der Teilnehmer untereinander in Betracht. Ein Leistungsaustausch liegt nicht vor, wenn Leistung und Gegenleistung aufgrund von einem bestimmten Maß an Zufall zusammenhängen und deshalb nicht hinreichend miteinander verknüpft sind. Im Bereich des Pokerspiels ist damit von zentraler Bedeutung, ob die Gewinne aus einem überwiegenden Glücks- oder Geschicklichkeitsspiel stammen.

Im Rahmen der notwendigen Abgrenzung wird bei Spielen zwischen Glück und Geschick auf den Durchschnittsspieler abgestellt. Hinsichtlich der Konkretisierung des Durchschnittsspielers lassen sich Eckpfeiler aufstellen, anhand derer sich die Fähigkeiten skizzieren lassen. So gibt es in Bezug auf die Spielphasen diverse Spielsituationen, in denen der Teilnehmer losgelöst von der jeweiligen Austragungsform aufgrund von Können die Erfolgswahrscheinlichkeit in seine Richtung lenken kann, sodass dem Zufall eine untergeordnete Rolle beigemessen wird. Unabhängig von den Spielsituationen hat der Spieler einige Grundregeln zu beherrschen, die erlernbar sind und sich nicht nach dem Zufall richten. Eine wichtige Rolle spielt, dass dem Spieler bei einer Vielzahl von zu spielenden Händen die Gelegenheit gegeben wird, sein Geschick einzubringen und das Glück nachhaltig zu verdrängen. Beim Turnierpoker sowie bei Cash-Games ist dies in der Regel der Fall. Erstere Austragungsform zeichnet sich dadurch aus, dass alle Spieler regelmäßig mit einer verhältnismäßig hohen Anzahl von Chips starten und sich die Blindstufen nicht allzu rasch erhöhen. Dadurch kann der Spieler an vielen Runden teilnehmen. Zwar ist vom Durchschnittsspieler nicht zu fordern, dass er während des Turniers sämtliche, für den Erfolg relevante Informationen sammelt und in ein Gesamtbild einordnet. Jedoch kann der Spieler grundsätzliche Fähigkeiten wie das Beobachten des Setzverhaltens seiner Gegenspieler oder das Deuten ihrer Mimik und Gestik erlernen.

Bei Cash-Games ist dem Durchschnittsspieler ebenfalls möglich, mithilfe seines Geschicks nachhaltig erfolgreich zu sein: Die Teilnehmer können zwar jederzeit aus einer Runde austeigen. Da es dem Spieler jedoch neben seiner Finanzstärke selbst überlassen ist, wann er aus einer Runde aussteigt, kann er in einer Vielzahl von zu spielenden Runden sein Geschick einbringen. Die Konkretisierung des Durchschnittsspielers ist überdies nicht durch konkrete Anforderungen auszuweiten, die an seine Gegenspieler zu stellen wären. Von zentraler Bedeutung sind vielmehr die Spielregeln, der Ablauf des Spiels und die Fähigkeiten des Spielers. Im Steuerrecht erscheint ausgehend von diesen Überlegungen ein zweistufiger Aufbau geboten, mithilfe dessen zu untersuchen ist, ob sich ein Spiel abstrakt als (überwiegendes) Geschicklichkeitsspiel eignet, um es gegenüber jedem Teilnehmer grundsätzlich der Besteuerung zugänglich zu machen. Gelingt dem Betroffenen der Nachweis darüber, nicht oder nicht mehr über solche Fähigkeiten zu verfügen, die denen eines Durchschnittsspielers entsprechen, so scheidet eine Besteuerung aus. Dieser Ansatz verspricht im Sinne des Leistungsfähigkeitsprinzips gerechtere Ergebnisse und mehr Rechtssicherheit.

Glücksspielgewinne aus Fernsehshows können im Rahmen der sonstigen Einkünfte im Sinne der §§ 2 Abs. 1 S. 1 Nr. 7, 22 Nr. 3 EStG einkommensteuerrechtliche Berücksichtigung finden. Entscheidendes Merkmal ist hier der Veranlassungszusammenhang zwischen Leistung und Gegenleistung. Dominiert der Anteil des Zufalls, so kann der Veranlassungszusammenhang auf eine Weise unterbrochen werden, die eine Besteuerung dieser Leistungseinkünfte verhindert. Vor diesem Hintergrund sind bisher die Gewinne aus der Teilnahme an Quizshows keiner Besteuerung unterworfen worden, obwohl nach dem hier vertretenen Standpunkt der Zufall den Veranlassungszusammenhang keineswegs entscheidend zu unterbrechen vermag. Demgegenüber haben die Teilnehmer in Bezug auf andere Shows wie „Die Farm", „Big Brother" oder Datingshows eine Besteuerung zu erwarten.

Digitales Glücksspiel findet ebenfalls im Einkommensteuerrecht seinen Niederschlag. So können die Gewinne im Online-Poker Berücksichtigung erfahren. Die im Internet ausgetragenen Formen Turnierpoker und Cash-Games sind wie die nicht-digitalen Formen des Pokerspiels als überwiegende Geschicklichkeitsspiele einzustufen. Bis auf den für Durchschnittsspieler zu vernachlässigenden Umstand, dass sich die Spieler lediglich virtuell gegenübersitzen und Mimik sowie Gestik nicht deuten können, ergeben sich im Vergleich zum nicht-virtuellen Poker keine entscheidenden Veränderungen. Die übrigen im Texas Hold'em-Poker benötigten

Fähigkeiten können dem Spieler auf virtueller Ebene nach wie vor abverlangt werden. Dies und der Umstand, dass jeweils viele Hände gespielt werden können, belegt für beide Spielformen den Charakter des überwiegenden Geschicklichkeitsspiels. „Spin&Go"-Turniere als besondere Ausprägung des Turnierpokers stellen eine Ausnahme dar, in der ein Durchschnittsspieler seine Fähigkeiten nicht auf eine Weise einbringen kann, welche den Zufall hinter der Geschicklichkeit in den Hintergrund treten lässt. Dies liegt insbesondere an der begrenzten Anzahl von zu spielenden Händen, der geringen Chipmenge zu Beginn des Turniers sowie den zügig steigenden Blindstufen. Im Bereich der digitalen Glücksspiele stellen Fantasy Sport Games ebenfalls überwiegende Geschicklichkeitsspiele dar, wobei zwischen Classic und Daily Fantasy Sports zu unterscheiden ist. Diese Einordnung hat in einkommensteuerrechtlicher Hinsicht zur Konsequenz, dass die aus Classic Fantasy Sports generierten Gewinne der Teilnehmer als Einkünfte aus Gewerbebetrieb der Besteuerung unterliegen können, solche aus Daily Fantasy Sports mangels Nachhaltigkeit der Tätigkeit hingegen allenfalls als sonstige Einkünfte. Die für die Spiele zu entrichtenden Teilnahmegebühren sind entgegen der Auffassung der obersten Verwaltungsrechtsprechung als Einsatz im Sinne des § 284 StGB oder § 3 Abs. 1 S. 1 GlüStV 2012 zu verstehen.

Im Rahmen der Erfassung der Pokergewinne ist unter Berücksichtigung des Grundsatzes der Gleichmäßigkeit der Besteuerung auf eine gerechte steuerrechtliche Erfassung der Gewinne der Betroffenen zu achten. Das GwG eröffnet Finanzbehörden unter gewissen Umständen die Möglichkeit, Kenntnis von den Gewinnen der Online-Spieler zu erlangen.

Bei grenzüberschreitenden Gewinnen im Poker sind die völkerrechtlichen Regelungen, insbesondere die Regelungen eines einschlägigen DBA, vorrangig zu berücksichtigen. Sowohl für nicht-virtuelles Poker als auch für Online-Poker existieren keine abkommensrechtlichen Betriebsstätten der Spieler im Sinne des Art. 5 OECD-MA. Für die abkommensrechtliche Qualifikation nach Art. 7 Abs. 1 OECD-MA hat dies zur Folge, dass die Gewinne eines Spielers eines Vertragsstaats nur in diesem Staat besteuert werden können.

Hinsichtlich der Aufwendungen von Pokerspielern können Betriebsausgaben grundsätzlich zum Abzug gebracht werden. Diese Beurteilung gestaltet sich bei Buy-Ins weniger problematisch als bei den Reisekosten, wobei auch letztere als abzugsfähige Betriebsausgaben anzusehen sind, wenn die beruflich veranlassten zeitlichen Anteile nicht von den privat veranlassten verdrängt werden. Dabei ergibt sich die beruflich veranlasste Zeit aus Turnierbeginn und -ende. Demgegenüber können Verluste nicht mehr geltend gemacht werden, sobald sich das Spiel für den Teilnehmer als (überwiegendes) Glücksspiel darstellt.

Bei der ertragsteuerlichen Behandlung der Veranstalter von Glücksspielen muss zwischen Veranstaltungen mit und ohne Einsatz differenziert werden. Hinsichtlich der Veranstaltungen mit Einsatz kommt öffentlichen Spielbanken zunächst eine Sonderstellung zu. § 6 Abs. 1 SpielbkV in Verbindung mit den Spielbankgesetzen der Länder befreit die öffentlichen Spielbanken von den Ertragsteuern, sofern es um Einkünfte geht, die mit dem Spielbetrieb zusammenhängen. Demgegenüber können Glücksspielgewinne der Betreiber von Speise- und Schankwirtschaften als steuerbare Betriebseinnahmen qualifiziert werden. Die Einkünfte der sonstigen Veranstalter können einer gewerblichen Tätigkeit zugeordnet werden. Der notwendige Leistungsaustausch kommt dadurch zustande, dass der Veranstalter dem Teilnehmer für dessen Einsatz die Möglichkeit der Erlangung des Spielvergnügens garantiert. Ansonsten kommt eine Besteuerung sonstiger Einkünfte insbesondere dann Betracht, wenn es im Bereich der Einkünfte aus Gewerbebetrieb am Merkmal der Nachhaltigkeit mangelt.

Abschließend ist im Bereich der Veranstaltungen ohne Einsatz festzuhalten, dass Einkünfte von Streamern im Einzelfall als solche aus Gewerbebetrieb oder aus selbständiger, künstlerischer Tätigkeit eingestuft werden können. Im Falle einer Besteuerung können Verluste als Betriebsausgaben geltend gemacht werden, sofern keine Abzugsverbote in Betracht kommen.

B. Ausblick

Pokergewinne werden auch in Zukunft Gegenstand höchstrichterlicher Finanzrechtsprechung bleiben. So ist zu hoffen, dass der BFH bei einer erneuten Auseinandersetzung mit dem Konstrukt des Durchschnittsspielers klarere Eckpfeiler aufstellen wird, unter welchen Umständen eine Besteuerung in Betracht kommt. Nur auf diese Weise können sich Spieler mit normalen Fähigkeiten in Bezug auf die Besteuerung ihrer Gewinne in Rechtssicherheit wiegen.

Der GlüStV 2012 bedarf indes nicht nur in Bezug auf die unglückliche Formulierung des § 3 Abs. 1 S. 2 der Korrektur. Die jahrelang geführte, bislang wenig fruchtbare Verbotspolitik die Glücksspiele betreffend ist angesichts des unablässigen Wachstums des regulierten und nicht-regulierten Glücksspielmarktes gescheitert. Es ist davon auszugehen, dass zukünftig liberalere Regelungen insbesondere beim Online-Glücksspiel Einzug halten werden. Dies sollte sich nicht nur positiver auf die Prävention von Glücksspielsucht auswirken, sondern auch zu wesentlich höheren Steuereinnahmen führen.

Der längst in Gang gesetzte Prozess der Digitalisierung führt darüber hinaus auch zu neuen Erscheinungsformen des Glücksspiels, mit denen sich sowohl die Finanzverwaltung als auch die Finanzrechtsprechung werden auseinandersetzen müssen. So stellen Online-Glücksspiele, die Streamer für ihre Zuschauer veranstalten, eine solche neue Erscheinungsform dar. Auch neuartige Online-Spiele zwischen Glück und Geschick wie Fantasy Sport Games finden in der Gesellschaft mehr und mehr Anklang. So ist zu hoffen, dass das BVerwG in Zukunft das Merkmal des Einsatzes im Sinne des StGB oder GlüStV 2012 zeitgemäßer auslegen wird.

Literaturverzeichnis

Aweh, Lothar, Urteilsanmerkung, BFH vom 28.11.2007 – IX R 39/06, EStB 2008, S. 131–132.

Bamberger, Heinz G./ *Roth*, Herbert/ *Hau*, Wolfgang/ *Poseck*, Roman (Hrsg.), Bürgerliches Gesetzbuch, Kommentar, 4. Aufl., München 2019 (zit.: *Verf.*, in: Bamberger/Roth, BGB).

Bayer, Hermann-Wilfried, 175 Jahre Deutsches Einkommensteuerrecht, FR 1983, S. 77–78.

Beater, Axel, Die Abgrenzung des gewerblichen Grundstückshandels von der privaten Vermögensverwaltung anhand des Quellengedankens, StuW 1991, S. 33–37.

Becker, Enno, Zum neuen Einkommensteuergesetz, StuW I 1935, S. 1–34.

Becker, Florian, Rechtliche Bewertung der Änderungen des Glücksspielstaatsvertrags, ZfWG 2017, S. 446–451.

Becker, Florian/ *Hilf*, Juliane/ *Nolte*, Norbert/ *Uwer*, Dirk, Glücksspielregulierung: Glücksspielstaatsvertrag und Nebengesetze, Kommentar, 1. Aufl., Köln 2016 (zit.: *Verf.*, in: B/H/N/U, Glücksspielregulierung).

v. Beckerath, Erwin, Die preußische Klassensteuer und die Geschichte ihrer Reform bis 1851, Dissertation, Berlin 1912.

ders., Erläuterungen zum Einkommensteuerrecht, StuW I 1935, S. 779–811.

Bewersdorff, Jörg, Spiele zwischen Glück und Geschick, ZfWG 2017, S. 228–234.

Binnewies, Burkhard, Urteilsanmerkung, BFH vom 24.04.2012 – IX R 6/10, DStR 2012, S. 1586–1590.

ders. (Hrsg.), Körperschaftsteuergesetz, Kommentar, 9. Aufl., München 2018 (zit.: *Verf.*, in: Streck, KStG).

Birk, Dieter, Liebhaberei im Ertragsteuerrecht, BB 2009, S. 860–867.

Birk, Dieter/ *Desens*, Marc/ *Tappe*, Henning, Steuerrecht, 21. Aufl., Heidelberg 2018.

Borm, Peter/ *v. d. Genugten*, Ben B., On a measure of skill for games with chance elements, Tilburg 1996.

Bühler, Arndt, Einkünfte aus Gewerbebetrieb nach § 15 EStG bei der privaten Verwaltung von Grundvermögen – zugleich eine Frage der Gerechtigkeit im deutschen Einkommensteuerrecht, Dissertation, Fribourg (Schweiz) 1995.

ders., Sportwetten – Steuerliche Aspekte, ZfWG 2011, S. 229–235.

Bronder, Thomas, Einteilung der Spiele mit Gewinnmöglichkeit, ZfWG 2018, S. 219–231.

Cropp, Olaf Christian, Zur Zulässigkeit von sog. Classic und Daily Fantasy Sports nach deutschem Glücksspielrecht, ZfWG 2016, S. 412–417.

Dickersbach, Alfred, Probleme des gewerblichen Spielrechts, WiVerw 1985, S. 23–45.

ders., Der Geschicklichkeitsautomat als Problem des gewerblichen Spielrechts, GewArch 1998, S. 265–272.

Dötsch, Ewald/ *Pung*, Alexandra/ *Möhlenbrock*, Rolf (Hrsg.), Die Körperschaftsteuer, Kommentar (Loseblattwerk mit 95. Aktualisierung), Stuttgart 2019 (zit.: *Verf.*, in: D/P/M, Körperschaftsteuer).

Dreef, Marcel/ *Borm*, Peter/ *v. d. Genugten*, Ben B., Measuring skill in games: Several approaches discussed, MOR 2004, S. 375–391.

Elster, Ludwig/ *Weber*, Adolf/ *Wieser*, Friedrich, Handwörterbuch der Staatswissenschaften, Bd. 3, Jena 1926.

Erle, Bernd/ *Sauter*, Thomas (Hrsg.), Körperschaftsteuergesetz, Kommentar, 3. Aufl., Heidelberg 2010 (zit.: *Verf.*, in: Erle/Sauter, KStG).

Ernst & Young AG (Hrsg.), Körperschaftsteuergesetz, Kommentar (Loseblattwerk mit 137. Aktualisierung), Bonn 2019 (zit.: *Verf.*, in: Ernst/Young, KStG).

Fackler, Stephan, Fernsehen und Glücksspiel, Dissertation, Frankfurt/M. 2008.

Falkner, Melanie, Die Fiktion subjektiver Tatbestandsmerkmale im Steuerrecht, DStZ 2010, S. 315–324.

Fehrenbacher, Oliver, Steuerrecht, 6. Aufl., Baden-Baden 2017.

Fischer, Thomas (Hrsg.), Strafgesetzbuch, Kommentar, 66. Aufl., München 2019 (zit.: *Verf.*, in: Fischer, StGB).

Fischhaber, Susanne/ *Manz*, Tobias, Grenzen der Zulässigkeit von Pokerturnieren, GewArch 2007, S. 405–411.

Frieling, Tino/ *Süß*, Christian, Urteilsanmerkung, FG Münster vom 15.07.2014 – 15 K 798/11 U, DStR 2014, S. 2365–2368.

Frotscher, Gerrit/ *Geurts*, Matthias (Hrsg), Einkommensteuergesetz, Kommentar (Loseblattwerk mit 209. Aktualisierung), Freiburg/Br. 2019 (zit.: *Verf.*, in: Frotscher/Geurts, EStG).

Frotscher, Gerrit/ *Drüen*, Klaus-Dieter (Hrsg.), Körperschaftsteuergesetz, Kommentar (Loseblattwerk mit 148. Aktualisierung), Freiburg/Br. 2019 (zit.: *Verf.*, in: Frotscher/Drüen, KStG).

Fuchs, Stefanie Ruth, Das neue Glücksspielrecht unter besonderer Berücksichtigung von Online-Glücksspielen, Dissertation, München 2016.

Fuisting, Bernhard, Die preußischen direkten Steuern, Bd. 4, Berlin 1899.

Gebhardt, Ihno/ *Korte*, Stefan (Hrsg.), Glücksspiel: Ökonomie, Recht, Sucht, 2. Aufl., Berlin 2018.

Gerloff, Willhelm/ *Neumark*, Fritz (Hrsg.), Handbuch der Finanzwissenschaft, 2. Bd., 2. Aufl., Tübingen 1956.

Giloy, Jörg, Vieldeutige Einkommensbegriffe: Zur geeigneten Bezugsgröße staatlicher Transferleistungen, Dissertation, Berlin 1978.

Gocksch, Sebastian, Besteuerung inländischer Private Equity Fonds, Dissertation, Köln 2003.

Gosch, Dietmar (Hrsg.), Körperschaftsteuergesetz, Kommentar, 4. Aufl., München 2019 (zit.: *Verf.*, in: Gosch, KStG).

Grabower, Rolf, Preußens Steuern vor und nach den Befreiungskriegen, Berlin 1932.

Großfeld, Bernhard, Die Einkommensteuer (Recht und Staat in Geschichte und Gegenwart – Eine Sammlung von Vorträgen und Schriften aus dem Gebiet der gesamten Staatswissenschaften), Heidelberg 1981.

Guth, Franz, Die Lehre vom Einkommen in dessen Gesamtzweigen – Aus dem Standpunkte der Nationalökonomie nach einer selbständigen theoretisch-praktischen Anschauung, Leipzig 1878.

Hambach, Wulf/ *Hettich*, Michael/ *Kruis*, Tobias, Verabschiedet sich Poker aus dem Glücksspielrecht? Eine Besprechung der aktuellen verwaltungs- und strafrechtlichen Rechtslage zur Pokervariante Texas Hold'em, MR-Int, 2009, S. 41–50.

Herrmann, Karl/ *Heuer*, Gerhard/ *Raupach*, Arndt (Hrsg.), Einkommensteuergesetz und Körperschaftsteuergesetz, Kommentar (Loseblattwerk mit 290. Aktualisierung), Köln 2019 (zit.: *Verf.*, in: H/H/R, EStG; *Verf.*, in: H/H/R, KStG).

Herzog, Felix/ *Achtelik*, Olaf (Hrsg.), Geldwäschegesetz, Kommentar, 3. Aufl., München 2018 (zit.: *Verf.*, in: Herzog, GwG).

Heuermann, Bernd/ *Brandis*, Peter (Hrsg.), Einkommensteuergesetz, Körperschaftsteuergesetz, Gewerbesteuergesetz, Kommentar (Loseblattwerk mit 145. Aktualisierung), München 2019 (zit.: *Verf.*, in: Blümich, EStG; *Verf.*, in: Blümich, KStG).

Höfling, Wolfram/ *Horst*, Johannes/ *Nolte*, Martin, Sportwetten in Deutschland, Tübingen 2012.

Holznagel, Bernd Poker – Glücks- oder Geschicklichkeitsspiel?, MMR 2008, S. 439–444.

Hübschmann, Walter/ *Hepp*, Ernst/ *Spitaler*, Armin, Abgabenordnung/Finanzgerichtsordnung, Kommentar (Loseblattwerk mit 255. Aktualisierung), Köln 2019 (zit.: *Verf.*, in: Hübschmann/Hepp/Spitaler, AO/FGO).

Ismer, Roland, Glück im Spiel – Pech für die Dogmatik?, FR 2007, S. 235–240.

Jacob, Friedhelm/ *Vieten*, Nikolaus, Urteilsanmerkung, BVerfG vom 09.03.2004 – 2 BvL 17/02, FR 2004, S. 480–482.

Jacobs, Otto H., Internationale Unternehmensbesteuerung, 8. Aufl., München 2016.

Jakob, Wolfgang, Steuern vom Einkommen I: Grundlagen der Einkommensteuer und Überschusseinkünfte, Stuttgart 1980.

Kanzler, Hans-Joachim, Von Steckenpferden und ihren Reitern – einige Gedanken zur Liebhaberei, DStZ 2005, S. 766–772.

Kanzler, Hans-Joachim/ *Kraft*, Gerhard/ *Bäuml*, Swen/ *Hechtner*, Frank/ *Marx*, Franz J. (Hrsg.), Einkommensteuergesetz, Kommentar, 4. Aufl., Herne 2019 (zit.: *Verf.*, in: K/K/B, EStG).

Kindhäuser, Urs/ *Neumann*, Ulfrid/ *Paeffgen*, Ullrich (Hrsg.), Nomos-Kommentar zum Strafgesetzbuch, 5. Aufl., Baden-Baden 2017 (zit.: *Verf.*, in: NK-StGB).

Kirchhof, Paul, Einkommensteuergesetzbuch: Ein Vorschlag zur Reform der Einkommen- und Körperschaftsteuer, Heidelberg 2003.

ders., Bundessteuergesetzbuch: Ein Reformentwurf zur Erneuerung des Steuerrechts, Heidelberg 2011.

ders., Leistungsfähigkeit und Erwerbseinkommen, in: Festschrift für Joachim Lang zum 70. Geburtstag, Köln 2011, S. 451 – 476 (zit. *Kirchhof*, in: FS Lang 2011).

Kirchhof, Paul/ *Seer*, Roman (Hrsg.), Einkommensteuergesetz, Kommentar, 18. Aufl., Köln 2019 (zit.: *Verf.*, in: Kirchhof, EStG).

Kirchhof, Paul/ *Söhn*, Hartmut/ *Mellinghoff*, Rudolf (Hrsg.), Einkommensteuergesetz, Kommentar (Loseblattwerk mit 295. Aktualisierung), Heidelberg 2019 (zit.: *Verf.*, in: K/S/M, EStG).

Klein, Franz, Abgabenordnung, Kommentar, München 2018 (zit.: *Verf.*, in: Klein, AO).

Knobbe-Keuck, Brigitte, Sind aller guten Dinge drei?, in: Ertragbesteuerung: Zurechnung – Ermittlung – Gestaltung; Festschrift für Ludwig Schmidt zum 65. Geburtstag, München 1993, S. 741 – 750 (zit: *Knobbe-Keuck*, in: FS Schmidt 1993).

Koch, Detlef, Gewinnspiele im Steuerrecht, Dissertation, Hamburg 2006.

Koenig, Christian/ *Ciszewski*, Simon, Texas Hold'em Poker – Glücksspiel oder Geschicklichkeitsspiel?, GewArch 2007, S. 402 – 404.

Korn, Klaus (Hrsg.), Einkommensteuergesetz, Kommentar (Loseblattwerk mit 113. Aktualisierung), Bonn 2019 (zit.: *Verf.*, in: Korn, EStG).

Kramer, Hans-Helmuth Die Entwicklung der preußischen Steuerverfassung im 19. Jahrhundert, Dissertation, Kiel 1970.

Krehl, Christoph/ *Schünemann*, Bernd/ *Wolff*, Hagen/ *Tiedemann*, Klaus (Hrsg.), Leipziger Kommentar zum Strafgesetzbuch, 10. Bd., 12. Aufl., Berlin 2008 (zit.: *Verf.*, in: LK-StGB).

Krey, Sylvia, Besteuerung sonstiger Leistungen: Eine Untersuchung unter besonderer Berücksichtigung der Einkommensteuerpflicht von privaten Spielgewinnen, Dissertation, Bonn 2011.

Kubicki, Anneka, Die Dogmatik des § 22 Nr. 3 EStG einschließlich der Querbezüge zur Schenkungsteuer, Dissertation, Kiel 2011.

Lademann, Fritz, Einkommensteuergesetz, Kommentar (Loseblattwerk mit 248. Aktualisierung), Stuttgart 2019 (zit.: *Verf.*, in: Lademann, EStG).

Lampe, Ernst-Joachim, Falsches Glück, JuS 1994, S. 737–742.

Landmann, Robert v./ *Rohmer*, Ernst (Hrsg.), Gewerbeordnung, Kommentar (Loseblattwerk mit 79. Aktualisierung), 1. Bd., München 2019 (zit.: *Verf.*, in: Landmann/Rohmer, GewO).

Lang, Joachim, Liebhaberei im Einkommensteuerrecht, StuW 1981, S. 223–224.

ders., Die Bemessungsgrundlage der Einkommensteuer: Rechtssystematische Grundlagen steuerlicher Leistungsfähigkeit im deutschen Einkommensteuerrecht, Habilitationsschrift, 1981 Köln.

ders., Reformentwurf zu Grundvorschriften des Einkommensteuergesetzes, Köln 1985.

Laustetter, Christian, Die Abgrenzung des strafbaren Glücksspiels vom straflosen Geschicklichkeitsspiel, JR, 2012, S. 507–513.

Liesching, Marc/ *Hambach*, Wulf/ *Schippel*, Robert, Fantasy Sport Games – Geschicklichkeits- oder Glücksspiele?, ZfWG 2018, S. 208–213.

Lippross, Otto-Gerd, Umsatzsteuer, 24. Aufl., Bremen 2017.

Littmann, Eberhard/ *Bitz*, Horst/ *Pust*, Hartmut (Hrsg.), Das Einkommensteuerrecht, Kommentar (Loseblattwerk mit 135. Aktualisierung), Stuttgart 2019 (zit.: *Verf.*, in: L/B/P, Einkommensteuerrecht).

Lotz, Walther, Finanzwissenschaft, 2. Aufl., Tübingen 1931.

Meier, Norbert, Zur Einkommensteuerpflicht von Preisgeldern aus Turnierpokerspielen, FR 2016, S. 359 – 365.

Michel, Gerhard, Urteilsanmerkung, BFH vom 30.08.2017 – XI R 37/14, jM 2018, S. 78–80.

Moll, Bruno, Probleme der Finanzwissenschaft: methologische und finanztheoretische Untersuchungen, Leipzig 1924.

Neumark, Fritz, Theorie und Praxis der modernen Einkommensbesteuerung, Berlin 1947.

ders., Wirtschafts- und Finanzprobleme des Interventionsstaates, Tübingen 1961.

ders., Einkommensteuer und Umsatzsteuer im Lichte des Gerechtigkeits- und Wachstumspostulats, Wien 1970.

Palandt, Otto (Hrsg.), Bürgerliches Gesetzbuch, Kommentar, 78. Aufl., München 2019 (zit.: *Verf.*, in: Palandt, BGB).

Paus, Bernhard, Urteilsanmerkung, BFH vom 03.07.1995 – GrS 1/93, DStZ 1996, S. 172–176.

Pausch, Alfons, Johannes von Miquel: Sein Leben und Werk, Stuttgart 1964.

Peren, Frank W./ *Clement*, Reiner, Messung und Bewertung des Suchtgefährdungspotenzials des Onlinepokerspiels Texas Hold'em No Limit, Wirtschaftswissenschaftliches Gutachten, 2012, S. 1–83.

dies., Der deutsche Glücks- und Gewinnspielmarkt – Eine quantitative Bemessung von regulierten und nicht-regulierten Glücks- und Gewinnspielangeboten in Deutschland, ZfWG 2016, Sonderbeilage 2, S. 1–24.

Pönicke, Astrid, Einkünfte aus Leistungen – Reichweite und Grenzen des § 22 Nr. 3 EStG, Dissertation, Augsburg 1999.

Reeckmann, Martin, Glücksspiel im Fokus des neuen Geldwäschegesetzes, ZfWG 2018, S. 15–21.

Rock, Jan-Philipp/*Fiedler*, Ingo, Die Empirie des Online-Pokers – Bestimmung des Geschicklichkeitsanteils anhand der kritischen Wiederholungshäufigkeit, ZfWG 2008, S. 412–422.

Ruppe, Hans Georg, Möglichkeiten und Grenzen der Übertragung von Einkunftsquellen als Problem der Zurechnung von Einkünften, VDStjG 1, S. 7–40.

Schanz, Georg, Der Einkommensbegriff und die Einkommensteuergesetze, FinArch I 1896, S. 1–87.

Schell, Matthias, Subjektive Besteuerungsmerkmale im Einkommensteuerrecht – Zur Beachtlichkeit von Wille und Absicht bei der Ertragsbesteuerung natürlicher Personen, Dissertation, Augsburg 2006.

ders., Der privatwirtschaftliche Einkommensbegriff, FinArch II 1922, S. 107–125.

Säcker, Jürgen/ *Rixecker*, Roland/ *Oetker*, Hartmut/ *Limperg*, Bettina (Hrsg.), Münchener Kommentar zum Bürgerlichen Gesetzbuch, 6. Bd., 8. Aufl., München 2019 (zit.: *Verf.*, in: MüKo-BGB).

Schaumburg, Harald, Außensteuerrecht und europäische Grundfreiheiten, DB 2005, S. 1129–1137.

Schippel, Robert, Virtual Sports in der Bewertung des Glücksspielstaatsvertrags, ZfWG 2018, S. 120–124.

Schmidt, Damian/ *Wittig*, Henning, Poker: Alles nur Glück?, JR 2009, S. 45–49.

Schmittmann, Jens M., Besteuerung von Gewinnen aus Glücks- und Geschicklichkeitsspielen, ZfWG 2014, S. 153–157.

Schön, Wolfgang, Zum Merkmal der „Beteiligung am allgemeinen wirtschaftlichen Verkehr" i.S.v.§ 15 Abs. 2 EStG, in: Festschrift für Klaus Vogel zum 70. Geburtstag, Heidelberg 2000, S. 661–686, (zit.: *Schön*, in: FS Vogel 2000).

Schönke, Adolf/ *Schröder*, Horst (Hrsg.), Strafgesetzbuch, Kommentar, 30. Aufl., München 2019 (zit.: *Verf.*, in: Schönke/Schröder, StGB).

Schulze, Oliver/ *Grelck*, Michael, Urteilsanmerkung, BFH vom 24.06.2003 – IX R 2/02, DStR 2003, S. 2103–2105.

Seligman, Edwin R. A., The Income Tax: A Study of the History, Theory and Practice of Income Taxation at Home and Abroad, New York 1911.

Sorgenfrei, Ulrich, Private Vermögensverwaltung contra gewerblicher Wertpapierhandel, FR 1999, S. 61–75.

Staudinger, Julius v. (Hrsg.), Bürgerliches Gesetzbuch, Kommentar, 2. Bd., 17. Aufl., Berlin 2017 (zit.: *Verf.*, in: Staudinger, BGB).

Stöber, Michael, Die subjektübergreifende Einkünfteerzielungsabsicht, FR 2017, S. 801–810.

Streinz, Rudolf/ *Liesching*, Marc/ *Hambach*, Wulf, Glücks- und Gewinnspielrecht in den Medien, Kommentar, München 2014 (zit.: *Verf.*, in: Glücks- und Gewinnspielrecht).

Strutz, Georg (Hrsg.), Kommentar zum Einkommensteuergesetz vom 10. August 1925, 1. Bd., Berlin 1927 (zit.: *Strutz*, in: Strutz, EStG 1925).

Stulz-Herrnstadt, Michael/ *Engelmann*, Christoph, Das neue Geldwäschegesetz – Auswirkungen für die Glücksspielbranche, ZfWG 2017, S. 475–481.

Teschemacher, Hans, Die Einkommensteuer und die Revolution in Preußen: Eine finanzwissenschaftliche und allgemeingeschichtliche Studie über das preußische Einkommensteuerprojekt von 1847, Tübingen 1912.

Theisen, Manuel René, Die Liebhaberei – Ein Problem des Steuerrechts und der Betriebswirtschaftlichen Steuerlehre, StuW 1999, S. 255–263.

Tipke, Klaus, Über „erwirtschaftete" Einkünfte und Einkünfteerzielungsabsicht, FR 1983, S. 580–582.

Tipke, Klaus/ *Kruse*, Heinrich W. (Hrsg.), Abgabenordnung und Finanzgerichtsordnung, Kommentar (Loseblattwerk mit 155. Aktualisierung), Köln 2019 (zit.: *Verf.*, in: AO/FGO).

Tipke, Klaus/ *Lang*, Joachim, Steuerrecht, 23. Aufl., Köln 2018.

Vogel, Klaus/ *Lehner*, Moris (Hrsg.), Doppelbesteuerungsabkommen, Kommentar, 6. Aufl., München 2015 (zit.: *Verf.*, in: Vogel/Lehner, DBA).

Wassermeyer, Franz, Das Erfordernis objektiver und subjektiver Tatbestandsmerkmale in der ertragsteuerlichen Rechtsprechung des BFH, StuW 1982, S. 352–364.

ders., Einige grundsätzliche Überlegungen zur verdeckten Gewinnausschüttung, DB 1987, S. 1113–1120.

ders. (Hrsg.), Doppelbesteuerung, Kommentar (Loseblattwerk mit 146. Aktualisierung), München 2019 (zit.: *Verf.*, in: Wassermeyer, DBA).

Waterkamp-Faupel, Afra, Die sonstige Leistung im Einkommensteuerrecht, FR 1995, S. 41–84.

Westermann, Harm P. (Hrsg.), Bürgerliches Gesetzbuch, Kommentar, 15. Aufl., Köln 2017 (zit.: Verf., in: Erman, BGB).

Wohlers, Wolfgang, Urteilsanmerkung, BayObLG vom 12.02.2002 – 5 St RR 296/2002, JR 2003, S. 286–389.

Zugmaier, Oliver, Einkünftequalifikation im Einkommensteuerrecht: Die Abgrenzung der Einkunftsarten bei einzelwirtschaftlicher Betätigung, Dissertation, Augsburg 1998.